转型与创新

绿色发展与绿色金融蓝皮书

兴业碳金融研究院课题组 / 著

人民日报出版社

北京

图书在版编目（CIP）数据

转型与创新：绿色发展与绿色金融蓝皮书/兴业碳金融研究院课题组著．—北京：人民日报出版社，2023.7

ISBN 978-7-5115-7846-4

Ⅰ.①转… Ⅱ.①兴… Ⅲ.①金融业—绿色经济—研究报告—中国 Ⅳ.①F832

中国国家版本馆CIP数据核字（2023）第088590号

书　　名：**转型与创新：绿色发展与绿色金融蓝皮书**
　　　　　ZHUANXING YU CHUANGXIN：LÜSE FAZHAN YU LÜSE JINRONG LANPISHU
著　　者：兴业碳金融研究院课题组

出 版 人：刘华新
责任编辑：蒋菊平　李　安
版式设计：九章文化

出版发行：人民日报出版社
社　　址：北京金台西路2号
邮政编码：100733
发行热线：（010）65369509　65369527　65369846　65369512
邮购热线：（010）65369530　65363527
编辑热线：（010）65369528
网　　址：www.peopledailypress.com
经　　销：新华书店
印　　刷：大厂回族自治县彩虹印刷有限公司
法律顾问：北京科宇律师事务所　（010）83622312

开　　本：710mm×1000mm　1/16
字　　数：208千字
印　　张：16.25
版次印次：2023年7月第1版　2023年7月第1次印刷

书　　号：ISBN 978-7-5115-7846-4
定　　价：46.00元

兴业碳金融研究院课题组

组　长　鲁政委
副组长　李丕东　钱立华
成　员　方　琦　阳　能　尹春哲　冯逸夫
　　　　　肖鑫利　王　涵　吴艳阳

前言 Preface

中国从跟随到引领全球绿色发展，无疑是当今世界最引人瞩目的事件。这种引领表现在，作为全球最大的发展中国家，我国在2020年向全球庄严承诺2030年前碳达峰、2060年前碳中和的宏伟目标。经过几年努力，我国已基本建立起了促进"双碳"目标实现的"1+N"政策体系，绿色信贷融资余额稳居全球首位……

党的二十大进一步明确，"人与自然和谐共生"是中国式现代化的本质特征，"碳达峰碳中和是一场广泛而深刻的经济社会系统性变革"。毫无疑问，这一场关乎中华民族伟大复兴和人类命运共同体的变革，需要有人记录，这是我们这一代人的责任，而要遴选出一位合适的记录者，客观来说并不容易。观察是必须的，但观察往往容易流于表面；研究是必要的，但若只是单纯的研究，则又难免"纸上得来终觉浅"；躬行者的体验很宝贵，但又往往"敏于行而讷于言"。如果要三者兼得，那么，可能就没有比兴业碳金融研究院更为合适的了。因为兴业碳金融研究院不仅是关注者，还是研究者，更是"历史发生的那一刻，我在现场"的亲与其事者。

兴业银行根在福建，早在2000年时任福建省省长的习近平就提出了

"生态省"战略构想并担任领导小组组长，兴业银行因此而得风气之先，在国内最早探索绿色金融，并在2006年推出"能效融资"，标志着中国绿色金融业务的开端。2008年兴业银行率先承诺采纳"赤道原则"，成为"中国首家赤道银行"。兴业银行始终秉持"由绿到金、寓义于利"的可持续发展理念，将绿色金融、服务"双碳"战略与银行的可持续发展相融合，积极推动经济社会低碳转型，形成了集团化、多层次、综合性的绿色金融产品与服务体系，成为绿色金融服务碳达峰碳中和的全球样本。

作为"中国首家赤道银行"兴业银行成员机构，兴业经济研究咨询股份有限公司（简称"兴业研究"）与生俱来就具有绿色基因，在2015年成立之初即设立了业内首个绿色金融专业研究团队，将绿色金融专业研究与业务发展相结合。2022年，兴业银行在兴业研究绿色金融研究团队的基础上升级组建并挂牌成立"兴业碳金融研究院"，重点开展绿色金融、气候变化与环境经济学、能源与产业低碳转型方面研究，致力成为中国银行业领先的国家绿色金融智库。本书的作者均为来自兴业研究公司兴业碳金融研究院的研究员，他们不仅有着丰富的专业知识和从业阅历，其中更有亲身参与了对政策的建议与对兴业银行绿色金融业务推动的中国第一代绿金人，感谢他们为本书贡献了热情与智慧。

信史流光，在确保严谨性和权威性上，人民日报出版社无疑应该是最为合适的。兴业研究公司兴业碳金融研究院和人民日报出版社联手推出《转型与创新：绿色发展与绿色金融蓝皮书》，旨在逐年记录国际国内在推进碳中和过程中政策、产业、金融等领域所发生的重要事件，剖析其机理和发展趋势，既为当下提供参考，亦为未来提供历史记录。当然，必须指出的是，这里的"绿色金融"泛指在实现碳中和过程中的金融活动，不仅包括传统狭义的绿色金融，也包括转型金融等。

作为"绿色发展与绿色金融蓝皮书"的第一本，是对2022年的国际国内绿色金融领域发生的重大事件的记录与剖析。

在政策方面，本书既立足于纷繁复杂的国际政经形势之中，基于对国际国内绿色发展进程的比较和研究，分析了全球绿色转型的现状与未来，竞争与合作；又立足于绿色发展理念，深入浅出地介绍了新阶段我国绿色发展蓝图将如何"绘制"。

在产业方面，本书从现状出发，以翔实的数据为支撑，科学严谨地分析了能源、储能、工业和建筑四个重点碳减排领域绿色发展的挑战和机遇。此外，兴业研究从2018年1月就开始编制和发布"兴业绿色景气指数（GPI）"，该指数以兴业银行的绿色金融实体客户作为调研对象，试图灵敏感知绿色产业发展"脉搏"。该指数也引起了业内专业研究者的关注，敝帚自珍，我们也将其收入本书中。

在金融市场方面，无论是方兴未艾的绿色信贷市场、绿色债券市场，还是蓬勃发展的ESG投资市场和碳金融市场，本书均由表及里地进行了梳理，并结合作者们的认知和体会，展望未来金融支持绿色发展的新趋势，相信会给绿色金融从业者带来很好的启发。

行而不辍、履践致远。2022年党的二十大为我国以高质量发展全面建设社会主义现代化国家开启了新的篇章，兴业研究公司兴业碳金融研究院将始终胸怀"国之大者"，把握绿色发展的时代潮流，将自身命运更紧密地融入中国式现代化进程，为全面推进人与自然和谐共生的中国式现代化贡献更大的兴业力量。

目 录 Contents

第一章 政策趋势篇

一、国际：气候形势严峻，绿色低碳转型势在必行 ……………………003
    1. 全球距离实现气候目标差距较大 ………………………………003
    2. 乌克兰危机推动美欧碳中和政策调适 …………………………004
    3. 全球化石燃料消耗上升 …………………………………………005
    4. 气候共识下的产业转型与竞争 …………………………………006

二、国内：从蓝图到实施，绿色发展迈入新阶段 ……………………015
    1. 绿色蓝图绘到底 …………………………………………………015
    2. 发展：绿色低碳是内核 …………………………………………018
    3. 减污：由"坚决"走向"深入" …………………………………019
    4. 扩绿：绿色中国做加法 …………………………………………021
    5. 降碳：绿色发展的主线 …………………………………………022

第二章 重点领域与产业篇

一、绿色产业风向标：兴业绿色景气指数（GPI）...... 045
1. 2022年绿色产业综合景气指数波动下降...... 046
2. GPI分项指数：成本压力缓解、资金压力加大...... 046
3. GPI分行业指数：可再生能源行业景气度稳步提升...... 048
4. GPI分企业规模指数：不同规模企业景气分化...... 049

二、能源：能源安全保供仍是主基调...... 050
1. 国际：大力发展新能源仍是缓解能源紧张局面与应对气候变化的关键抓手...... 051
2. 国内：能源结构持续快速转型，但紧平衡依然是基本现实...... 057

三、储能：商业化发展仍须政策保驾护航...... 073
1. 储能行业进入高速发展的关键机遇期...... 073
2. 储能行业发展机遇与挑战并存...... 076
3. 储能发展政策保障体系日趋完善...... 083
4. 电力市场改革将成储能未来发展关键驱动力...... 090

四、工业：结构性节能降碳潜力充分释放...... 091
1. 市场回顾...... 091
2. 趋势展望...... 096

五、建筑绿色低碳转型开启新篇章...... 114
1. 引导消费需求，普及绿色建筑...... 114
2. 发展装配式、超低能耗建筑将形成区域性产业集群...... 118

3.调整用能结构，实现零碳转型 124

第三章　金融市场篇

一、绿色信贷市场 131
1.国际市场 131
2.中国市场 133

二、绿色债券市场 153
1.国际绿色债券市场发展 153
2.中国绿色债券市场发展 155

三、ESG投资市场 160
1.ESG投资市场发展 160
2.ESG投资策略 163
3.ESG投资产品 179

四、碳市场与碳金融 192
1.国际碳市场发展 192
2.中国碳市场发展 198
3.碳金融创新与实践 212

五、金融支持绿色发展趋势展望 218
1.趋势一：转型金融与绿色金融成金融支持"双碳"目标的"双支柱" 218
2.趋势二：推动绿色金融与普惠金融的融合发展 226
3.趋势三：气候与环境信息披露日益强化 236

图目录
Contents

图1-1　全球温室气体排放总量（不包含土地利用、土地利用变化及森林）..004

图1-2　2021年至2023年全球煤炭消费总量 006

图2-1　GPI综合景气指数走势与名义GDP增速 046

图2-2　GPI大中型企业成本指数与PPI 047

图2-3　GPI小型企业资金指数与信用利差 048

图2-4　GPI大中型企业预期指数与环保公用事业板块涨跌幅 048

图2-5　部分绿色细分行业2022年平均景气指数同比变化值 049

图2-6　GPI分企业规模景气指数走势 050

图2-7　全球能源消费与主要化石能源消费情况 051

图2-8　2022年主要经济体煤炭消费变化 052

图2-9　2023年主要经济体煤炭消费变化 052

图2-10　各国气候承诺下的全球能源燃烧与工业过程碳排放量 053

图2-11　主要化石能源价格 054

图2-12　可再生能源消费占比与发电占比 055

图2-13	全球能源转型投资	056
图2-14	部分矿产资源全球产能增长情况	057
图2-15	单位GDP能耗与单位GDP二氧化碳排放	058
图2-16	电源装机增长情况	059
图2-17	近年供电煤耗情况	060
图2-18	石油与天然气对外依存度	061
图2-19	全国煤炭铁路发运量当月同比涨幅	062
图2-20	2022—2030年负荷平衡缺口预测	063
图2-21	能源消费结构	065
图2-22	2022—2024年全国各省电力供需总体形势	066
图2-23	发电设备利用小时数同比涨幅	068
图2-24	动力煤期货结算价	070
图2-25	煤电竞争力关键影响因素	071
图2-26	2022年新型储能累计装机与新增装机情况	076
图2-27	2021年主要国家单位GDP能耗情况	097
图2-28	工业能源消费总量变化情况	098
图2-29	再生资源利用量	108
图2-30	行业TOP10智能制造能力成熟度等级分布	112
图2-31	我国数据中心耗电量	113
图2-32	城镇新增绿色建筑占当年新建民用建筑比例	115
图2-33	中国绿色认证办公项目溢价	117
图2-34	全国每年新开工装配式建筑面积	119
图2-35	远大住工的预制构件销量与成本	122
图2-36	国家级装配式建筑产业基地	123

图目录

图 3-1　绿色信贷余额与增速 141

图 3-2　各类银行2021年末绿色贷款余额与占比 142

图 3-3　21家主要银行绿色贷款余额与占比 143

图 3-4　全球绿色债券年度发行情况 154

图 3-5　全球各国绿色债券累计发行规模分布情况（截至2022年末）......155

图 3-6　中国境内市场贴标绿色债券年度发行情况 156

图 3-7　绿色债券成交量与换手率统计情况 158

图 3-8　ESG投资策略规模增速（单位：十亿美元） 165

图 3-9　基于ESG评级进行负面筛选构建的组合收益率分析 168

图 3-10　ESG策略不同市场投资回报对比 174

图 3-11　ESG指数对比全A表现 176

图 3-12　ESG基金产品累计规模与类型统计 181

图 3-13　2023Q1新发ESG基金产品与近三年ESG基金发行份额数 183

图 3-14　2020年成立ESG基金第一大重仓行业统计 184

图 3-15　2021年成立ESG基金第一大重仓行业统计 185

图 3-16　2022年成立ESG基金第一大重仓行业统计 185

图 3-17　存量ESG基金第一大重仓股统计 186

图 3-18　前20只重仓股票行业分布 186

图 3-19　不同策略与资产类型ESG基金收益率分布 187

图 3-20　ESG主题银行理财产品汇总分析 189

图 3-21　ESG主题银行理财产品收益分布 191

图 3-22　欧盟碳配额（EUA）期货成交价与成交量（2020/1/12—2022/12/30） 195

图 3-23　标准化碳信用合同价格 197

图 3-24　全国碳市场第一履约期各省市纳入控排企业数量..................198

图 3-25　2022年度全国碳市场交易信息..................199

图 3-26　中国各地方碳市场碳配额月度成交量..................202

图 3-27　中国各地方碳市场碳配额月度成交均价（加权）..................203

图 3-28　厦门"生态司法+碳汇交易"模式示意图..................217

图 3-29　截至2022年末我国境内市场各类转型债券累计发行规模占比..................224

图 3-30　2022年以来中国境内市场转型类债券月度发行规模..................225

图 3-31　2010年中国大企业和中小微企业排放占比..................229

图 3-32　21家主要银行涉及"三农"领域的绿色贷款余额及占比..................233

图 3-33　绿色乡村振兴债券发行规模与数量..................234

表目录 Contents

表1-1	重点排放领域转型方向	007
表1-2	各参与方在重点排放领域转型中采取的行动	008
表1-3	全球主要经济体同质化的能源转型策略	009
表1-4	全球主要经济体光伏贸易政策	010
表1-5	全球主要经济体同质化的绿色交通发展策略	011
表1-6	全球主要经济体同质化的绿色低碳工业策略	011
表1-7	全球主要经济体同质化的绿色建筑发展策略	012
表1-8	过去十年我国生态文明建设主要成就（2021年对比2012年）	015
表1-9	我国生物多样性保护的指标性目标	022
表1-10	"十三五"期间我国工业绿色发展成就	024
表1-11	我国资源循环利用情况	026
表1-12	"十四五"期间我国城乡建设领域发展指标目标	029
表1-13	"十三五"期间我国城乡建设领域发展成就	030
表1-14	城乡低碳建设中重点领域投资规模测算	030

表1-15	绿色交通"十四五"发展具体目标	032
表1-16	绿色交通"十三五"期间主要成就	033
表1-17	2021年各种运输方式完成货物运输量及其增长速度	035
表1-18	"十四五"能源规划具体指标目标	037
表1-19	2022年我国能源生产情况	038
表1-20	2022年前三季度我国可再生能源发展情况	040
表2-1	近两年部分煤电灵活性改造相关政策	063
表2-2	能源相关多个市场运行机制	066
表2-3	国家及地方储能产业技术相关政策	069
表2-4	我国"十四五"以来主要CCUS发展相关政策文件	072
表2-5	各类灵活性资源成本	074
表2-6	主要储能方式性能对比	077
表2-7	储能技术在电力行业应用范围	078
表2-8	国家与地方储能规划目标	080
表2-9	不同储能技术发展现状或趋势	081
表2-10	各类储能利用率	082
表2-11	国家及地方储能产业技术相关政策	083
表2-12	部分地区储能容量补贴政策	086
表2-13	部分地区储能参与辅助服务补贴政策	088
表2-14	近一年工业绿色发展政策回顾	094
表2-15	各高耗能行业发展现状及未来工作目标	099
表2-16	重点行业化石能源替代方向	105
表2-17	工业固废利用方向	109
表2-18	各地超低能耗建筑规划指标目标	120

表 2-19 "光储直柔"式建筑相关支持政策 126
表 3-1 三大国际组织成员情况 132
表 3-2 《指引》与 2012 年《绿色信贷指引》覆盖面对比 134
表 3-3 《银行业金融机构绿色金融评价方案》主要内容 135
表 3-4 部分银行发布的绿色金融相关战略规划或行动方案（不完全统计）.. 144
表 3-5 部分银行公布的绿色金融业务和碳中和相关目标（不完全统计）..... 145
表 3-6 ESG 投资策略分类与定义 164
表 3-7 主流 ESG 投资策略总结 172
表 3-8 各机构对 A 股 ESG 评级分布差异较大 178
表 3-9 2023Q1 新发 ESG 基金产品与近三年 ESG 基金发行份额数 182
表 3-10 全球碳市场类型 193
表 3-11 全球碳市场排放量覆盖范围 193
表 3-12 按类型划分的 CCER 备案项目情况 204
表 3-13 按类型划分的 CCER 签发项目情况 205
表 3-14 全国各碳市场 CCER 累计成交量 206
表 3-15 国内碳市场碳信用抵消机制 207
表 3-16 全国碳市场重要文件 210
表 3-17 全国碳市场重要文件 213
表 3-18 林业碳汇质押贷款产品案例说明 215
表 3-19 转型金融与绿色金融政策框架对比 220
表 3-20 G20 转型金融框架提供的可参考的转型金融激励政策 222
表 3-21 《绿色保险统计制度》中生态农业保险相关类别 235
表 3-22 我国金融资产碳排放核算的相关政策梳理 238

第一章

政策趋势篇

一、国际：气候形势严峻，绿色低碳转型势在必行

1. 全球距离实现气候目标差距较大

2021年全球温室气体排放再创新高。根据联合国环境规划署（UNEP，2022）最新公布的数据，据初步估算，2021年全球温室气体排放量达到528亿吨二氧化碳当量，超过了受到疫情影响的2020年和疫情前的2019年，创造历史纪录水平。从2019年到2020年底，全球温室气体排放受到新冠疫情影响出现短暂下降现象，总量下降4.7%，其中化石燃料和工业产生的碳排放下降了5.6%。然而在2021年，全球甲烷和一氧化二氮等排放量趋于稳定，碳排放和氟化气体持续上升。

据目前数据估计，2022年的全球平均温度比工业化前（1850—1900年）平均温度高出约1.15℃。气象组织秘书长塔拉斯表示，"变暖幅度越大，影响就越严重。当前大气二氧化碳含量之高，已使《巴黎协定》中较低的1.5℃目标几近遥不可及"[1]。

---

[1] 资料来源：气象组织：有记录以来最暖的八年见证了气候变化影响的剧增，联合国［EB/OL］，2022/11/06［2022/11/21］，https://news.un.org/zh/story/2022/11/1112157

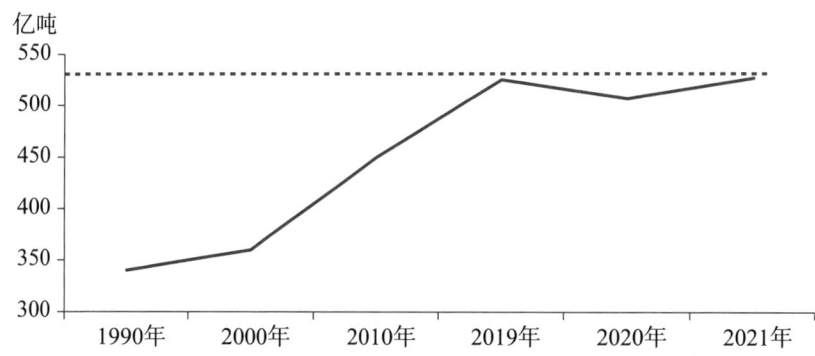

图1-1 全球温室气体排放总量(不包含土地利用、土地利用变化及森林)

资料来源：UNEP，兴业碳金融研究院

当前政策和国家自主贡献（NDC）距离实现《巴黎协定》温度目标的差距较大。根据UNEP发布的《2022年排放差距报告》，自COP26召开以来，全球在缩小排放差距方面取得的进展非常有限。截至2022年9月23日，占全球温室气体排放量约91%的166个缔约方提交了新版或更新版国家自主贡献（NDC），其进展仅相当于减少了5亿吨二氧化碳当量排放。根据目前的政策，2030年的全球温室气体排放量估计为580亿吨二氧化碳当量，距离2℃路径每年排放相差150亿吨二氧化碳当量，距离1.5℃路径每年排放相差230亿吨二氧化碳当量。如果不采取额外的行动，21世纪全球气温升高将达到2.8℃。

只有全球加速转型进程，才能实现气候温度目标。与当前政策的预测相比，实现1.5℃的目标需要减排45%，实现2℃的目标需要减排30%，渐进式的变化不再是一种选择，而是需要在整个经济范围内广泛转型（UNEP，2022）。

2.乌克兰危机推动美欧碳中和政策调适

乌克兰危机引发的能源危机，使得国际社会都在寻求能源安全、经济与碳中和的平衡，对碳中和政策产生影响[①]。

---

① 资料来源：兴业研究绿色金融报告：《乌克兰危机与美欧碳中和政策调适》，2022年8月22日

长期来看，碳中和仍然是促进能源转型和提高产业竞争力的总目标。如欧盟REPowerEU计划将绝大部分资金投向可再生能源和能效提升，并将于2035年禁售燃油车，德国坚持2045年实现碳中和目标。美国参议院通过了《通胀削减法案》，其中高达3700亿美元的清洁能源投资将助推美国温室气体在2030年减排40%，并提振太阳能电池板、风力涡轮机、电池、电动车以及关键矿物等的投资与消费。

短期来看，乌克兰危机造成的能源危机削弱了净零目标的实施力度。欧盟重启火电，新建化石能源基础设施，并在《可持续金融分类目录》中纳入天然气，加大其实现碳中和目标的减排差距。德国重启煤电并要求2035年后继续销售使用碳中和燃料的汽车。美国联邦最高法院裁定美国环保署设定的电力行业排放上限无效。若无法妥善协调气候目标和各国能源目标，新增的化石能源资产则可能陷入长期的碳锁定效应。

3.全球化石燃料消耗上升

全球在能源危机的背景中，加速清洁能源转型，但化石燃料消耗以及碳排放依然在上涨。

COP27气候大会上的数据显示，2022年全球来自化石燃料的二氧化碳排放量预计将增加1%，创下375亿吨的新高。照此趋势发展9年后，人类释放的二氧化碳将使地球气温比工业化前水平升高1.5℃[①]。为弥补天然气供应缺口，越来越多的欧洲地区使用燃煤进行发电导致短期内耗煤量激增。2022年全球煤炭需求预计超过80亿吨，比2021年增长0.7%，与2013年达到的历史最高水平相当（IEA，2022）。

---

① 资料来源：COP27警告：化石燃料排放创历史新高，Nature Portfolio，［EB/OL］，2022/11/18［2022/11/21］，https://mp.weixin.qq.com/s/pdtDcC_oCVy_RfnTyS4pCg

COP27大会上，部分国家呼吁减少使用包括煤炭、石油、天然气在内的所有化石燃料，但在大会最终决议中有关化石燃料的条款仍然延续了COP26的内容，即逐步减少煤炭使用，逐步取消对低效化石燃料的补贴。

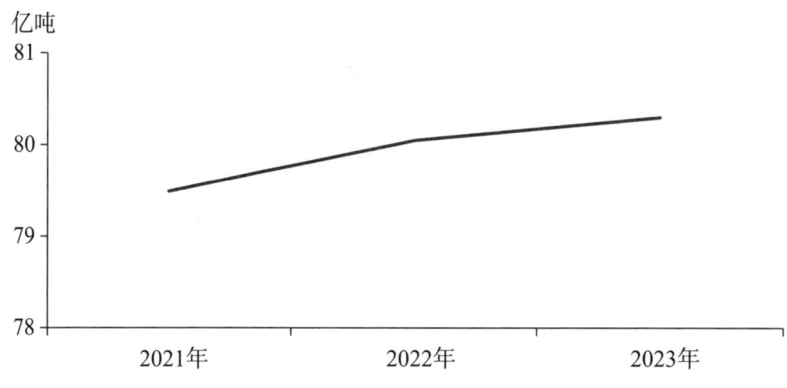

图1–2　2021年至2023年全球煤炭消费总量

资料来源：UNEP，兴业碳金融研究院

4. 气候共识下的产业转型与竞争

纵观全球，未来发展越发充斥着"不确定"，而绿色低碳转型是不可多得的"确定"，并成为全球广泛共识，各国在气候领域的合作将越发紧密，产业转型与竞争也将同时发生。以电力、建筑、交通、工业等为代表的重要排放领域绿色低碳转型将成为各国发展的重点，绿色发展进程也将重塑世界产业格局。

4.1　重点碳排放领域加快绿色零碳转型

电力、建筑、交通和工业等重点排放领域正在大规模、系统性净零排放转型，对于全球实现气候目标至关重要。

构建绿色低碳的电力供应系统是实现全球能源结构清洁转型的首要环节，可再生电力的成本已经大幅度下降；建筑领域中，全球绿色建筑标准体系已经完善，各类能效提升以及能源替代技术也发展成熟；交通领域中，陆路运输正在快速迭代新能源技术（例如，电动汽车、氢燃料汽车、电力轨道交通等），航运和空运仍需要进一步开发零碳技术；工业领域中，需要根据各类生产制造加工流程不断创新低碳技术，并结合能源系统转型实现自身脱碳。

表1-1 重点排放领域转型方向

	全球重点排放领域			
	电力	工业	交通	建筑
转型支持方向	大力发展新能源电力；有序规划能源转型；构建适应高比例可再生能源的灵活电网系统	工业生产全面脱碳；材料循环再利用；加快发展材料节能生产、高效利用、零碳生产工艺	土地利用与交通协同规划；交通电气化与紧凑型城市协同发展；发展绿色低碳交通系统；完成交通工具零碳转型；在电网脱碳过程中支持交通电气化	提升建筑围护结构性能；大规模应用零碳制冷和清洁暖能；所有新建筑实现零排放运行；建造碳排放最小化
转型禁止措施	禁止新建化石燃料发电项目；停止化石燃料补贴	禁止建设碳排放密集型基础设施；禁止制定单一性"一刀切"政策	避免使用任何不可持续的伪脱碳方案	淘汰低能效建筑；禁止新建化石燃料输送系统；停止化石燃料补贴

资料来源：UNEP，兴业碳金融研究院

各参与方在重点排放领域转型中虽扮演着不同的角色，但都在采取行动。在重点排放领域大规模转型过程中需要关注：逐步摆脱对于传统化石燃料的依赖；推进零碳技术发展应用必然会重新构建市场结构，平衡好各方利益实现公正转型；在推广零排放技术的同时培养低碳环保的行为习惯，以深化减排并最终实现零碳目标。

表1-2 各参与方在重点排放领域转型中采取的行动

各参与方	全球重点排放领域转型行动			
	电力	工业	交通	建筑
国家政府	以可接受的方式取消化石燃料补贴；消除推广可再生能源的障碍；阻止化石燃料基础设施扩张；逐步淘汰化石燃料；调整电力系统的市场规则，提高可再生能源比例	发展零碳工业流程；促进循环发展；促进电气化；支持碳定价机制；推广低碳产品；规划公正转型	设定改用零排放车辆的时间点；鼓励使用航空零碳燃料；调整税收方案；投资建设零碳交通基础设施	监管推动零碳建筑；奖励推动零碳建筑；政策推动零碳建筑
国际合作	燃煤淘汰；构建零碳、具有灵活性、交互性的电力系统	零碳材料；氢能源方向；分享实践案例	在融资和政策制定方向开展合作；协同目标和标准	提供融资渠道；技术支持和经验分享
地方政府	设定100%可再生能源目标；计划淘汰化石燃料	参与区域规划和监管；与各利益方合作	规划可以减少出行需求的基础设施项目和支持政策；调整税收/定价	零碳建筑规划；将低排放要求纳入城市规划指标中；制定更严格的地方标准
企业	支持建设100%可再生能源的电力系统	规划和实施零排放转型；增加低碳产品寿命；创造循环供应链	建设零碳交通运输系统；减少差旅	形成对建设和建材审计的商业模式；形成零碳建筑持有和租赁的市场
投资者、私人银行、开发银行	逐步退出化石燃料电力项目或公司；不对化石燃料基础设施投资或提供保险	逐步退出排放密集型行业；投资低碳生产或工艺的技术；提高气候风险认知	投资零碳交通基础设施建设；支持零排放的交通工具	调整支持零碳建筑市场的投资策略；支持既有建筑绿色低碳改造
个人	购买100%可再生能源电力	可持续消费	低碳出行；使用公共交通；使用零排放车辆	进行节能改造；采取节能行为

资料来源：UNEP，兴业碳金融研究院

4.2 各国推进绿色低碳转型，提高产业竞争力

当下全球积极应对气候变化，各国一致寻求绿色转型带动新一轮产业升级，在多元化绿色发展中必将产生激烈竞争。

虽然欧洲在能源领域低碳转型中，一直努力布局多元化能源结构，但2022年乌克兰危机爆发再次引发欧洲能源危机，能源供应成本持续升高导致产业外溢，欧盟正在加大力度向绿色、低碳、稳定的能源系统转型。即使欧盟两大"领头羊"德国和法国对核电的态度不同，欧盟议会也已同意将核电纳入绿色能源。此外，美国、中国等都在加快发展风电、光电、水电、地热能、生物质能等可再生能源以及核电、氢能等清洁能源，一条全新的绿色赛道已经形成，竞争态势也日益凸显。如在光伏领域，自2011年起，欧美国家针对中国光伏行业共施行了五轮制裁，欧盟对中国、马来西亚等国家的电池片及其他关键环节征收反倾销税率，最高达47.6%，而美国的四轮制裁从仅针对光伏产品的反倾销、反补贴制裁，过渡到对中国进口的组件、逆变器等光伏元件征收10%的关税，通过调查中国光伏组件制造商的逃税行为扼制中国向东南亚国家转移产能。中国也从2014年起对欧盟、美国和韩国等硅片生产商征收反倾销和反补贴税。

表1-3 全球主要经济体同质化的能源转型策略

经济体	主要政策及行动内容
欧盟	《欧盟能源系统整合战略》（2020/7/8）明确，到2030年电力结构中可再生能源发电占比达到55%～60%，到2050年达到84%左右。 《氢战略》（2020/7/8）明确，到2024年在欧盟安装至少600万千瓦可再生氢电解槽，到2030年安装至少4000千瓦的可再生氢电解槽。 《海上可再生能源战略》（2020/11/19）明确海上风电和海洋能装机量，到2030年分别增加到6000万千瓦以上和100万千瓦以上；到2050年分别达到3亿千瓦和4000万千瓦。 德国出台一揽子修订方案（2020/7/8），包括《可再生能源法》《海上风电法》《路上风电法》《能源经济法》《国家氢能战略》等，增加可再生能源规模，

续表

经济体	主要政策及行动内容
	发展海上风电、陆上风电、加速建设可再生能源为主的电网体系以及加快发展氢能技术领域。 法国政府在年初发布关于大规模重振核电计划,并在近期推动新能源法案,意图为加速建设核反应堆而简化行政手续,并明确启动建设六座新一代核能发电厂,目前法国核电占比已接近70%
美国	《关于应对国内外气候危机的行政命令》(2021/1/27)中明确2035年前电力部门实现零碳排放,到2030年海上风能增加一倍。 《降低通货膨胀法案》(2022/8/12)中将投资300亿美元用于太阳能光伏、风力机组、电池、地热发电、核反应堆,包括提供10年的税收抵免,取代短期风能和太阳能信贷;270亿美元用于"绿色银行"支持清洁能源项目
中国	《2030年前碳达峰行动方案》(2021/10/24)中明确,推进煤炭消费替代和转型升级;大力发展新能源,到2030年,风电、太阳能发电总装机容量达到12亿千瓦以上;因地制宜开发水电,"十四五""十五五"期间分别新增水电装机容量4000万千瓦左右;积极安全有序发展核电;加快建设新型电力系统,到2025年,新型储能装机容量达到3000万千瓦以上,到2030年,抽水蓄能电站装机容量达到1.2亿千瓦左右。 《能源技术革命创新行动计划(2016—2030年)》(2016/6/1)中强调,在可再生领域,重点发展风能、太阳能利用技术,生物质能、地热能、海洋能利用技术,可再生能源制氢、供热等技术;在核能领域,要重点发展三代、四代核电,先进核燃料及循环利用,小型堆等技术,探索研发可控核聚变技术

资料来源:兴业碳金融研究院

表1-4 全球主要经济体光伏贸易政策

国家	相关内容	税率/税额
美国	对中国以及中国台湾生产的晶体硅光伏产品征收反倾销和反补贴税(2015—2025年)。	反倾销税:18.32%~249.96% 反补贴税:14.78%~49.79%
欧盟	2013年开始对从中国、马来西亚和中国台北进口的太阳能玻璃征收反倾销和反补贴税,并延长至2025年。	反倾销税:17.5%~75.4% 反补贴税:3.5%~17.1%
中国	从2014年开始对来自美国和韩国的太阳能级多晶硅征收反倾销税,并延长至2025年。	对韩国的反倾销税:4.4%~113.8% 对美国的反倾销税:30%~57%

资料来源:兴业碳金融研究院

在绿色交通发展中，欧美和中国在新能源交通领域，包括乘用车、公交车、重型车辆、轨道交通等上下游全产业链，形成较为激烈竞争。中国电动汽车全产业链处于国际领先位置，在电池制造方面占有优势。2022年，中国汽车总出口量为311.1万辆，同比增长54.4%，其中电动汽车出口量达到67.9万辆，新能源汽车出口是2021年的1.2倍[①]。

表1-5　全球主要经济体同质化的绿色交通发展策略

国家	相关内容	税率/税额
美国	对中国以及中国台湾生产的晶体硅光伏产品征收反倾销和反补贴税（2015—2025年）。	反倾销税：18.32%～249.96% 反补贴税：14.78%～49.79%
欧盟	2013年开始对从中国、马来西亚和中国台北进口的太阳能玻璃征收反倾销和反补贴税，并延长至2025年。	反倾销税：17.5%%～75.4% 反补贴税：3.5%～17.1%
中国	从2014年开始对来自美国和韩国的太阳能级多晶硅征收反倾销税，并延长至2025年。	对韩国的反倾销税：4.4%～113.8% 对美国的反倾销税：30%～57%

资料来源：兴业碳金融研究院

在绿色低碳工业发展中，欧洲正面临陷入"去工业化"的困境，欧盟努力维持公平竞争环境和全球竞争力。欧美和中国都在通过提升能效、调整能源产业结构、工业电气化、发展二氧化碳捕集与利用（CCUS）等低碳技术实现钢铁、水泥、建材、石化化工等行业脱碳；同时寻求结合人工智能、数字信息技术、高端制造等实现产业升级。

表1-6　全球主要经济体同质化的绿色低碳工业策略

经济体	工业可持续发展领域
欧盟	《欧盟绿色新政》（2019/12/11）充分挖掘数字转型的潜力，使人工智能、5G、云计算及物联网等数字信息技术，在欧盟工业脱碳、绿色金融、技术研发、

---

① 资料来源：2022年汽车出口超过300万辆，国家发展和改革委［EB/OL］，2023/01/31［2023/04/04］，https://www.ndrc.gov.cn/fgsj/tjsj/cyfz/zzyfz/202301/t20230131_1348149_ext.html

续表

经济体	工业可持续发展领域
	碳交易等应对气候变化措施中发挥重要作用。 《欧洲新工业战略》（2022/3/10）中，将绿色可持续发展和数字化转型的概念嵌入欧洲工业的核心，并明确三个目标：保持欧洲工业的全球竞争力和公平竞争环境，到2050年实现气候中和；释放欧洲2500万中小企业活力，推动实现绿色和数字双重转型；消除单一市场内部壁垒、优化营商环境
美国	《降低通货膨胀法案》（2022/8/12）中将投资100亿美元用于清洁能源制造业税收抵免，58亿美元用于工业设施低碳发展，在工业设施附近社区建设监测设施等。 《工业脱碳路线图》（2022/9/7）围绕能源效率、工业电气化、低碳燃料、原料和能源、CCUS等重点技术方向，帮助化工制造、石油精炼、钢铁、水泥等行业实现脱碳
中国	《工业领域碳达峰实施方案》中明确，到2025年，规模以上工业单位增加值能耗较2020年下降13.5%；调整产业结构，围绕信息技术、生物技术、新能源、新材料、高端装备、新能源汽车等打造低碳转型先进产业集群；聚焦钢铁、建材、石化化工、有色金属、轻工等行业推进深度脱碳、工业流程再造、电气化改造、二氧化碳回收循环利用等

资料来源：兴业碳金融研究院

在建筑领域绿色低碳发展中，欧美国家建筑能耗普遍高于工业能耗，持续发展绿色低碳建筑成为减少排放的主要发力点。美国早在1993年成立绿色建筑委员会（USGBC），并于1994年起草"能源与环境设计先锋"（Leadership in Energy and Environmental Design，LEED），现已成为全球普及范围最广泛的绿色建筑评估体系之一。现阶段，美国和中国全方面对新建建筑提升绿色低碳标准、对既有建筑加强节能改造，欧洲则聚焦于现有城市建筑的能源结构调整以及能效提升。

表1-7 全球主要经济体同质化的绿色建筑发展策略

经济体	绿色低碳建筑领域
欧盟	欧盟委员会《翻新浪潮战略》（2020/10/14），在接下来的十年里，至少要使建筑翻新率翻一倍，并确保建筑翻新带来更高的能源和资源效率。到2030年，将有3500万幢建筑得到翻新，建筑业将新增多达16万个绿色就业岗位。

续表

经济体	绿色低碳建筑领域
	《建筑能源性能指令》（2021/12/15）规定，成员国必须出台强有力的战略，达到最低能源要求，鼓励采用更节能的供暖制冷系统、采用信息通信技术和智能技术。 德国政府很早之前就颁布了"2050能源效率战略"和《国家能效行动计划》促进工业、建筑、交通领域能效提升，并计划到2030年安装600万台热泵，并将为此提供大量的资金补贴（总投资额的35%补贴热泵，如果热泵替换燃油锅炉，这一补贴将提升至45%）。 法国从2021年起禁止能效低下的建筑物提高租金，从2028年起翻新所有高能耗建筑物。 荷兰采取具有法律约束力的监管措施，对办公楼、保障性住房和私人租赁住宅引入相应的最低能源性能标准，以提高建筑翻新率
美国	《建设现代化的、可持续的基础设施与公平清洁能源未来计划》（2020/7）中计划，在4年内升级400万幢商业建筑，提升200万套房屋的气候适应性；到2030年为所有新建商业建筑制定新的净零排放标准并立法；到2035年，美国建筑碳足迹减少一半。 《降低通货膨胀法案》（2022/8/12）中将投资90亿美元用于补贴购买和改造节能型住宅。
中国	《城乡建设领域碳达峰实施方案》（2022/6/30）中要求，到2025年，城镇新建建筑全面执行绿色建筑标准，并持续推进建筑节能改造，推动低碳建筑、装配式建筑规模化发展，鼓励建设零碳建筑和近零能耗建筑

资料来源：兴业碳金融研究院

4.3 国际气候博弈加剧

2022年6月，美国《清洁竞争法案》（以下简称CCA）草案公布，向外界展示了美国"碳关税"的雏形。2022年12月13日，欧洲议会与欧洲理事会达成临时协议，正式确定建立欧盟碳边境调节机制（以下简称CBAM），并于2023年10月1日起正式生效，意味着全球首个"碳关税"机制即将进入实施阶段。在CBAM协议签署的前一天，七国集团正式宣布"气候俱乐部"成立。近年来，欧美国家针对气候问题的单边行动日益频繁，使得国际气候博弈日渐加剧。

应对气候变化问题需要国际合作，但迄今为止应对气候变化问题与国家发展权问题之间的强对立关系并未从根本上得到缓解，致使国际气候谈判进展缓慢。应对气候变化是应基于"现实与后果",还是要尊重"道义与公平",一直是发达国家与发展中国家气候谈判过程中博弈的重点。近年来,发达经济体应对国际气候问题方面上发生了细微的变化。

第一,内部更"团结"。在行动方式上,发达经济体酝酿成立各种内部气候合作关系,实现内部团结一致,减少分歧,进一步牢牢控制气候政策、标准、科技等方面的话语权。

第二,创新"游戏规则"。以促进减排为由,利用自身经贸优势地位和气候保护的"道义制高点",主导国际气候政策的制定,通过设置各种类似"碳关税"的贸易机制,制造绿色壁垒。

第三,气候援助"画饼充饥"。欧盟的CBAM、美国的CCA都设置了帮助最不发达国家实施绿色发展的条款,也表示有意对最不发达国家实施豁免,以便争取其支持。

在国际气候博弈加剧的当下,国际气候合作将面临诸多挑战。

第一,发展中国家发展权力受到挤压。欧美碳关税不排除有绕开WTO强行征收的可能,将对现有贸易秩序带来冲击。假若其他国家对欧美碳关税采取相应的反制措施,将对全球贸易自由化造成进一步严重冲击,全球贸易秩序将面临崩溃。

第二,全球气候将加速恶化。以碳关税为代表的绿色贸易壁垒将弱化发展中国家产品的价格优势,影响出口。随着出口减弱,经济增长放缓带来的失业、贫困、政府财政收入降低、外汇失衡等问题都将成为发展中国家政府优先于气候问题亟待解决的事项,从而导致全球气候合作陷入愈加艰难的境地,而气候问题则有可能加速恶化。

第三,发达国家将承受高物价。绿色贸易壁垒相关的政策实施将会使一部分制造业回流,从而导致发达经济体居民不得不承受高成本在地制造带来的高物价。

二、国内：从蓝图到实施，绿色发展迈入新阶段

1. 绿色蓝图绘到底

2022年10月16日，习近平总书记代表第十九届中央委员会，在中国共产党第二十次全国代表大会上作了题为《高举中国特色社会主义伟大旗帜 为全面建设社会主义现代化国家而团结奋斗》的报告。报告总结了党的十八大以来我国生态文明建设取得的历史成就，阐述了人与自然和谐共生是中国式现代化的重要特征，对推进"绿色发展、促进人与自然和谐共生"作出重大战略部署。

党的十八大以来，我国全面补齐了生态文明的短板，实行最严格生态保护制度，生态文明"四梁八柱"性质的制度体系基本形成，生态文明建设从认识到实践都发生了历史性、转折性、全局性的变化，创造了举世瞩目的生态奇迹和绿色发展奇迹，探索出一条既能实现现代化又能保护生态环境的绿色发展之路，祖国的天更蓝、山更绿、水更清。

表1–8 过去十年我国生态文明建设主要成就（2021年对比2012年）

环境质量提升			
污水处理能力	增长1倍	自然村生活垃圾处置体系覆盖率	90%以上
工业固废处置量	增长约50%	I—III类优良水体断面比例	84.9%，提升23.3%
城市垃圾无害化处理能力	增长116%	新建污水管网（"十三五"期间）	9.9万千米
城市垃圾无害化处理量	增长62%	优良天数比率（2021年）	87.5%

续表

建立国家土壤环境监测网络	涵盖8万个点位	建立海洋生态环境监测网络	1359个国控监测点位
生态系统质量提升			
造林面积	9.6亿亩（占全球人工造林1/4）	森林覆盖率	24.02%
森林积蓄量	194.93亿立方米	森林抚育	12.07亿亩
种草改良	6.11亿亩	草原综合植被盖度	提高到50.32%
森林面积	2.27亿公顷，增长7.1%	森林碳汇量	8.39亿吨，增长7.3%
水土流失土地面积减少	27.49万平方公里	荒漠化土地面积减少	5万平方公里
沙化土地面积减少	4.33万平方公里	新增和修复湿地面积	1200多万亩
产业结构优化			
高技术制造业占规模以上工业增加值比重	15.1%，增长5.7%	"三新"产业增加值相当于GDP的比重	17.25%
低碳转型			
清洁能源消费占比	25.5%，提升11%	煤炭消费占比下降	降至56%，下降12.5%
风光发电规模	增长12倍	新能源发电量	超过1万亿千瓦时
可再生能源装机容量	超过11亿千瓦（截至2022.09）	单位GDP能耗	下降26.4%
单位GDP二氧化碳排放	下降34.4%	单位GDP水耗	下降45%
主要资源产出率	提高约58%	新能源汽车保有量	1099万辆（截至2022.08）

资料来源：兴业碳金融研究院①②

---

① 资料来源：十年走出一条绿色低碳高质量发展道路，国家发展改革委［EB/OL］，2022/09/26［2022/10/31］，https://www.ndrc.gov.cn/wsdwhfz/202209/t20220926_1336342.html?code=&state=123

② 资料来源：数读："中国这十年"生态环境保护成绩单，生态环境部［EB/OL］，2022/09/15［2022/10/31］，https://www.mee.gov.cn/ywdt/xwfb/202209/t20220915_994077.shtml

党的二十大报告明确中国共产党现阶段中心任务是要建成社会主义现代化强国，以中国式现代化全面推进中华民族伟大复兴。并指出"中国式现代化是人与自然和谐共生的现代化"。作为中国式现代化的五个特征之一，人与自然和谐共生将贯穿我国实现第二个一百年奋斗目标的全过程。要实现人与自然和谐共生的中国式现代化需要高质量发展来驱动，必须完整、准确、全面贯彻新发展理念，尤其是绿色发展理念。需要正确处理经济发展和生态环境保护的关系，把经济活动、人的行为限制在自然资源和生态环境能够承受的限度内，改变传统的"大量生产、大量消耗、大量排放"的生产模式和消费模式，使资源、生产、消费等要素相匹配相适应，实现经济社会发展和生态环境保护协调统一、人与自然和谐共生。

党的二十大提出，推动绿色发展，促进人与自然和谐共生。理念方面，牢固树立和践行绿水青山就是金山银山的理念。战略目标与实现路径方面，推进美丽中国建设，坚持山水林田湖草沙一体化保护和系统治理，统筹产业结构调整、污染治理、生态保护、应对气候变化，协同推进降碳、减污、扩绿、增长，推进生态优先、节约集约、绿色低碳发展。举措方面，报告提出了四大举措：一是要加快发展方式绿色转型；二是深入推进环境污染防治；三是提升生态系统多样性、稳定性、持续性；四是积极稳妥推进碳达峰碳中和。

我国已经进入了深入推进生态文明建设与绿色发展的新阶段，同时面临着实现生态环境根本好转和碳达峰碳中和两大战略任务。生态系统和经济发展都具有整体性、系统性及其内在发展规律。新阶段，我国落实绿色发展工作将更强调"系统性、全局性"，降碳、减污、生态保护和经济发展工作将更强调"协同互补"。

"产业结构调整、污染治理、生态保护、应对气候变化"四个方面是我国推动绿色发展的重要着力点，四者相互联系、相互影响。未来，我国绿色发展将以"双碳"工作为主线，重点强调落实，聚焦工业、交通、城乡建设、能源领域，通过鼓励科技创新、严格能效和碳排放约束、强化节能监管和污染源执法监测、发展可再生能源等措施，实现落后产能淘汰和产业结构的优化。同时继续深入打好污染防治攻坚战，实施山水林田湖草沙一体化生态保护和修复，确保"降碳、减污、扩绿、增长"成果的同步实现。

2.发展：绿色低碳是内核

高质量发展是全面建设社会主义现代化国家的首要任务，经济社会发展绿色化、低碳化是我国高质量发展的内核。

现阶段，我国存在产业结构偏重、能源结构偏煤、交通运输偏公路的客观实事，且未来能源资源需求仍会保持刚性增长，对绿色发展形成了非常大的阻力。未来，在产业结构调整方面，政府将进一步加强宏观调控和指挥，以"坚决遏制高耗能高排放低水平项目盲目发展""优化重点行业产能规模"和"推动产业低碳协同示范"三方面为导向与供给侧结构性改革工作协同驱动，实现传统产业升级改造和高新技术产业的优先发展。在能源结构调整方面将致力于建设以清洁低碳、安全高效为核心的现代化能源体系。在能源增量方面，风、光、水、核等清洁能源供应体系建设将继续保持高速增长势头，在存量方面进一步推进煤炭的高效清洁利用，发挥煤炭、煤电的支撑作用。同时发展电网、油气管网等基础设施建设，特别是跨区输送通道建设，服务能源绿色转型。在交通运输结构方面，将加大铁路专用线建设、综合货运枢纽建设和新能源基础设施建设，推动"公转铁""公转水""散改集"，提高多式联运和清洁能源占比，提升运输效能，降低交通领域碳排放。

我国绿色发展将在"补短板强弱项"的同时，还将通过建设现代化产业体系实现"提能力"。党的二十大报告在"加快构建新发展格局,着力推动高质量发展"中强调,建设现代化产业体系,实施产业基础再造工程和重大技术装备攻关工程,支持专精特新企业发展,推动制造业高端化、智能化、绿色化发展。我国产业的政策、财税补贴、投资引导、用能权和排放权等发展要素未来将重点向以信息技术、人工智能、生物技术、新能源、新材料、高端装备、绿色环保等为代表的低资源消耗、环境友好、高附加值的战略性新兴产业倾斜,这是我国绿色发展过程中产业结构调整的目标所在,也是我国经济增长的新引擎。此外,党的二十大还指出,发展海洋经济,保护海洋生态环境,加快建设海洋强国。2021年,我国海洋生产总值突破了9万亿元[①],对国民经济增长贡献率达到8%,占沿海地区生产总值比重达15%,成为中国经济发展的一个重要增长点。以海洋新材料、海洋生物医药等为代表的海洋新兴产业将是海洋经济发展的先锋。传统行业的绿色升级,战略性新兴产业的加速发展,现代化城市和交通基础设施建设以及海洋经济将成为绿色发展的重点任务。

3.减污:由"坚决"走向"深入"

污染防治攻坚战从"坚决"走向"深入",将触及更深的层次,更广的领域,以更高的标准和要求,打好蓝天、碧水、净土保卫战。

党的十八大以来,蓝天、碧水、净土保卫战取得了重大进展,但生态环境质量由量变到质变的拐点尚未出现,城市环境空气质量总体仍未摆脱"气象影响型",水环境治理和水生态修复任务依然艰巨,历史遗留的土壤污染问题较为突出。2021年11月《中共中央国务院关于深入打好污染防治

---

① 资料来源:2021年我国海洋生产总值突破9万亿元,国家海洋信息中心[EB/OL],2022/11/29 [2022/11/29],http://www.gov.cn/xinwen/2022-11/29/content_5729335.htm3

攻坚战的意见》发布，聚焦深入攻坚，继续以蓝天、碧水、净土保卫战为主攻方向，对未来污染防治工作进行了部署。深入打好蓝天保卫战重点是打好重污染天气消除、臭氧污染防治和柴油货车污染治理三大攻坚战。深入打好碧水保卫战的关键性"战役"是城市黑臭水体治理攻坚战、长江保护修复攻坚战、黄河生态保护治理攻坚战、重点海域综合治理攻坚战。同时巩固提升饮用水安全保障水平，保障南水北调等重大输水工程水质安全。深入打好净土保卫战，重点推进农业农村污染治理攻坚战，治理农业面源污染，强化地下水污染协同防治，保障农产品质量安全。在城区推动"无废城市"建设，加强固体废物和新污染物治理。

污染防治攻坚战成效考核和中央生态环境督促制度将有效地提升各级政府推动区域污染防治工作的执行力。省（自治区、直辖市）考核污染防治攻坚战成效结果为不合格的，由中央生态环境保护督察工作领导小组对省级党委和政府主要负责人进行约谈，提出限期整改要求；需要问责追责的，由中央纪委国家监委、中央组织部依规依纪依法问责追责。

中央生态环保督察自2015年启动以来，截至2022年4月底，第一轮督察和"回头看"整改方案明确的3294项整改任务，总体完成率达到95%。第二轮前三批整改方案明确的1227项整改任务，半数已完成。第四、五、六批督察整改正在积极有序推进。常态化督察制度体系不断完善，以中办、国办印发的《中央生态环境保护督察工作规定》和《中央生态环境保护督察整改工作办法》两份文件为基础，已经制定了110个工作规范，形成了相对完善的督察制度体系。2022年以来，《中央生态环境保护督察整改工作办法》《关于推动职能部门做好生态环境保护工作的意见》陆续发布，一方面推动督察整改工作落实，另一方面进一步强化权责明晰、协调联动、齐抓共管的生态环境治理体系，推动各职能部门更好地履行生态环保职责。

4. 扩绿：绿色中国做加法

加快实施重要生态系统保护和修复重大工程，推进以国家公园为主体的自然保护地体系建设，实施生物多样性保护重大工程是扩绿的重要路径。

重要生态系统保护和修复重大工程方面，2020年，国家发展改革委、自然资源部印发了《全国重要生态系统保护和修复重大工程总体规划（2021—2035年）》，以国家生态安全战略格局为基础，以国家重点生态功能区、生态保护红线、国家级自然保护地等为重点，提出了以青藏高原生态屏障区、黄河重点生态区（含黄土高原生态屏障）、长江重点生态区（含川滇生态屏障）、东北森林带、北方防沙带、南方丘陵山地带、海岸带等"三区四带"为核心的全国重要生态系统保护和修复重大工程总体布局，并提出了9大重大工程和47项具体任务，对生物多样性发展、国家公园建设、国土绿化行动、林权制度改革等做了明确部署。该《规划》体现了山水林田湖草沙系统治理的基本理念，在重大工程的组织上，将由条线为主逐步转变为区块为主、条块结合，以治理区域为基本单元谋划重大工程。

推进以国家公园为主体的自然保护地体系建设与实施生物多样性保护重大工程方面，2019年6月，中共中央办公厅、国务院办公厅印发《关于建立以国家公园为主体的自然保护地体系的指导意见》，2020年9月30日，习近平主席在参加75届联大生物多样性峰会时指出"实施生物多样性保护重大工程"，2021年《生物多样性公约》缔约方大会第十五次会议（COP15）在我国昆明举办，我国宣布出资15亿元人民币成立昆明生物多样性基金，正式设立第一批国家公园等。2021年10月，中共中央办公厅、国务院办公厅印发《关于进一步加强生物多样性保护的意见》从政策法规、监测体系、激励机制、资金保障方面明确了对生物多样性保护的措施。未来，各级财政将统筹资金安排和规划，加速以建设国家级公园和自然保护区的方式，休养生息，促进生态系统的自然恢复。生态补偿机制有望进一步完善，林权制度、生态认证、生态标识等制度有望加速推进，激发市场参与热情，从而促进市场化、社会化投融资机制的建立，拓宽生态保护资金的渠道和来源。

表1-9 我国生物多样性保护的指标性目标

2025		2035	
国家公园为主体的自然保护地占陆域国土面积	18%左右	国家公园为主体的自然保护地占陆域国土面积	18%以上
森林覆盖率	提高到24.1%	森林覆盖率	26%
草原综合植被盖度	达到57%左右	草原综合植被盖度	60%
湿地保护率	达到55%	湿地保护率	60%
自然海岸线保有率	不低于35%	—	—
国家重点保护野生动植物物种数保护率	达到77%	—	—
陆地生态系统类型有效保护占比	92%		

资料来源：兴业碳金融研究院

5.降碳：绿色发展的主线

我国将以"双碳"工作为总牵引，发挥降碳对生态环境质量改善的源头治理作用，协同推进降碳、减污、扩绿、增长。

现阶段，我国碳达峰碳中和"1+N"政策体系已基本建立，未来一段时间内"降碳"工作的重点将聚焦于在政策体系框架下，系统性推进重点领域、重点工作的"有序落实"。在我国约100亿吨二氧化碳的年总排放量中，发电和供热约占45亿吨，建筑物建成后的运行（主要是用煤和用气）约占5亿吨，交通排放约占10亿吨，工业排放约39亿吨[①]，因此工业、城乡建设、

---

① 资料来源：全国人大常委会副委员长、中国科学院院士丁仲礼：深入理解碳中和的基本逻辑和技术需求，中国环境[EB/OL]，2022/11/22 [2022/09/02]，https://www.cenews.com.cn/news.html?aid=1002227.

交通、能源领域将成为"双碳"政策的关键落脚点，全局推动产业结构、能源结构、交通结构的调整优化。

5.1 工业绿色转型进入重要阶段

"十四五"时期是我国应对气候变化、实现碳达峰目标的关键期和窗口期，也是工业实现绿色低碳转型的重要阶段。我国工业领域呈现传统行业占比依然较高、能源结构偏煤、能源利用效率偏低的情况，叠加碳达峰、碳中和时间窗口偏紧，先进技术储备不足的约束，实现工业绿色低碳转型任务艰巨。2021年至2022年间，《"十四五"工业绿色发展规划》《工业能效提升行动计划》《工业领域碳达峰实施方案》《有色金属行业碳达峰实施方案》陆续发布，对我国工业绿色发展提出宏伟目标：到2025年，单位工业增加值二氧化碳排放较2020年降低18%，规模以上工业单位增加值能耗较2020年降低13.5%；大宗工业固废综合利用率达到57%，主要再生资源回收利用量达到4.8亿吨；单位工业增加值用水量降低16%；绿色环保产业产值达到11万亿元。

节能环保产业将迎来快速发展，预计产值可能突破15万亿元。"十三五"期间，我国节能环保产业产值以平均每年15%的增速，从2015年的4.5万亿增长至2020年的7.5万亿，工业绿色发展成效显著。"十四五"期间是我国生态文明建设的关键时期，工业领域节能减碳绿色发展迈入深水区，要实现单位国内生产总值能耗下降13.5%、二氧化碳排放强度下降18%的目标需要更大的资金投入，将为节能环保产业带来更大的市场需求，产业发展将进一步提速。据赛迪智库预测，2025年我国节能环保产业产值预计远超11万亿规模，突破15万亿元。

要实现"十四五"工业绿色发展目标，我国将主要从工业能效提升、用能结构调整优化、发展循环经济以及数字化转型四个方面重点发力，稳步落实工业绿色发展要求。

表1-10 "十三五"期间我国工业绿色发展成就

产业结构不断优化
钢铁行业提前完成1.5亿吨去产能目标，电解铝、水泥行业落后产能基本退出
高技术制造业占规模以上工业增加值比重达到15.1%，提高3.3%
装备制造业增加值占规模以上工业增加值比重达到33.7%，提高1.9%
能源资源利用效率显著提升
规模以上工业单位增加值能耗降低约16%
单位工业增加值用水量降低约40%
2020年，十种主要品种再生资源回收利用量达到3.8亿吨，工业固废综合利用量约20亿吨
2021年，我国大宗固废综合利用率达到56.8%，比2012年提高了近16个百分点
清洁生产水平明显提高
燃煤机组全面完成超低排放改造，6.2亿吨粗钢产能开展超低排放改造
重点行业主要污染物排放强度降低20%以上
绿色制造体系基本构建
研究制定468项节能与绿色发展行业标准
建设2121家绿色工厂、171家绿色工业园区、189家绿色供应链企业
推广近2万种绿色产品
我国节能环保产业产值约7.5万亿元（截至2020年底）

资料来源：工业和信息化部，兴业碳金融研究院[①]

5.1.1 工业能效提升

根据国际能源署的分析，到2050年，能效提升是实现二氧化碳大规模减排的最主要途径，其贡献率约为37%[②]。我国工业能源消费量占全社会能

---

① 资料来源："十四五"工业绿色发展规划，工业和信息化部［EB/OL］，2021/12/03［2022/11/22］，https://www.miit.gov.cn/jgsj/jns/wjfb/art/2021/art_2735a1da5a5347c5bb4e7ac765f62bd7.html

② 资料来源：工业低碳转型要节能优先，人民资讯［EB/OL］，2022/12/02［2022/07/18］，https://baijiahao.baidu.com/s?id=1738637060410878504&wfr=spider&for=pc

源消费总量的65%左右，提升工业用能效率是实现碳减排最重要、最经济、最直接的手段。此外，为促进工业能效提升，传统产业工艺流程、生产设备将实现更新换代，从而加速企业全流程的转型升级，形成跨产业跨领域耦合提效协同，并扩大绿色技术应用市场，推动绿色技术的良性竞争和创新发展，形成绿色发展新动能。

我国宏观层面实施工业能效提升的方式可概述为：提升标准，加强监管，鼓励标杆，推广新技术。钢铁、石化化工、有色金属、建材、造纸等重点高耗能高排放行业将继续成为推进能效提升的主战场。国家发展改革委会同相关部门先后印发了《关于严格能效约束推动重点领域节能降碳的若干意见》《高耗能行业重点领域能效标杆水平和基准水平（2021年版）》《高耗能行业重点领域节能降碳改造升级实施指南（2022年版）》等系列政策性文件，提出了重点领域能效标杆水平和基准水平，并将完善节能监测工作制度、加强节能监察、制定高耗能行业差别电价制度，通过"胡萝卜加大棒"的管理方式，引导高耗能企业对标实施节能降碳改造升级和落后产能的有序退出。通过开展绿色园区评选、实施重点用能行业能效"领跑者"制度、征集推广工业和信息化领域节能技术装备和产品、发布绿色技术推广目录等措施，扶持和扩大绿色低碳技术的应用。

5.1.2 用能结构调整优化

大幅提升可再生能源利用比例，积极推进分布式新能源建设是工业领域调整能源结构的主要途径。《关于进一步做好新增可再生能源消费不纳入能源消费总量控制有关工作的通知》的发布，全国碳排放权交易市场覆盖范围的进一步扩大，碳价和传统化石能源价格水平上升的预期都将促使工业企业、工业园区加大清洁能源的生产和使用。以分布式光伏、生物燃料、氢能、垃圾衍生燃料等为代表的清洁能源在工业企业中的应用规模有望进一步加大。

5.1.3 发展循环经济

党的二十大报告明确指出,要加快构建废弃物循环利用体系。现代化经济体系一定是资源高效循环利用的体系,废旧资源是能源的"存储器",循环利用可以显著降低碳排放强度,是全球应对气候变化的普遍做法。我国废旧物资循环利用潜力巨大,《"十四五"循环经济发展规划》明确指出,到2025年,主要资源产出率比2020年提高约20%,单位GDP能源消耗、用水量比2020年分别降低13.5%、16%左右,农作物秸秆综合利用率保持在86%以上,大宗固废综合利用率达到60%,建筑垃圾综合利用率达到60%,废纸利用量达到6000万吨,废钢利用量达到3.2亿吨,再生有色金属产量达到2000万吨,其中再生铜、再生铝和再生铅产量分别达到400万吨、1150万吨、290万吨,资源循环利用产业产值达到5万亿元。2022年发布的《关于加快废旧物资循环利用体系建设的指导意见》明确指出,到2025年,要实现钢铁、废铜、废铝、废铅、废锌、废纸、废塑料、废橡胶、废玻璃等9种主要再生资源利用量达到4.5亿吨。未来我国将构建规范有序的回收网络体系,提高加工利用环节技术装备水平,结合实际推动废旧物资多元化利用。

表1–11 我国资源循环利用情况

2021年我国大宗固废综合利用情况			
大宗固废综合利用率	56.8%	工业副产石膏综合利用率	72.3%
煤矸石综合利用率	72.1%	农作物秸秆综合利用率	86%以上
粉煤灰综合利用率	71.4%	冶炼渣综合利用率	62.7%
2021年我国主要资源产出率相比2012年提高了58%			
2020年我国废旧资源利用情况			
年建筑垃圾综合利用率	50%	废纸利用量	5490万吨
废钢利用量约2.6亿吨,替代62%品位铁精矿4.1亿吨			
再生有色金属产量1450万吨,占国内十种有色金属总产量的23.5%,其中:			

续表

2020年我国废旧资源利用情况					
再生铜	325万吨	再生铝	740万吨	再生铅	240万吨
2021年重点电器电子产品年处理量增加7300万台,规范处理率提高了44%					
2021年我国废钢铁、废有色金属、废塑料、废纸等9类主要再生资源回收利用量达到3.85亿吨					

资料来源:国家发展和改革委、兴业碳金融研究院[①]、[②]

5.1.4 工业数字化转型

通过数字化手段提高工业管理水平从而实现减污降碳是重点方向,包括工业数字化改造、能源与资源管理、碳排放管理系统的建设,同时数字化本身产生的碳排放也不可忽视。

党的十八大以来,我国持续深化工业领域数字化转型,截至2022年6月底,我国工业企业关键工序数控化率、数字化研发设计工具普及率分别达55.7%、75.1%,比2012年分别提升31.1个和26.3个百分点。截至2022年7月底,"5G+工业互联网"建设项目超过3100个。数字化的应用为企业创造一系列新场景、新模式、新业态同时,极大地提升了工业企业的生产效率和资源使用效率,对经济社会发展的引领支撑作用日益凸显。通过智能化改造,110家智能制造示范工厂的生产效率平均提升32%,资源综合利用率平均提升22%,产品研发周期平均缩短28%,运营成本平均下降19%,产品不良率平均下降24%[③]。

---

① 资料来源:"国家发展改革委新闻发布会介绍生态文明建设有关工作情况",国家发展改革委[EB/OL],2022/09/22[2022/11/22],https://www.ndrc.gov.cn/xwdt/wszb/stwmjsyggzqk/wzsl/202209/t20220922_1335957.html?code=&state=123

② 资料来源:"十四五"循环经济发展规划,国家发展改革委[EB/OL],2021/07/07[2022/11/22],https://www.ndrc.gov.cn/xwdt/tzgg/202107/t20210707_1285530.html?code=&state=123

③ 资料来源:关于数字经济发展情况的报告,国家发展改革委[EB/OL],2022/11/16[2022/11/22],https://www.ndrc.gov.cn/fzggw/wld/hlf/lddt/202211/t20221116_1341446.html?code=&state=123

能源管控中心建设值得关注。《工业领域碳达峰实施方案》中强调,"在钢铁、建材、石化化工、有色金属等行业加强全流程精细化管理,开展绿色用能监测评价,持续加大能源管控中心建设力度"。焦化行业也制定了"力争到2025年能源管控中心普及率达到50%以上"的"十四五"目标,故能源管控中心的普及将是未来三年钢铁行业实现高效绿色生产的首要任务。

与此同时,数字化自身的碳排放也不可忽视。云计算、数据中心、人工智能等会消耗大量电能。一份《中国数据中心能耗与可再生能源使用潜力研究》(2019)发现[1],中国的数据中心在2018年产生了9900万吨二氧化碳,相当于一年约2100万辆汽车的排放。德国信息技术协会等的研究显示[2],全球温室气体排放量的1.8%至3.2%是数字设备和基础设施的制造和运营所致,数据中心和通信网络约占温室气体排放量的15%,硬件和终端设备约占70%。由此,在运用数字技术时,应注重机房、通信网、相关硬件设备的节能降耗。

5.2 城乡建设绿色发展迎来新机遇

城乡建设是碳排放的主要领域之一,随着城镇化快速推进和产业结构深度调整,城乡建设领域碳排放量及其占全社会碳排放总量的比例均将进一步提高。2021年10月,中共中央办公厅、国务院办公厅印发了《关于推动城乡建设绿色发展的意见》,随后《"十四五"住房和城乡建设科技发展规划》《"十四五"建筑节能与绿色建筑发展规划》《城乡建设领域碳达峰实施方案》《建材行业碳达峰实施方案》陆续出台,明确了城乡建设绿色发展

---

[1] 资料来源:绿色和平组织和华北电力大学,中国数据中心能耗与可再生能源使用潜力研究[R],2019

[2] 资料来源:Digital technologies could cut up to 20% global greenhouse gas emissions-study, telecompaper,(2020/5/11)[2022/2/19],https://www.telecompaper.com/news/digital-technologies-could-cut-up-to-20-global-greenhouse-gas-emissions-study--1337908.

的路径：通过加快绿色建筑建设，转变建造方式，积极推广绿色建材，推动建筑高效低碳管理，实现建筑全生命周期的绿色低碳，促进城乡建设绿色发展。我国城乡建设绿色低碳发展的总体目标是：到2025年，城镇新建建筑全面建成绿色建筑，建筑能源利用效率稳步提升，建筑用能结构逐步优化，建筑能耗和碳排放增长趋势得到有效控制，基本形成绿色、低碳、循环的建设发展方式。未来，我国城乡建设领域绿色低碳发展的重点聚焦于绿色建筑发展与城市运行优化。

表1-12 "十四五"期间我国城乡建设领域发展指标目标

主要指标	
建筑运行一次二次能源消费总量（亿吨标准煤）	11.5
城镇新建居住建筑能效水平提升	30%
城镇新建公共建筑能效水平提升	20%
具体指标	
既有建筑节能改造面积（亿平方米）	3.5
建设超低能耗、近零能耗建筑面积（亿平方米）	0.5
城镇新建建筑中装配式建筑比例	30%
新增建筑太阳能光伏装机容量（亿千瓦）	0.5
新增地热能建筑应用面积（亿平方米）	1.0
城镇建筑可再生能源替代率	8%
建筑能耗中电力消费比例	55%

资料来源：住房和城乡建设部、兴业碳金融研究院[①]

我国城乡建设碳达峰投资规模有望达到25万亿。我们预测，未来8年，即到2030年，我国城乡建设碳达峰方面可拉动重点领域投资规模近25万亿，

---

① 资料来源：《"十四五"建筑节能与绿色建筑发展规划》，住房和城乡建设部［EB/OL］，2022/03/11［2022/11/22］，https://www.mohurd.gov.cn/gongkai/fdzdgknr/zfhcxjsbwj/202203/20220311_765109.html

其中新建绿色建筑投资规模19万亿，装配式建筑市场投资规模3万亿，既有建筑改造投资规模5000亿，分布式的建筑光伏系统建设投资规模1.3万亿[①]。

表1–13 "十三五"期间我国城乡建设领域发展成就

主要成就	
严寒寒冷地区城镇新建居住建筑节能	75%
累计建设完成超低、近零能耗建筑面积	0.1亿平方米
完成既有居住建筑节能改造面积	5.14亿平方米
公共建筑节能改造面积	1.85亿平方米
城镇建筑可再生能源替代率	6%
全国城镇新建绿色建筑占当年新建建筑面积比例	77%
累计建成绿色建筑面积	超过66亿平方米
累计建成节能建筑面积	超过238亿平方米
节能建筑占城镇民用建筑面积比例	超过63%
全国新开工装配式建筑占城镇当年新建建筑面积比例	20.5%

资料来源：住房和城乡建设部、兴业碳金融研究院

表1–14 城乡低碳建设中重点领域投资规模测算

项目	投资额（万亿元）		
	2023—2025年	2026—2030年	总计
绿色建筑	7.13	12.5	19.63
装配式建筑	1	2.16	3.16
既有建筑节能改造	0.2	0.3	0.5
建筑光伏	0.3	1	1.3

资料来源：兴业碳金融研究院

---

① 资料来源：城乡建设碳达峰重点领域投资规模有望近25万亿元——《城乡建设领域碳达峰实施方案》解析，兴业碳金融研究院［EB/OL］，2022/10/17［2022/11/22］，https://app.cibresearch.com/shareUrl?name=0000000083d552850183e4e95ffb4d27

5.2.1 绿色建筑

实现建筑领域绿色发展将主要从提升新建绿色建筑占比、存量建筑节能改造、提升建筑可再生能源占比，以及数字化赋能应用四个方面入手。2022年，住房和城乡建设部发布《建筑节能与可再生能源利用通用规范》（GB 55015-2021）强制性工程建设规范，新建、扩建和改建建筑以及既有建筑节能改造工程的建筑节能与可再生能源建筑应用系统的设计、施工、验收及运行管理必须执行该规范。此外，该规范进一步提高了建筑能耗水平要求，对碳排放计算作出强制性要求。在更严格的标准约束下，绿色建材、高隔热性能门窗及保温材料、绿色建造技术等建筑领域绿色低碳技术将迎来更广阔的发展前景。政府投资的公益性建筑和工程项目、公共建筑将发挥建筑绿色发展领头羊的作用，率先实施既有建筑节能改造和星级绿色建筑评选试点、优先采购绿色建材和节能电器设备等，发挥示范推广效应。针对存量建筑将通过"以改代拆"的方式，结合老旧城区改造工程和北方地区冬季清洁取暖工作，重点围绕建筑围护结构改造、供热管网保温等方面开展。到2025年，全国计划完成既有居住建筑节能改造面积超过1亿平方米，完成既有公共建筑节能改造2.5亿平方米以上。数字化手段在城乡建设系统性绿色低碳发展方面的应用尤其值得关注，基于信息化、数字化技术衍生的智慧化能源管理工具，能服务建筑单体、建筑群、城市区域乃至整个城市实现系统性的用能优化，在提升建筑管理效能的同时，参与电网调峰、需求侧管理等行动。我国明确到2025年实现城镇建筑可再生能源替代率8%的目标，太阳能、地热能等可再生能源在建筑领域的应用，以及建筑电气化的推广将配合建筑能效提升，实现建筑领域能源消耗的"开源节流"。

5.2.2 城市运行优化

城市公共基础设施的体系化、智能化、生态绿色化运行是城市绿色低碳发展的关键。通过实施30年以上老旧供热管网更新改造工程，加强供热管网保温材料更换，推进供热场站、管网智能化改造，降低供热管网热损。系统化全域推进海绵城市建设，加大雨水蓄滞与利用。推进城市绿色照明，加强城市照明规划、设计、建设运营全过程管理，控制过度亮化和光污染。加大废旧资源的循环化利用，从资源节约方面促进绿色化进程。发展分布式可再生能源以及配套储能、微电网、虚拟电厂等技术，调节城市用能结构。

5.3 绿色低碳交通运输体系加快建设

2022年，《绿色交通"十四五"发展规划》与《交通运输部国家铁路局中国民用航空局国家邮政局贯彻落实〈中共中央国务院关于完整准确全面贯彻新发展理念做好碳达峰碳中和工作的意见〉的实施意见》相继公布，对未来我国交通领域绿色发展进行了系统规划，预计交通领域碳达峰实施方案也将尽快公布。我国绿色交通建设总体目标是，到2025年，初步形成绿色低碳生产方式，基本实现基础设施环境友好、运输装备清洁低碳、运输组织集约高效，重点领域取得突破性进展，绿色发展水平总体适应交通强国建设阶段性要求。未来，我国交通领域绿色低碳发展将聚焦于：加强绿色交通基础设施建设、提升综合运输能效和清洁能源的推广应用。

表1-15 绿色交通"十四五"发展具体目标

序号	指标类型	指标名称	2025年目标值	指标属性
1	减污降碳	营运车辆单位运输周转量二氧化碳（CO_2）排放较2020年下降率（%）	5	预期性
2		营运船舶单位运输周转量二氧化碳（CO_2）排放较2020年下降率（%）	3.5	预期性
3		营运船舶氮氧化物（NO_x）排放总量较2020年下降率（%）	7	预期性

续表

序号	指标类型	指标名称	2025年目标值	指标属性
4	用能结构	全国城市公交、出租汽车（含网约车）、城市物流配送领域新能源汽车占比（%）	72、35、20	预期性
5		国际集装箱枢纽海港¹新能源清洁能源集卡占比（%）	60	预期性
6		长江经济带港口和水上服务区当年使用岸电电量较2020年增长率（%）	100	预期性
7	运输结构	集装箱铁水联运量年均增长率（%）	15	预期性
8		城区常住人口100万以上城市中绿色出行²比例超过70%的城市数量（个）	60	预期性

注：1.国际集装箱枢纽海港指上海港、大连港、天津港、青岛港、连云港港、宁波舟山港、厦门港、深圳港、广州港、北部湾港、洋浦港11个港口。
2.绿色出行包括城市公共交通以及自行车、步行等慢行交通。
资料来源：交通运输部、兴业碳金融研究院①

表1-16　绿色交通"十三五"期间主要成就

节能降碳深入推进	
新能源城市公交、出租和城市物流配送汽车总数	达到100余万辆
现有LNG动力船舶	290余艘
全国港口岸电设施覆盖泊位	约7500个
高速公路服务区充电桩	超过1万个
营运货车、营运船舶二氧化碳排放强度	分别下降8.4%和7.1%
港口生产二氧化碳排放强度	下降10.2%
运输结构调整优化	
2020年重点地区沿海主要港口矿石疏港采用铁路、水运和皮带运输的比例（较2017年）	提高约20%

---

① 资料来源：绿色交通"十四五"发展规划，交通运输部［EB/OL］，2022/01/21［2022/11/22］，https://xxgk.mot.gov.cn/2020/jigou/zhghs/202201/t20220121_3637584.html

续表

运输结构调整优化	
2017—2020年全国港口集装箱铁水联运量	年均增长25.8%
深入推进污染防治	
2020年，京津冀、长三角、珠三角等区域船舶硫氧化物、颗粒物年排放总量比2015年	分别下降80%和75%
加强生态保护修复	
建成了20条绿色公路主题性试点工程	
开展了33条绿色公路典型示范工程	
建成了11个绿色港口主题性试点工程	

资料来源：交通运输部、兴业碳金融研究院

5.3.1 稳步推进绿色交通基础设施建设

"十四五"期间，我国计划新增公路通车里程约30万公里、铁路营业里程约1.9万公里、城市轨道交通运营里程3400公里、民用运输机场新增超过29个。为加快交通强国建设，确保交通基础设施建设符合生态保护和绿色发展要求，2022年我国发布《绿色交通标准体系（2022年）》，综合了交通运输和公路、水路领域节能降碳、污染防治、生态环境保护修复、资源节约集约利用等方面。在标准的规范下，将以新开工的高速公路和普通国省干线公路作为重点，一方面推广以钢结构桥梁、BIM技术为代表的新工艺、新技术，另一方面加大交通资源和工业固废，以及建筑废弃物在公路建设领域的循环化、资源化利用。根据要求，我国高速公路、普通国省干线公路废旧沥青路面材料循环利用率需分别达到95%和80%以上。航运方面，我国将探索建设集岸电、船用充电、污染物接收、LNG加注等服务于一体的内河水上绿色航运综合服务区。

5.3.2 提升综合运输能效

我国交通运输结构存在偏公路的特点，但是我国道路交通运输信息化水平较低，信息的滞后导致无效运输、不合理运输，以及单车单放现象普遍，空驶率较高。同时，公路运输主要以汽油和柴油作为燃料，低效、不合理的公路运输模式不但引起大量化石能源消耗，还造成了严重的大气污染。因而，优化调整运输结构和提高运输组织效率将成为提升综合运输能效的重要举措。

表1-17　2021年各种运输方式完成货物运输量及其增长速度

指标	单位	绝对数	比上年增长（%）	指标	单位	绝对数	比上年增长（%）
货物运输总量	亿吨	529.7	12.3	货物运输周转量	亿吨公里	223574.4	13.7
铁路	亿吨	47.2	5.9	铁路	亿吨公里	33190.7	9.3
公路	亿吨	391.4	14.2	公路	亿吨公里	69087.7	14.8
水路	亿吨	82.4	8.2	水路	亿吨公里	115577.5	9.2
民航	万吨	731.8	8.2	民航	亿吨公里	278.2	15.8
管道	亿吨	8.7	5.7	管道	亿吨公里	5440.3	4.9

资料来源：国家统计局、兴业碳金融研究院[①]

未来数年内，预计我国将加大铁路专用线、水运航线、港口、封闭式皮带廊道等交通运输基础设施建设，促进港口集疏运铁路、物流园区及大型工矿企业大宗货物及中长距离货物运输"公转铁""公转水"。同时加大货运枢纽建设，推动铁水、公铁、公水、空陆等联运发展。在城市出行方面，将构建以城市轨道交通和快速公交为骨干、常规公交为主体的公共交通出行体系，强化"轨道+公交+慢行"网络融合发展，提升城市公共交通服务水平，形成绿色出行方式。

5.3.3　清洁能源的推广应用

提升城市公共服务新能源交通工具占比，在国家生态文明试验区、大

---

① 资料来源：中华人民共和国2021年国民经济和社会发展统计公报，国家统计局［EB/OL］，2022/02/28［2022/11/22］，http://www.stats.gov.cn/xxgk/sjfb/zxfb2020/202202/t20220228_1827971.html

气污染防治重点区域新增或更新的公交、出租、物流配送等车辆新能源汽车比例不低于80%。交通枢纽站是发展清洁能源的重要领域，包括岸电设施、场内作业机械和车辆的电能替代都将加速推进。电动重卡、氢燃料电池货车、LNG动力船舶将是货物运输方面优先发展项。接下来，我国将重点在张家口等城市试点开展氢燃料电池汽车应用，加速落实长江干线、西江航运干线、京杭运河LNG加注码头布局建设。

2021年我国交通固定资产投资3.6万亿元，2022年1月至10月，完成交通固定资产3.1万亿元，同比增长6.4%。完成公路投资23369亿元，同比增长9.6%；完成内河投资634亿元，同比增长9.2%；完成沿海投资652亿元，同比增长8.2%[①]。为确保到2035年基本建成交通强国，现代化综合交通体系基本形成，到21世纪中叶，全面建成人民满意、保障有力、世界前列的交通强国目标，我国交通固定资产领域投资还将保持增长态势。以6.4%的增速预测，2023年，我国交通固定资产投资有望超过4万亿。

5.4 现代化能源体系建设稳步推进

习近平总书记在党的二十大报告中指出："深入推进能源革命，加强煤炭清洁高效利用，加大油气资源勘探开发和增储上产力度，加快规划建设新型能源体系，统筹水电开发和生态保护，积极安全有序发展核电，加强能源产供储销体系建设，确保能源安全。"明确了我国构建以"清洁低碳安全高效"为特征的现代化能源体系的指导方针。根据《关于完整准确全面贯彻新发展理念做好碳达峰碳中和工作的意见》《2030年前碳达峰行动方案》的要求，我国能源领域先后发布了《"十四五"可再生能源发展规划》《"十四五"现代能源体系规划》《关于促进新时代新能源高质量发展的实施

---

① 资料来源：10月交通运输经济运行情况，中华人民共和国交通运输部［EB/OL］，2022/11/25［2022/11/26］，http://www.stats.gov.cn/xxgk/sjfb/zxfb2020/202202/t20220228_1827971.html

方案》《能源碳达峰碳中和标准化提升行动计划》等一系列政策文件，对下一阶段我国能源发展进行了部署规划。未来，我国能源领域将从增强能源供应链安全性和稳定性、推动能源生产消费方式绿色低碳变革、提升能源产业链现代化水平三个方面推动绿色发展。

表1-18 "十四五"能源规划具体指标目标

指　　标		2020年	"十四五"目标
能源消费总量（亿吨标煤）		49.8	—
一次能源生产量（亿吨标煤）		40.8	46
其中：	煤炭（亿吨）	39.02	—
	原油（亿吨）	1.95	2
	天然气（亿立方米）	1889	2300
	非化石能源（亿吨标煤）	8.0	可再生能源3.3
发电装机容量（亿千瓦）		22	30
其中：	煤电（亿千瓦）	10.8	—
	气电（亿千瓦）	1.0	—
	核电（亿千瓦）	0.5	0.7左右
	水电（亿千瓦）	3.7	可再生能源发电量增量在全社会用电量增量占比超50%，水电总计4.42（常规3.8+抽水蓄能0.62），风电和太阳能发电量翻倍
	风电（亿千瓦）	2.8	
	太阳能发电（亿千瓦）	2.5	
	生物质发电（亿千瓦）	0.3	
能源消费总量（亿吨标煤）		49.8	可再生能源消费总量10
其中：	煤炭（%）	56.8	—
	石油（%）	18.9	—
	天然气（%）	8.4	—
	非化石能源（%）	15.9	20
煤炭机组灵活性改造规模		—	累计超过2亿千瓦
单位GDP二氧化碳排放		下降18.8%	下降18%
单位GDP能耗		下降17%	下降13.5%

续表

指　　标	2020年	"十四五"目标
非化石能源发电量比重	34.7%	39%
电能占终端用能比重	27%	30%

资料来源：国家能源局，兴业碳金融研究院[1][2]

5.4.1　增强能源供应链安全性和稳定性

能源安全是国家安全的重要组成部分，作为世界最大的能源消费国，保障国家能源安全是我国能源发展的首要问题。随着我国经济持续稳中向好发展，能源消费量保持增长态势，但是我国油气资源的供应主要依赖进口的局面没有发生改变。我国经济持续向好发展对油气资源日益增长的需求与我国自产油气资源供应不足的矛盾将长期存在，油气资源供应对进口的依赖也将长期保持。

表1-19　2022年我国能源生产情况

化石能源生产情况				
能源品种	生产量	较上年	进口量	较上年
原煤	45亿吨	9%	2.9亿吨	-9.2%
原油	20467万吨	2.9%	50828万吨	-0.9%
天然气	2178亿立方米	6.4%	10925万吨	-9.9%
能源消费总量	54.1亿吨标准煤			

资料来源：国家统计局、兴业碳金融研究院[3]

---

[1] 资料来源："十四五"现代能源体系规划，国家能源局［EB/OL］，2022/01/29［2022/11/22］，http://zfxxgk.nea.gov.cn/2022-01/29/c_1310524241.htm

[2] 资料来源："十四五"可再生能源发展规划，国家能源局［EB/OL］，2021/10/21［2022/11/22］，http://zfxxgk.nea.gov.cn/2021-10/21/c_1310611148.htm

[3] 资料来源：2021年12月份能源生产情况，国家统计局［EB/OL］，2022/01/17［2022/11/22］，http://www.stats.gov.cn/xxgk/sjfb/zxfb2020/202201/t20220117_1826438.html

我国将遵循"富煤、缺油、少气",且现阶段能源消耗以化石能源为主的客观实事,加强煤炭安全的托底保障。我国将进一步优化煤炭产能,布局一批大型现代化煤矿,有序淘汰落后产能,同时完善跨区域运输通道和集疏运体系,增强煤炭跨区域供应保障能力。电力作为煤炭的主要消耗领域,将通过开展全国煤电机组三改联动(节能降耗改造、供热改造、灵活性改造),加强煤炭的清洁高效利用,强化煤电支撑性调节性作用。"十四五"期间,煤电机组节能降耗改造规模不低于3.5亿千瓦,供热改造规模力争达到5000万千瓦,灵活性改造规模1.5亿千瓦,到2025年,全国火电平均供电煤耗降至300克标准煤/千瓦时以下(2022年6000千瓦及以上电厂供电标准煤耗301.5克标准煤/千瓦时)。

油气方面,我国将一方面加大国内油气勘探开发,并扩大油气资源的储备能力,另一方面发展煤制油气和非粮生物燃料的技术储备。到2025年,全国集约布局的储气能力达到550亿～600亿立方米(2022年我国建成储气能力超320亿立方米),占天然气消费量的比重约13%。

能源基础设施方面,能源设施安全防护和保护将是重中之重,通过完善电力监控系统与安全防控体系,确保重点能源基础设施的安全运行。其次将围绕优化能源输送格局,布局建设油气管道、电力输送管道以及LNG接收和输运基础设施。到2025年,全国油气管网规模达到21万公里左右(截至2022年,我国油气管网规模已超18万公里),存量通道输电能力提升4000万千瓦以上,新增开工建设跨省跨区输电通道6000万千瓦以上,电网计划投资额预计将达到3万亿。

5.4.2 推动能源生产消费方式绿色低碳变革

坚持先立后破、生态优先的原则,壮大清洁能源产业,实施可再生能源替代行动,推动构建新型电力系统,促进新能源占比逐渐提高。

在发电侧,风电和太阳能发电将继续成为新增装机的主力,尤其是在

"三北"地区建设大规模风电光伏电站。在输送端,将着重应用数字化技术推动新型电力系统的构建,推进新能源电力跨省跨区输送,增强电力系统资源优化配置能力。在储能端,同步推进电源侧、电网侧、用户侧储能设施的建设和联动,发挥储能消纳新能源、削峰填谷、增强电网稳定性和应急供电等多重作用。在负荷端,将加强电力需求侧响应能力建设,提升电力负荷弹性。在体制机制方面,继续深化电力体制改革,加快构建和完善中长期市场、现货市场和辅助服务市场有机衔接的电力市场体系。

表1-20　2022年前三季度我国可再生能源发展情况

指标		数值	占比和增速
可再生能源新增装机		9036万千瓦	占全国新增发电装机的78.8%
其中:	水电新增	1590万千瓦	13.9%
	风电新增	1924万千瓦	16.8%
	光伏发电新增	5260万千瓦	45.8%
	生物质发电新增	262万千瓦	2.3%
可再生能源发电总装机		11.46亿千瓦	—
其中:	水电装机	4.06亿千瓦（抽水蓄能0.43亿千瓦）	—
	风电装机	3.48亿千瓦	—
	光伏发电装机	3.58亿千瓦	—
	生物质发电装机	4060万千瓦	—
可再生能源发电量		1.94万亿千瓦时	
其中:	规模以上水电	9507亿千瓦时	同比增长5%
	风电	5441亿千瓦时	同比增长15.9%
	光伏发电	3286亿千瓦时	同比增长32.2%
	生物质发电	1129亿千瓦时	同比增长0.1%

资料来源:国家能源局,兴业碳金融研究院[1]

---

[1] 资料来源:国家能源局2022年四季度网上新闻发布会文字实录,国家能源局［EB/OL］,2022/11/14［2022/11/22］,http://www.nea.gov.cn/2022-11/14/c_1310676392.htm

5.4.3 提升能源产业链现代化水平

科技创新是提升我国能源产业链现代化水平最重要、最直接的手段。强劲市场需求将进一步驱动光伏、风电等新能源设备设施的技术发展。针对新型电力系统、新一代先进核能、氢能、燃料电池、二氧化碳捕集利用与封存技术等具有广阔发展前景但现阶段成本较高的绿色低碳技术将获得政策的重点扶持，以试点示范项目为主体，促进技术的迭代创新。数字化技术的应用是我国实现能源结构多元化协同发展的必要条件，通过智能化的预测、监测、调度，能有效地应对可再生能源出力波动，能源数字化也将成为能源领域的投资热点。

"十四五"期间，我国将有序向碳达峰碳中和目标迈进，随着经济社会稳中向好发展，能源消费总量将进一步增长，从而拉动能源领域重点项目的投资，尤其是可再生能源领域。据国家发展和改革委预测，"十四五"期间中国能源重点领域投资较"十三五"增长20%以上，而2022年全国能源领域重点项目完成投资额已达到2万亿元左右。

第二章

重点领域与产业篇

一、绿色产业风向标：兴业绿色景气指数（GPI）

"兴业绿色景气指数（GPI）"是为响应2016年七部委联合发布的《关于构建绿色金融体系的指导意见》中明确提出的"支持开发绿色债券指数、绿色股票指数以及相关产品"，由兴业碳金融研究院和兴业银行绿色金融部共同开发，基于对兴业银行绿色金融客户调研结果编制，并于每月1日发布，旨在全面、细致、系统地揭示绿色产业的发展现状、研判产业热点领域和发展趋势、感知绿色产业发展中的痛点，为绿色金融和绿色产业的发展提供调查的第一手信息。

2022年是"兴业绿色景气指数（GPI）"持续发布的第五年，自2018到2022年已按月连续发布60期。GPI是一个多维度的指数体系，包括GPI综合景气指数、分项指数、分行业指数、分企业规模指数等，各项指数走势情况与我国目前绿色发展政策走向显示出高度的一致性，GPI指数已成为绿色产业风向标。而随着绿色经济在我国占据越来越重要的地位，部分GPI分项指数与我国宏观经济指标等其他指标也展现出一定的相关性。

1. 2022年绿色产业综合景气指数波动下降

2022年，受疫情相关影响，绿色产业综合景气指数波动下降。2022年3—4月，受我国部分地区疫情反复影响，GPI指数一度降至荣枯线以下，5月开始，疫情负面影响逐步减弱，GPI指数也快速回暖，6月GPI指数已回升至54.9%，为2022年全年最高水平。但在经历了强势反弹之后，三季度起绿色产业进入调整期，年末再次受到疫情影响，GPI指数降至50.13%，相较于2021年末下降了4.1个百分点。与此同时，我们发现GPI景气指数季度均值与我国名义GDP季度同比增速显示出一定的同步性，GPI指数也一定程度上反映了整体宏观经济景气程度（见图2-1）。

图2-1　GPI综合景气指数走势与名义GDP增速

资料来源：Wind，兴业碳金融研究院

2. GPI分项指数：成本压力缓解、资金压力加大

从分项指数来看，2022年绿色产业成本压力稍有缓解，资金压力加大。GPI调研结果显示，成本与资金一直是绿色产业面临的两大主要问题。

成本方面，2022年绿色产业整体成本压力稍有缓解，2022年末成本指数较上年末下降了2.6个百分点。同时我们发现GPI大中型企业成本指数与PPI走势有较强相关性，2021年，随着疫情之后全球需求的复苏、主要经济体宽松政策的陆续出台、叠加供应链瓶颈等因素推升主要原材料与能源价格，推动PPI持续走高，而2022年以来PPI开始持续回落，与GPI大中型企业成本指数走势基本一致，这也表明主要工业品价格仍然是影响绿色产业成本压力的主要因素之一。

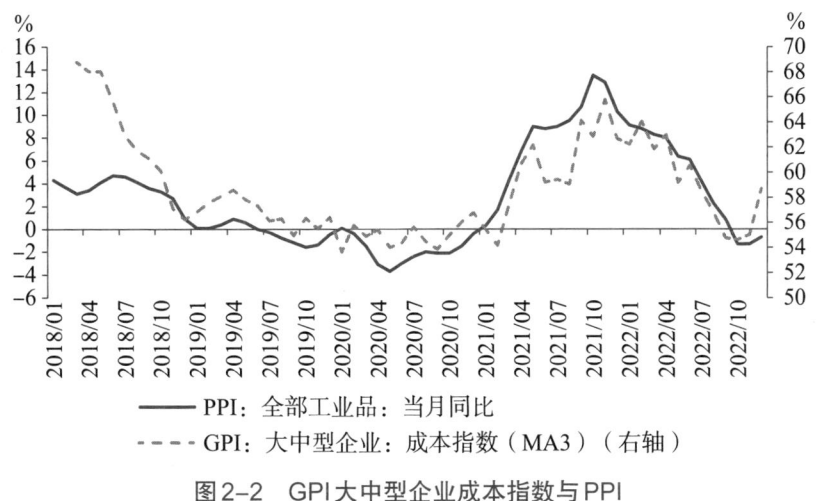

图2-2　GPI大中型企业成本指数与PPI

资料来源：Wind，兴业碳金融研究院

资金周转方面，2022年绿色产业整体资金周转压力有所增加，2022年有一半的月份资金指数都处于50%以下，2022年末资金指数再度降至荣枯线以下，较上年末下降了4.3个百分点。而GPI资金指数也可以一定程度上反映整个市场的流动性状况，我们看到GPI中小企业资金指数与企业债信用利差显示出负相关性（见图2-3）。

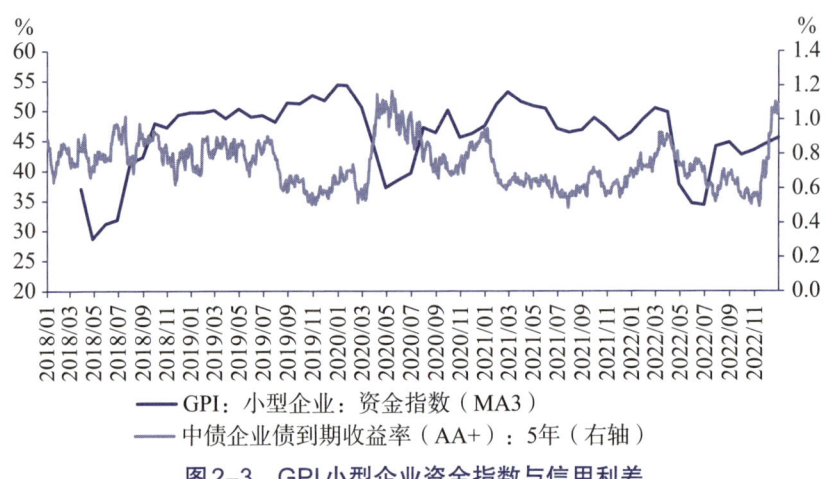

图 2-3　GPI 小型企业资金指数与信用利差

资料来源：Wind，兴业碳金融研究院

3. GPI 分行业指数：可再生能源行业景气度稳步提升

作为绿色产业"风向标"，GPI 指数能够从市场第一线最直观反映我国绿色产业总体与细分行业的景气程度。总体指数方面，我们发现 GPI 预期指数与环保与公用事业板块股市走势展现出较高的一致性（见图 2-4），2022 年绿色产业总体预期减弱，而环保与公用事业板块股票也下跌了 18.5%。

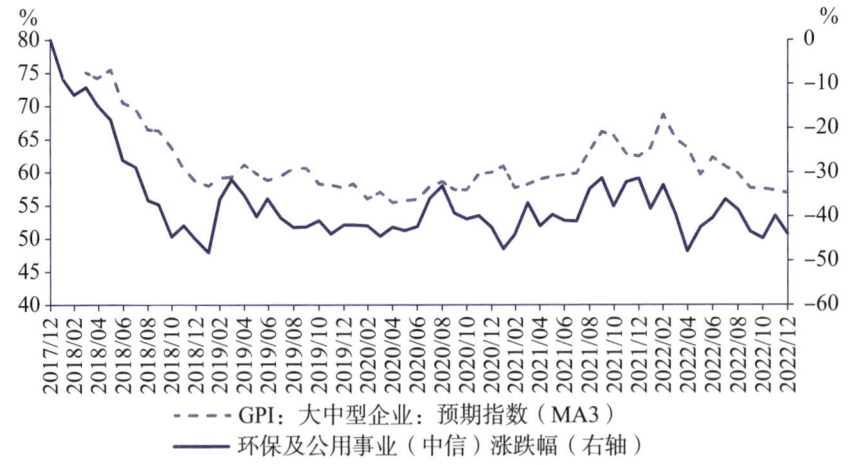

图 2-4　GPI 大中型企业预期指数与环保公用事业板块涨跌幅

资料来源：Wind，兴业碳金融研究院

从绿色细分产业来看，可再生能源产业景气稳步提升，并且在疫情扰动下韧性凸显。2022年受疫情反复影响，绝大部分绿色产业细分行业平均景气指数均较2021年有所下降，仅有可再生能源与清洁能源发电与供暖行业2022年平均景气指数较2021年有所上升，而在2022年全年中，在绿色产业景气受疫情影响波动较大的月份，可再生能源产业景气度也展现出一定的韧性。

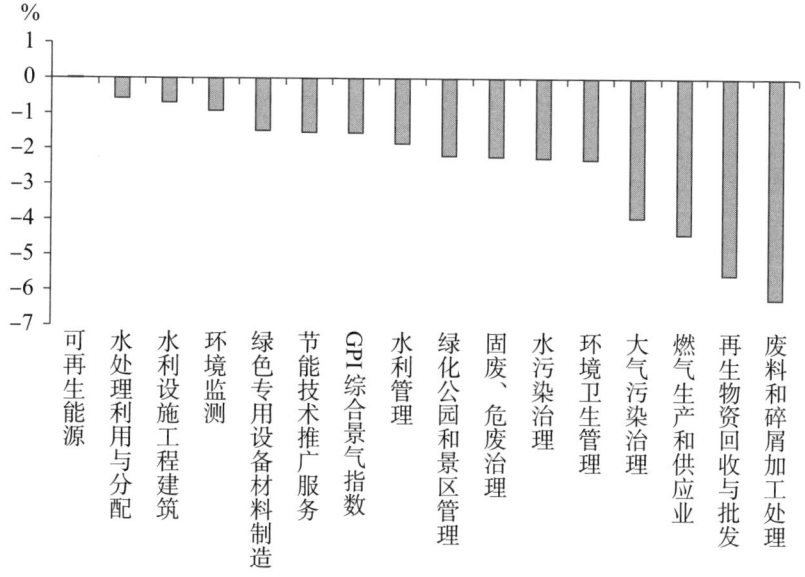

图2-5 部分绿色细分行业2022年平均景气指数同比变化值

资料来源：兴业碳金融研究院

4. GPI分企业规模指数：不同规模企业景气分化

分企业规模来看，疫情扰动下，大型企业景气波动较小，而小型企业景气度受影响较大。相较2021年末，2022年末不同规模企业景气指数均有不同程度下降。其中，大型绿色环保企业景气指数下降幅度最小。尤其是在疫情影响比较大的月份，大型企业景气波动较小，而小型企业景气受影响较大，在2022年末仍处于荣枯线之下。

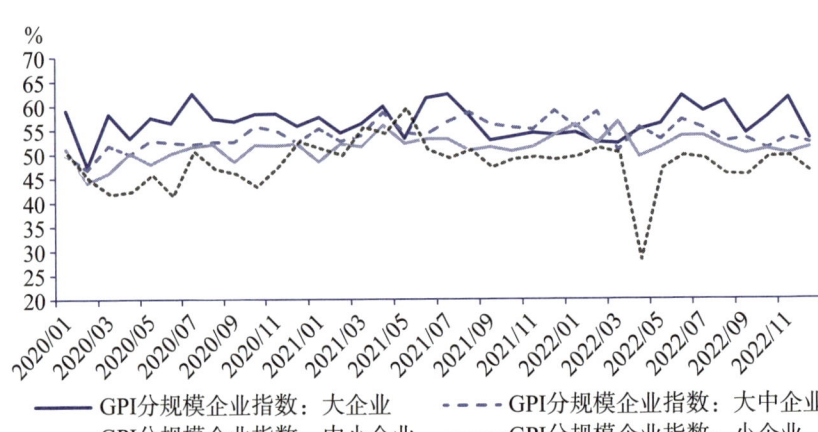

图2-6 GPI分企业规模景气指数走势

资料来源：兴业碳金融研究院

二、能源：能源安全保供仍是主基调

过去几年，疫情冲击、极端气候、乌克兰危机等多重因素叠加引发全球能源危机，对世界经济社会与能源系统的复杂性冲击深刻而持久。全球能源危机暴露出以煤、油、气为主的传统化石能源供需体系的脆弱性与不可持续性，尤其在乌克兰危机以来能源安全问题再次引发各国的高度重视，化石能源消费的短期上涨势必对全球应对气候变化造成一定影响。尽管如此，全球绿色低碳转型总体趋势与长远目标均未改变，推动能源供给消纳体系的加速重构，仍将是国内外政府今明两年关注的重点。

1. 国际：大力发展新能源仍是缓解能源紧张局面与应对气候变化的关键抓手

1.1 化石能源消费占比仍将维持高位

化石能源较长时期无法被完全替代仍是根本现实。当前，化石能源在全球能源结构中的份额一直高居80%左右，且在未来较长时期内仍将依赖化石能源。根据IEA预测数据，2050年化石燃料在全球能源结构中的占比将从目前的80%降至略高于60%的水平，全球二氧化碳年排放量将从每年370亿吨回落到320亿吨，但21世纪末气温仍将上升2.5摄氏度，足以造成严重影响。IEA预测全球化石能源需求将在2025年进入平台期；石油需求将在未来五年达到1.03亿桶/天的峰值，且在2050年前始终保持小幅下降态势；天然气、煤炭消费基本趋于稳定且在2030年后保持下降。

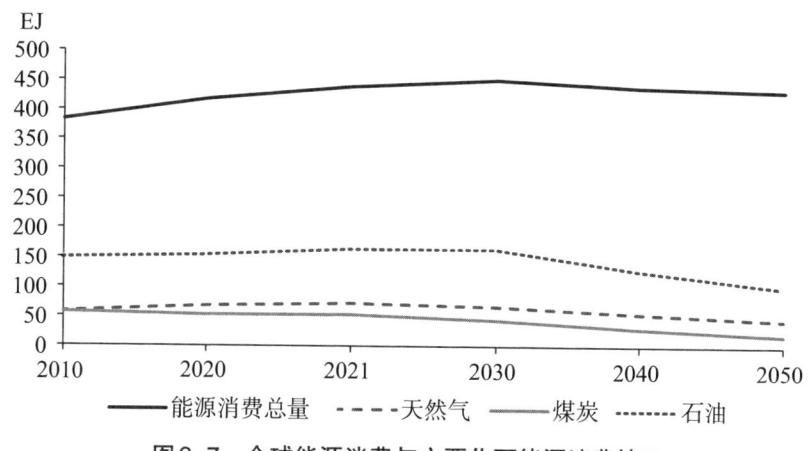

图2-7　全球能源消费与主要化石能源消费情况

资料来源：IEA

化石能源消费量上涨显著增加降碳压力。大规模液化天然气扩张计划将严重影响实现1.5℃目标。国际能源署提出，由于可再生能源等清洁技术成本大幅降低，到2030年全球天然气总使用量需要比2021年的水平至少降低30%。但根据CAT（Climate Action Tracker）数据，目前在建与扩建的液化天然气产能,到2030年每年可能会增加超过1.9Gt二氧化碳排放量,超过IEA预测的2050年净零排放情景下的排放量,大规模的液化天然气扩张计划将严重影响1.5℃目标的实现①。煤炭消费总量依然小幅上涨。根据IEA《煤炭市场更新》预测,全球煤炭消费量将反弹至2013年创下的年度最高纪录水平,预计2023年仍将刷新历史新高②。

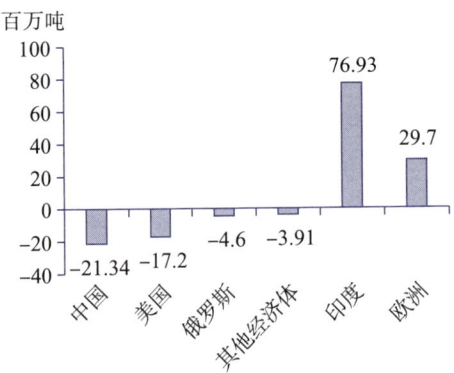

图2-8 2022年主要经济体煤炭消费变化

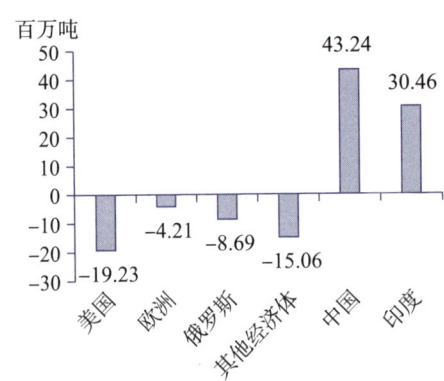

图2-9 2023年主要经济体煤炭消费变化

资料来源:IEA,兴业碳金融研究院

---

① 资料来源:《气候行动追踪:大规模的天然气扩张有可能让积极的气候政策徒劳无功》,PKSSE.[EB/OL],2022/11/16[2022/11/27],https://zhuanlan.zhihu.com/p/583929933.

② 资料来源:《旧能源的"复兴":全球煤炭消耗量或反弹至2013年的创纪录水平》,华尔街见闻.[EB/OL],2022/08/02[2022/08/07],https://www.163.com/dy/article/HDPCI0MS05198NMR.html.

第二章　重点领域与产业篇

能源危机并未减弱碳排放上升势头。虽然近三年受疫情、全球能源危机等影响，但全球碳排放依然处于上升态势，2022年全球与能源相关碳排放达到368亿吨以上，较上年增幅为0.9%。根据IEA预测，全球碳排放仍将处于上升态势，并于2025年达峰，之后开始下降。欧洲应对天然气短缺而重启煤电，同时印度耗煤量、耗油量预计同比增长6%，这些都是造成碳排放持续上涨的关键因素。

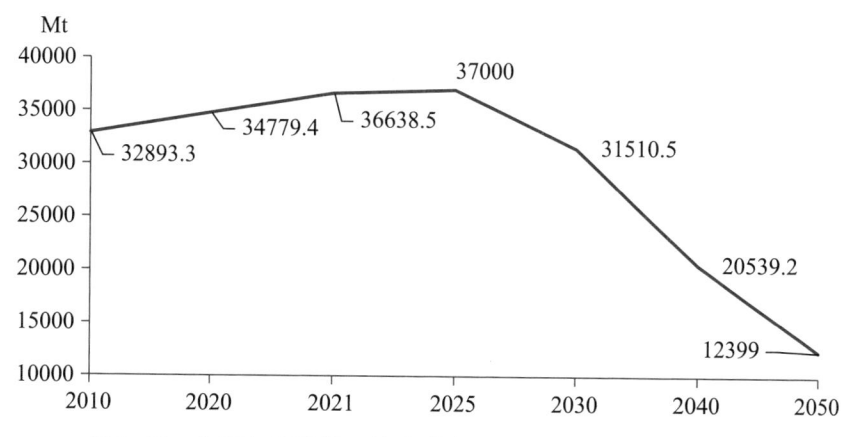

图2-10　各国气候承诺下的全球能源燃烧与工业过程碳排放量

资料来源：IEA

1.2　化石能源紧张局面仍将持续

全球能源安全与可获得性遭遇多方面风险挑战。全球对俄能源依赖程度较高，俄能源输出受限引发全球能源安全严峻形势加剧。根据世行《大宗商品市场展望》报告预测数据，能源价格到2023年将小幅下降11%，但仍比过去五年的平均水平高出75%。

石油方面，世界银行预计2023年布伦特原油均价为92美元/桶，2024年将回落至80美元/桶，但远高于60美元/桶的5年均价；根据国际能源署2022年10月份评估，消费量2022年底反弹到疫情大流行前水平后，预计在2023年仍将维持高位。

天然气与煤炭方面，随着消费侧天然气替代带来的需求下降，以及中、印等国煤炭产量增加，预计2023年、2024年天然气与煤炭价格将回落，但仍远高于2017—2021年平均水平。

伴随天气回暖等各方面因素影响，全球化石能源价格出现一定回落，但仍远高于2021年前价格水平。若高温干旱等极端天气持续出现，水电、核电等将面临较大出力受限压力，化石能源价格或将迎来新一波上涨。综合来看，预计2023年全球油气等化石能源依然处于紧张态势。

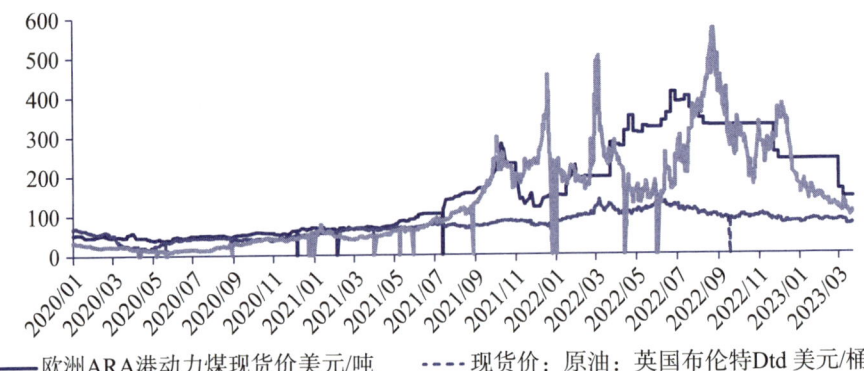

图2-11　主要化石能源价格

资料来源：Wind，兴业碳金融研究院

1.3　清洁能源成能源安全与转型的关键抓手

能源危机使全球进一步加快向清洁能源转型步伐。乌克兰危机引发的全球能源危机体现了当前以化石能源为主的能源系统的脆弱性和不可持续性。受全球碳中和、新能源政策、国际能源市场变化等影响，新能源装机将保持长期迅猛发展。根据国际可再生能源署（IRENA）统计数据，2022年全球可再生能源发电装机达到3372GW，相较2021年增加了295GW，同比增长9.6%，可再生能源发电占全年新增发电量的83%；其中风、光分别增加75GW、191GW[①]。预计在各国相继提高气候治理目

---

① 资料来源：《2022全球可再生能源发电装机增长9.6%继续创纪录》，电缆网，2023/03/23［2023/03/25］，https://www.sohu.com/a/658023364_249929

标以及保障能源安全的共同推动下，风、光等可再生能源仍将保持长期爆发式增长。

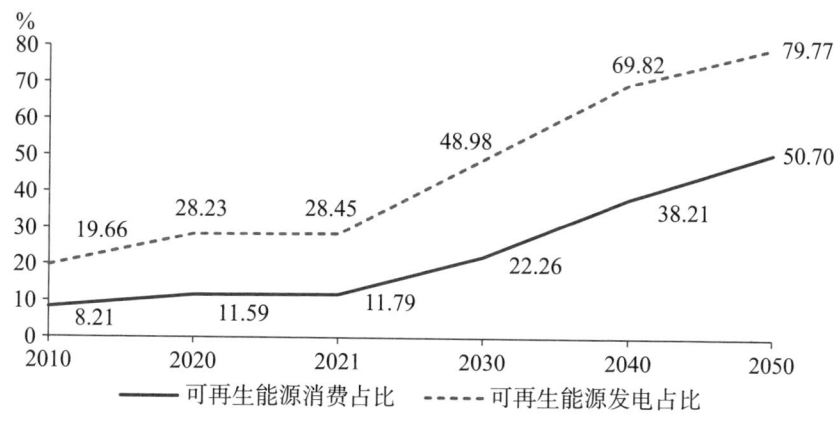

图 2-12　可再生能源消费占比与发电占比

资料来源：IEA

新能源投资持续提高成为全球能源转型关键保障。IEA预测基于各国现推出政策，全球清洁能源投资有望在2030年超过2万亿美元，较当前提高50%以上，但如果要在2050年实现全球净零排放，全球清洁能源投资需在2030年增长到每年4万亿美元以上。根据彭博新能源财经（BNEF）统计数据，2022年全球低碳能源转型投资总额破纪录，达到1.1万亿美元，低碳技术投资首次达到与支持化石燃料供应所用资金相当的水平。其中，风电、光伏、生物燃料及其他可再生能源相关领域承诺投资金额创历史纪录，达4950亿美元，较上年增长17%；而新能源汽车及其基础设施等电气化运输相关投资额几乎超过可再生能源领域，支出总额达4660亿美元，同比增长达54%；全球范围内能源转型投资占比最高国家为中国，投资总额5460亿美元，几乎占到全球投资总额一半，第二为欧盟，之后为德国、法国、英国。

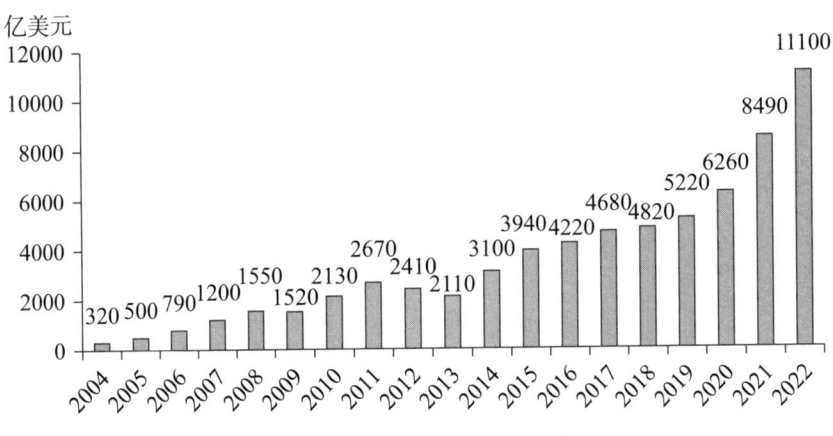

图2-13 全球能源转型投资

资料来源：BloombergNEF

部分关键产业发展是能源转型关键影响因素。在清洁电力带动下，电池、光伏等产业链正处于加速扩张期，且基于规模化的电网建设带动电池储能投资。预计到2030年电动汽车销量占全球汽车销量的60%，电池生产能力在2021至2025年翻两番，达到约2500GWh。同时，受可再生能源、储能电池、电网等大量部署影响，用于电网的金属铜、太阳能光伏中的硅、风力涡轮机中的稀土元素、电池中的锂等相关矿产资源需求将从2021年的每年700万吨上升到2030年的1100万吨和2050年的1300万吨[①]。近年关键矿产资源产量稳中有升，但为实现全球2025、2030年新能源相关目标，对矿产资源市场需求将显著提高、市场竞争将越发激烈，预计国际能源企业、汽车企业等将进一步加大国际合作，加快布局境外矿产资源勘探开发，同时能源基础设施循环利用相关产业及其标准体系也将加快建立健全。

---

① 资料来源：《世界能源展望2022》，IEA. 2022/11/17 ［2022/11/27］

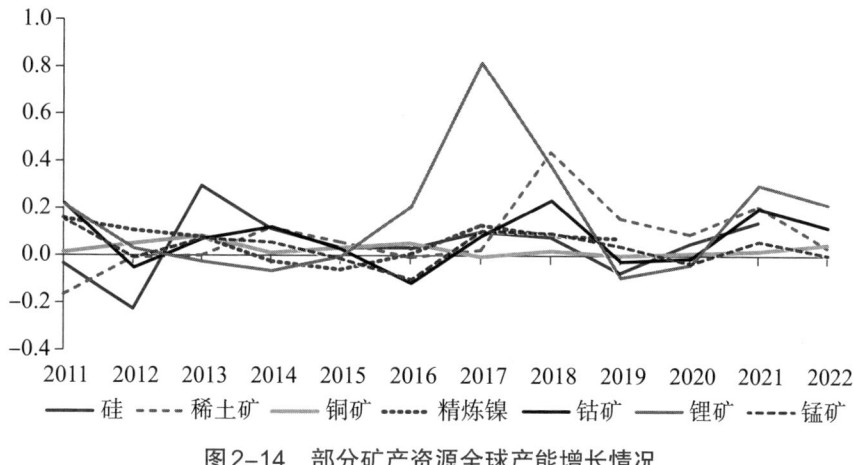

图2-14 部分矿产资源全球产能增长情况

资料来源：Wind，碳金融研究院

2. 国内：能源结构持续快速转型，但紧平衡依然是基本现实

2.1 我国能源转型形势成效显著但依然存在挑战

2.1.1 转型成效：能源结构与电力结构持续优化

能源消费强度与碳排放强度持续"双降"。2012年到2022年这十年间，我国以年均3%的能源消费增速支撑了年均6.5%的经济增长，能耗强度累计下降了26.2%，是全球降低最快的国家之一。十年间，全国单位GDP二氧化碳排放下降了34.4%，煤炭在一次能源消费中的占比也从68.5%下降到了56%。可再生能源开发利用规模、新能源汽车产销量都稳居世界第一。

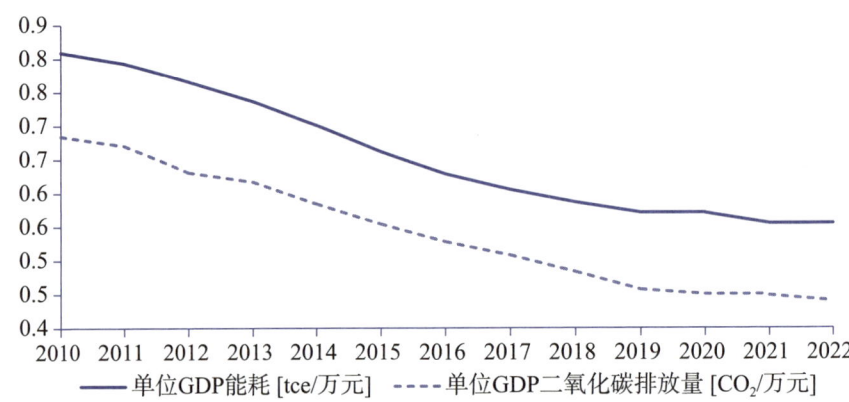

图2-15 单位GDP能耗与单位GDP二氧化碳排放

资料来源：Wind，兴业碳金融研究院

非化石能源占比快速提升。供给方面，2022年全国可再生能源新增装机1.52亿千瓦，占全国新增发电装机的76.2%，已成为我国电力新增装机的主体。根据"十四五"规划目标，2025年中国可再生能源发电装机占电力总装机的比例将超过50%，可再生能源发电量增量在全社会用电量增量中的占比超过50%，风电和太阳能发电量实现翻倍。消费方面，2022年煤炭消费量占能源消费总量的56.2%，比上年上升0.3个百分点；天然气、水电、核电、风电、太阳能发电等清洁能源消费量占能源消费总量的25.9%，上升0.4个百分点。终端用能领域清洁替代进程持续推进，目前北方地区清洁取暖面积达到了156亿平方米，清洁取暖率达到73.6%，累计替代散煤超过1.5亿吨，对降低PM2.5浓度、改善空气质量的贡献率超过1/3[①]。

新能源装机规模始终保持高速增长。我国风电、太阳能发电等新能源发展势头强劲，装机规模保持快速增长。中国可再生能源装机规模稳居全

---

① 资料来源：《保障能源安全推进绿色转型》，国家能源局. 2022/7/29 ［2022/11/27］http://www.nea.gov.cn/2022-07/29/c_1310647945.htm

球首位，水电、风电、光伏发电、生物质发电装机规模分别连续17年、12年、7年和4年位列全球第一。根据国家能源局数据，2022年全国风电、光伏发电新增装机突破1.2亿千瓦，达到1.25亿千瓦。目前已具备完备的新能源全产业链体系，新能源开发建设成本不断下降，风电、光伏发电已全面进入平价无补贴、市场化发展的新阶段；以沙漠、戈壁、荒漠地区为重点的大型风电、光伏基地建设和屋顶分布式光伏开发建设提速，新能源投资明显加快[①]。

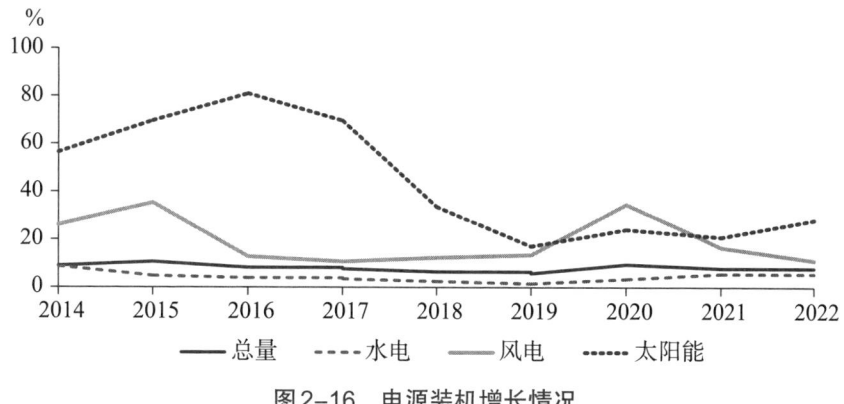

图2-16 电源装机增长情况

资料来源：Wind，兴业碳金融研究院

建成全球最大清洁高效煤电供应体系。总体水平方面，我国发电效率和污染物排放标准均高于欧美国家，完全自主国产化的大容量、高参数煤电技术处于全球领先水平。装机结构方面，我国积极推进火电转型升级，通过淘汰落后产能、上大压小等措施发展大容量高参数机组，现役机组中60万千瓦等级及以上装机占比超50%、百万千瓦超超临界机组超过120台。2021年底至2022年初，部分省份陆续公示了本省煤电行业淘汰落后产能的情况，其中安徽、江苏、河北、吉林四省共淘汰了171.1万千瓦。截至2022

---

① 资料来源：我国新能源装机大幅增长加速能源转型，国家能源局．2022/11/24 [2022/11/27] https://mp.weixin.qq.com/s/EGsQBWb4MXgXFAxm--rkaw

年上半年，我国已累计淘汰关停煤电落后产能超1亿千瓦。节能改造方面，2022年6000千瓦及以上电厂供电标准煤耗301.5克标准煤/千瓦时、同比降低0.1%。同时，我国2021年承诺不再新建海外煤电项目，大力支持发展中国家能源绿色低碳发展。

图2-17 近年供电煤耗情况

资料来源：Wind，兴业碳金融研究院

2.1.2 转型挑战：能源安全形势依然严峻

化石能源对外依存度持续高位。2022年，我国通过老油田硬稳产、新油田快突破、海域快上产等措施，加大勘探开发力度，原油产量达2.04亿吨；通过加大新气田勘探开发力度、坐稳常规天然气主体地位、推动非常规气快速上产，天然气产量约2200亿立方米，年增产量连续6年超百亿立方米。然而，当前油气资源对外依存程度依然较高，2022年原油产量进口量50828万吨，同比下降0.9%；天然气进口量10925万吨，下降9.9%[①]。

---

① 资料来源：《中国油气对外依存度首降有何信号意义？》，中新经纬.2023/02/08［2023/03/25］，http://news.uibe.edu.cn/info/1371/53584.htm

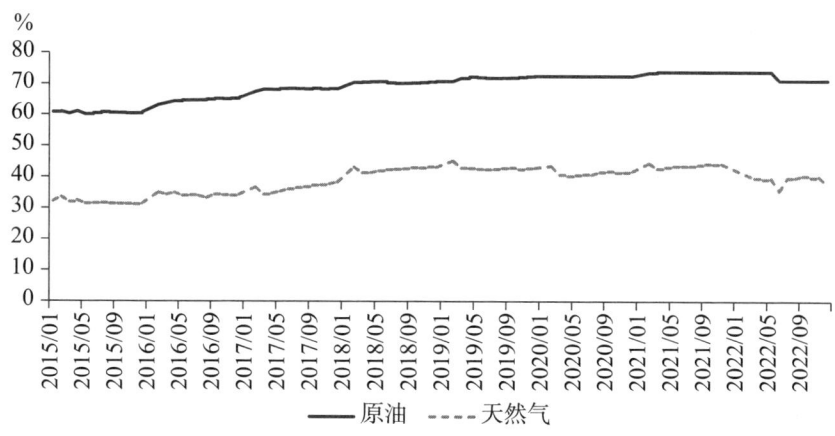

图 2-18　石油与天然气对外依存度

资料来源：Wind，兴业碳金融研究院

煤炭保供运力压力依然存在。电煤消耗季节性波动明显，与煤矿生产、铁路运输均衡性的矛盾越来越突出，成为电煤紧缺的关键因素。在用煤高峰期，时段性、区域性、结构性运输紧张现象依然存在，铁路请车难、车皮调运难、自提物流成本偏高等问题时有发生，甚至影响电厂与煤企间中长期合同兑现。2021年电煤运输量同比增长16.2%，发送量占煤运总量的77.5%，均为历史最高点。2022年国家铁路完成煤炭运量约20.5亿吨，同比增加1.5亿吨、增长8%，其中电煤运量约14.5亿吨，同比增加1.8亿吨、增长13.5%，均创历史最高水平[①]。

---

① 资料来源：《煤炭保供亟待破解运力瓶颈》，中国能源报．2022/11/24［2022/11/27］https://baijiahao.baidu.com/s?id=1750390046882849253&wfr=spider&for=pc

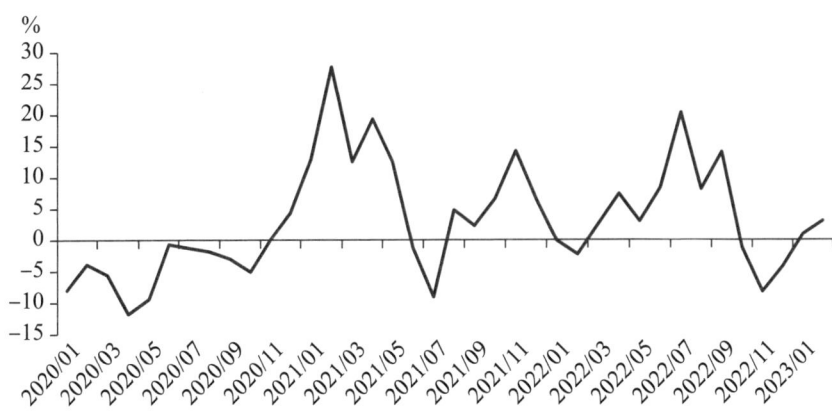

图 2-19　全国煤炭铁路发运量当月同比涨幅

资料来源：Wind，兴业碳金融研究院

全国电力供需处于紧平衡态势。煤电的基础支撑作用进一步凸显，电力保供无论从迎峰度夏还是迎峰度冬的角度考虑，形势依然严峻。2022年夏季，我国出现了近几十年来持续时间最长、影响范围最广的极端高温天气，叠加经济恢复增长，拉动用电负荷快速增长。2022年，全国有21个省级电网用电负荷创新高，华东、华中区域电力保供形势严峻，浙江、江苏、安徽、四川、重庆、湖北等地区电力供应形势尤为紧张。每到11月份，北方地区陆续进入取暖季，能源电力需求不断增加，面对冬季容易出现的冷空气、大风、大雪、冰冻等极端天气，电力系统的安全稳定运行依然面临挑战。综合考虑新投产装机、跨省跨区电力交换等因素，预计短时期内迎峰度冬期间全国电力供需总体紧平衡，部分区域用电高峰时段电力供需偏紧。

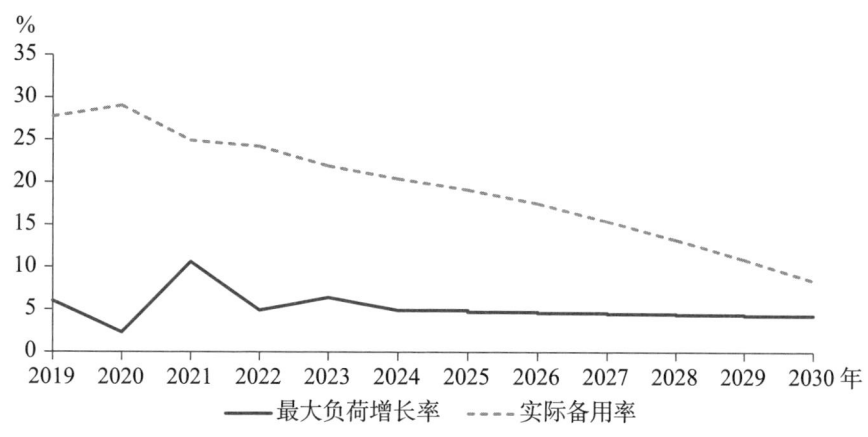

图2-20　2022—2030年负荷平衡缺口预测

资料来源：申万宏源研究（2022）

煤电机组成本上涨与电价无法疏导之间的矛盾依然存在。我国电力系统存在"基础资源过多、尖峰资源短缺、灵活资源不足"等根本问题，未来保供挑战主要来自峰谷差拉大、短时尖峰负荷供给短缺等方面，近中期持续推动煤电产能升级是内在要求，"十四五"以来国家出台多项政策中均涉及"合理控制煤电建设规模和发展节奏""推进煤电机组'三改联动'与超低排放改造"等内容。加快煤电机组灵活性改造，将显著提升电力系统灵活性、增强新能源消纳能力，为新能源占比逐渐提高的新型电力系统建设奠定基础。但就目前技术现状来看，灵活性改造是逆煤电技术特性与优势的举措，与煤电清洁、低碳、安全、高效的运行目标并不一致，煤电灵活性改造将显著增加机组运行成本与能耗，在当前辅助服务市场尚不完善的情况下很难获取服务对等的收益。

表2-1　近两年部分煤电灵活性改造相关政策

时间	政策	相关内容
2021年3月	关于推进电力源网荷储一体化和多能互补发展的指导意见	对于存量煤电项目，优先通过灵活性改造提升调节能力，结合送端近区新能源开发条件和出力特性、受端系统消纳空间，努力扩大就近打捆新能源电力规模

续表

时间	政策	相关内容
2021年8月	关于鼓励可再生能源发电企业自建或购买调峰能力增加并网规模的通知	鼓励多渠道增加调峰资源。承担可再生能源消纳对应的调峰资源,包括抽水蓄能电站、化学储能等新型储能、气电、光热电站、灵活性制造改造的煤电
2021年10月	关于开展全国煤电机组改造升级的通知	科学确定本地煤电机组改造升级目标和实施路径。要合理安排机组改造时序。在财政、金融、价格等方面健全完善相关政策,对煤电机组改造升级工作予以支持
2021年11月	全国煤电机组改造升级实施方案	存量煤电机组灵活性改造应改尽改,"十四五"期间完成2亿千瓦,增加系统调节能力3000～4000万千瓦,促进清洁能源消纳。"十四五"期间,实现煤电机组灵活制造规模1.5亿千瓦
2022年2月	关于完善能源绿色低碳转型体制和政策措施的意见	全面实施煤电机组灵活性改造,完善煤电机组最小出力技术标准,科学核定煤电机组深度调峰能力
2022年3月	关于印发《"十四五"现代能源体系规划》的通知	全面实施煤电机组灵活性改造,优先提升30万千瓦级煤电机组深度调峰能力,推进企业燃煤自备电厂参与系统调峰
2022年6月	关于印发"十四五"可再生能源发展规划的通知	积极推进煤电灵活性改造,推动自备电厂主动参与调峰
2022年8月	关于进一步提升煤电能效和灵活性标准的通知	依托"三改联动"组织开展先进适用标准试点示范,将采用"揭榜挂帅"等方式,择优遴选并严格控制示范项目数量,并于项目投运1年后组织验收。符合条件的示范项目可享受相关支持政策

资料来源:兴业碳金融研究院整理

2.2 我国能源发展继续保持稳步前进

2.2.1 继续稳步推进能源清洁低碳替代

稳步提升非化石能源占比。在全球能源供需紧张、欧洲多国重启煤电形势下,我国非化石能源依然保持稳步上升,占能源消费总量比重提高了0.7

个百分点，从15.9%提高到16.6%，保持了十八大以来的年平均增速。国家能源局预测，从现在到2030年，非化石能源消费比重将按年均1%速度持续增长。同时，终端电气化率显著提高，预计到2025、2035、2050年，电能占终端能源消费比重将分别达到31.4%、40.6%、51.7%（张运洲等，2020）。考虑到我国近期风、光等新能源装机持续上涨以及新增大量调节性煤电资源，预计风、光等新能源利用率将显著提高，2023—2025年非化石能源消费增速在1%以内，2025年随着大量灵活性煤电并网后，新能源利用率显著提高，非化石能源消费占比将大幅上涨。

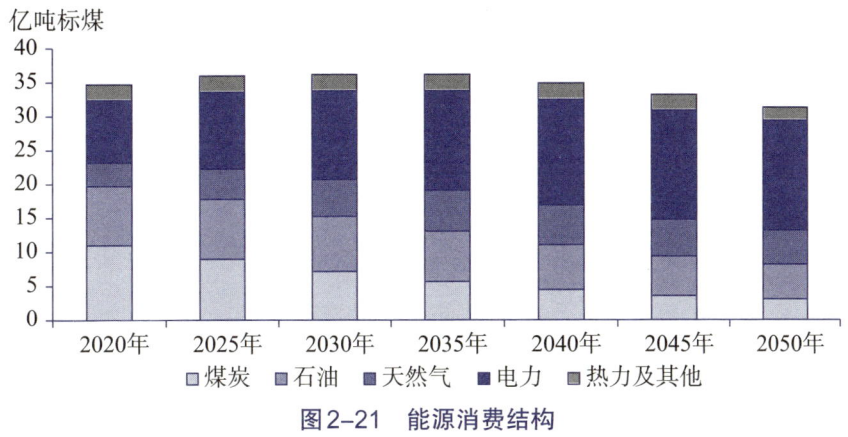

图2-21 能源消费结构

资料来源：Wind，兴业碳金融研究院

能源供应保障能力加强。石油与天然气方面，2022年我国持续加大油气勘探开发力度，石油、天然气产量分别达2.04亿吨、2200亿立方米，原油、天然气供给能力显著提升，进口量分别同比下降0.9%、9.9%。考虑到疫情、国际市场价格波动等影响，近两年供需形势将相对宽松，2023年将延续负增长态势，但由于国际能源市场价格高涨影响，近两年我国在油气进口方面投资仍显著高于2021年水平。煤炭与煤电方面，预计"十四五"时期，"两湖一江"以及西南、东北地区的区域性运力紧张局面依然存在，煤炭产运储仍有较大增长空间；煤电装机规模提升显著增强电力保供能力，在当前铁路运力保障的情况下，迎峰度夏、迎峰度冬等关键紧张时段煤炭供应与电力供应仍值得关注。

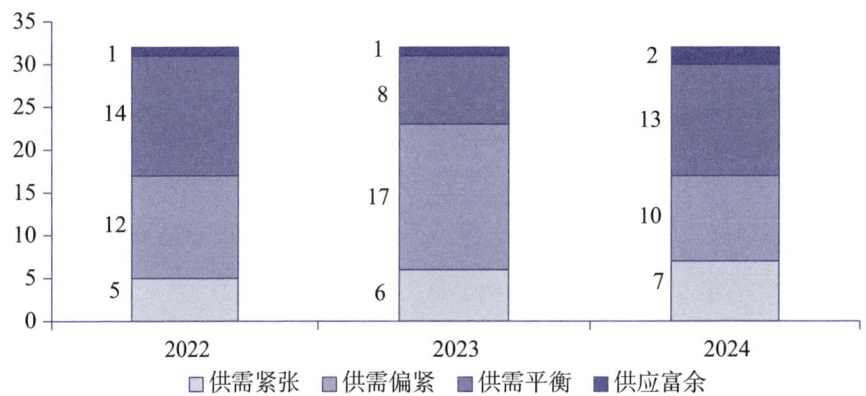

图2-22　2022—2024年全国各省电力供需总体形势

资料来源：电规总院（2022）

市场化改革持续推进。市场交易品种进一步丰富。2022年11月，国家能源局针对《电力现货市场基本规则（征求意见稿）》《电力现货市场监管办法（征求意见稿）》公开征求意见，提出推动储能、分布式发电、负荷聚合商、虚拟电厂和新能源微电网等新兴市场主体参与交易，这将激发新兴市场主体更多参与电力现货市场。预计随着新能源、储能等装机规模的进一步上涨，支持各类新兴主体参与中长期市场、辅助服务市场等政策将陆续出台。同时，加强电碳等市场进一步深度融合。通过进一步完善绿电、绿证、用能权、发电权、CCER、碳市场等能源相关各类市场机制，加快市场间互认互通，实现新能源与传统能源功能定位及其价值通过市场衡量。

表2-2　能源相关多个市场运行机制

领域	要点
绿证	• 发放机构：国家可再生能源信息管理中心 • 核发对象：列入国家可再生能源电价附加补助目录内的陆上风电和光伏发电项目

续表

领域	要　点
	• 用途：抵消范围二碳排放（火电碳排放） • 操作方式：按照1MWh一个绿证标准，项目只能在补贴与绿证间二选一；补贴绿证价格基本在100元以上/MWh，平价绿证：网站挂牌价50元/MWh；为避免重复交易，只许交易一次
绿电交易	• 发放机构：北京（广州）电力交易中心 • 核发对象：采购平价项目或放弃补贴的风、光发电电量企业 • 操作方式：通过记账方式确定绿电使用，发放绿色电力消费证名；交易时需标明能量价格和环境溢价，当前溢价5—8分/度电（50—80元/证）
碳配额	• 核发对象：控排企业 • 操作方式：每年核发配额，配额每年逐步降低；超排企业可向减排企业购买盈余配额
CCER	• 核发对象：自愿减排企业（非控排企业） • 操作方式：一个CCER等于1吨碳；超排企业可购买CCER，最多可以抵消5%的碳配额

资料来源：兴业碳金融研究院

2.2.2　新能源电力电量供应能力稳步提升

可再生能源装机增速放缓并逐渐趋于平稳。"双碳"背景下，我国能源电力绿色低碳转型进程进一步加快，新型电力系统中风光等新能源占比将进一步提高并逐步成为主力电源，新能源装机容量与发电量渗透率提升是必然趋势。2022年，全国风电、光伏发电新增装机突破1.2亿千瓦，达到1.25亿千瓦，连续三年突破1亿千瓦，再创历史新高；全年可再生能源新增装机1.52亿千瓦，占全国新增发电装机的76.2%；风电、光伏发电量突破1万亿千瓦时，达到1.19万亿千瓦时，较2021年增加2073亿千瓦时，同比增长21%，占全社会用电量的13.8%，同比提高2个百分点，接近全国城乡居民生活用电量。截至2022年底，可再生能源装机突破12亿千瓦，达到12.13亿千瓦，占全国发电总装机的47.3%，较2021年提高2.5个百分点。考虑到2022年火电装机大幅上涨主要出于电力安全保供影响，预计2023—2024年火电投资将显著下降，风、光等新能源装机仍将上升，但总体上涨趋势放缓，同时发电设备利用小时数仍将进一步下降。

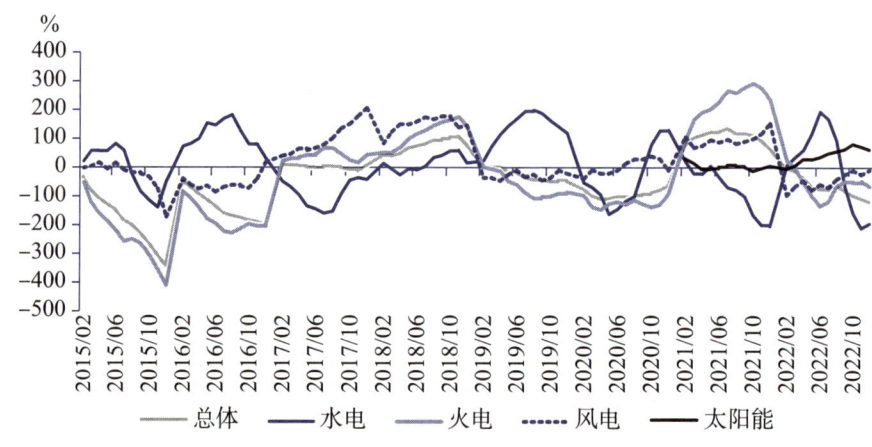

图2-23 发电设备利用小时数同比涨幅

资料来源：Wind，兴业碳金融研究院

电力系统灵活性资源需求为储能发展提供契机。受新能源随机性、波动性与低转动惯量等属性制约，新能源渗透率提高将对电力系统灵活性资源提出更高的需求。未来政策激励在于提高新能源发电稳定性与灵活性相关新技术与新模式，包括风光水火储多能互补综合能源基地模式、风光大基地配套煤电、新能源配置储能、用户侧综合能源等。为加快推广储能技术应用，国家发改委、能源局发布《关于加快推动新型储能发展的指导意见》，支持新能源配套储能建设，同时多地相继发布新能源配置储能方案，主要集中在"光伏＋储能""风电＋储能"模式，配置比例在5%~20%。《关于加快推动新型储能发展的指导意见》及各地印发的"储能规划"较多提出"探索将电网替代性储能设施成本收益纳入输配电价回收"，如浙江省提出储能按200元、180元、170元/千瓦年的标准补偿3年，从而为储能提供相对稳定的投资预期；通过补贴手段缩短储能技术从孵化到转化应用的时间周期，南方电网"两个细则"推动用户参与分摊相关机制走向实操环节①。预计2023年各省区将通过输配电价、容量补偿、用户侧疏导以及补贴等措施进一步完善储能成本补偿机制。

表2-3 国家及地方储能产业技术相关政策

领域		政策要点
宏观政策	指导意见	30GW发展目标，14个省已发布地方指导意见
	新能源规划	13个省明确配置比例
市场规则	两个细则	储能纳入市场主体，丰富服务品种，健全价格机制，完善分担共享机制
	辅助服务	增加新品种、建立共享分担机制、完善调用规则，与现货市场联动机制研究
	价格机制	28个省市发布分时电价机制
行业管理	项目管理	新型储能项目管理规范
	安全管理	电化学储能电站安全管理暂行办法，全寿命周期管理
	技术规范	工信部：锂电池行业规范
补贴	独立储能	独立储能：山东、浙江、宁夏、青海 补贴类型：调峰、初装、发电量、运营
	用户侧储能	用户侧储能：宿州、义务、温州、肇庆、佛山 补贴类型：初装、用电、运营
	需求响应	需求响应：储能可作为市场主体参与需求侧响应或用户侧调峰；补偿价格进一步增加，最高35元/kW次
技术攻关	揭榜挂帅	加强关键技术装备研发，调动企业、高校、科研院所等各方力量，推动储能理论、关键材料、系统等短板技术攻关
	首台套	8个储能技术入选，涵盖抽蓄、压缩空气、飞轮、电化学等
	产教融合	布局储能产教融合创新平台，与"双一流"建设相结合
人才培养	学科建设	17个省市26所高校设置"储能科学与工程"专业
示范项目	山西	首批15个示范项目，规模供给780.7MW。锂电、液流、飞轮、钠离子、压缩空气
	山东	5个调峰+2个调频项目，规模共计520MW

资料来源：中国能源研究会储能专委会，中关村储能产业技术联盟

---

① 资料来源：《完善储能成本补偿机制，助力构建以新能源为主体的新型电力系统》，储能与电力市场，2022-04-15. https://cn.solarbe.com/news/20220415/29007.html.

2.2.3 煤电清洁供给能力进一步增强

加强煤与电之间的价格联动。考虑到火电企业平均盈亏煤炭成本线在640元/吨左右，虽然当前长协煤价基准价从700元/吨降至670元/吨左右，但对煤电企业依然较高[①]。当前煤炭与电力间的矛盾依然突出。电煤价格长期高企、煤电基准价并未随之调整，导致上网电价无法反映煤电真实生产成本，增量成本无法向用户侧疏导；电力市场中煤电机组容量补偿机制尚未大范围建立，煤电利用率与负荷率下降，煤电企业亏损风险日益加大。因此，为激励煤电投资积极性与参与辅助服务的积极性，应继续严控煤炭价格在合理区间，同时适时调整电煤基准价，保证煤电合理收益，保障电力系统安全运行。

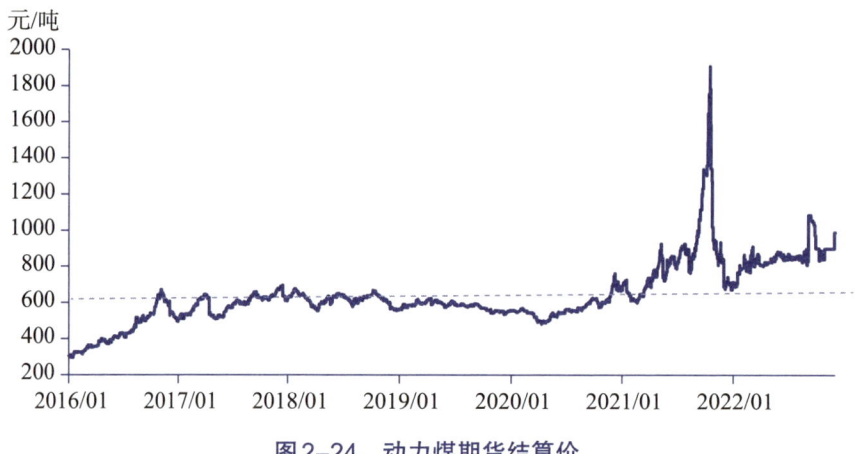

图 2-24　动力煤期货结算价

资料来源：Wind，兴业碳金融研究院

煤电改造相关激励政策可能加快出台。国家发改委、国家能源局《全国煤电机组改造升级实施方案》中提出"十四五"期间节能降耗改造规模不低于3.5亿千瓦、供热改造规模力争达到5000万千瓦、灵活改造规模2亿千瓦。2022年

---

① 资料来源：《上限保电、下限保煤，煤价合理区间确定了》. [EB/OL]. 界面新闻，2022/02/25 [2022/12/05]，https://baijiahao.baidu.com/s?id=1725740697742613351&wfr=spider&for=pc

以来，国家持续开展煤耗300克以上机组特别是亚临界机组节能降碳改造、大型风光基地配套煤电灵活性改造、东北地区和工业园区供热改造等工作，进一步提升煤电清洁利用水平与灵活调节能力。但依然面临改造后煤耗增加以及新增成本无法疏导等难题，极大地制约企业改造积极性。根据中电联统计数据，煤电灵活性改造单位千瓦调峰成本500～1500元，此外还包括运维费、增加的煤耗成本等。预计随着2022年大量调峰煤电机组投资建设，2023—2024年重点将针对煤电容量补偿、辅助服务费用疏导等方面出台相关政策，同时进一步降低长协煤炭基准价，从而保证发电企业投资煤电的积极性。

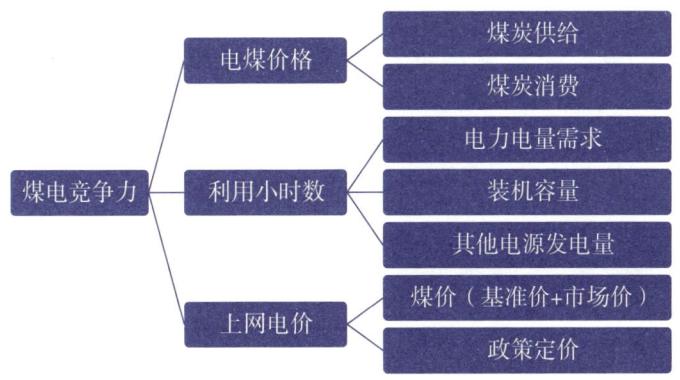

图2-25 煤电竞争力关键影响因素

资料来源：兴业碳金融研究院

煤电清洁转型为CCUS创造机遇。燃煤电厂加装CCUS可捕获90%碳排放量，东部沿海地区可充分发挥贴近负荷侧优势，对技术先进、服役年限短的大型机组加装CCUS，以提供清洁稳定电力能源。目前煤电加装CCUS依然处于试点阶段，距离商业化应用存在较大差距，在现有技术条件下，CCUS的成本为500～1000元/吨二氧化碳，每度电增加成本0.26～0.40元，能耗水平增加14%～25%[①]。但"十四五"时期政策频繁出台，如2021年11

---

① 资料来源：CCUS可使煤电成为"近零脱碳机组"呼吁国家层面政策支持.[EB/OL]，2021/12/15［2022/07/31］，https://news.bjx.com.cn/html/20211215/1193673.shtml

月央行创设推出碳减排支持工具，将有助于CCUS项目通过绿色信贷产品解决初始高额投资成本的掣肘，并将CCUS纳入"十四五"规划，更多相关支持政策将持续出台。预计2023年关于健全CCUS税收、补贴、融资等方面的更多激励政策将相继出台，覆盖全环节的标准体系与法律法规也将相继推出，同时CCUS项目参与碳市场相关配套机制也将开始筹备。

表2-4 我国"十四五"以来主要CCUS发展相关政策文件

政策文件	相关内容
《中共中央国务院关于完整准确全面贯彻新发展理念做好碳达峰碳中和工作的意见》	推进规模化碳捕集利用与封存技术研发、示范和产业化应用，加大对碳捕集利用与封存等项目的支持力度
《国务院关于印发2030年前碳达峰行动方案的通知》	探索开展CCUS一体化等试点示范，建设全流程、集成化、规模化CCUS示范项目
《"十四五"规划和2035年远景目标纲要》	明确将CCUS技术作为重大示范项目进行引导支持
《关于加快建立健全绿色低碳循环发展经济体系的指导意见》	开展二氧化碳捕集、利用和封存试验示范
《关于统筹和加强应对气候变化与生态环境保护相关工作的指导意见》	推动规模化、全链条CCUS示范工程建设
《关于请报送二氧化碳捕集利用与封存（CCUS）项目有关情况的通知》	盘查国内的各类CCUS已建成及在建项目，建立项目信息管理制度
《关于完善能源绿色低碳转型体制机制和政策措施的意见》	完善火电领域CCUS技术研发和试验示范项目支持政策，加强CCUS技术推广示范
《减污降碳协同增效实施方案》	推动碳捕集、利用与封存技术在工业领域的应用
《科技支撑碳达峰碳中和实施方案（2022—2030年）》	开展CCUS与工业过程的全流程深度耦合技术研发及示范；力争到2025年实现单位二氧化碳捕集能耗比2020年下降20%，到2030年下降30%，实现捕集成本大幅下降

三、储能：商业化发展仍须政策保驾护航

随着技术逐渐成熟，储能已经成为电力系统安全可靠的关键组成要素，通过为发电、电网、用电等环节提供缓冲，发挥削峰填谷、电网调频、平滑输出、减少弃电等"调节器""稳定器"效果。2022年，国家发改委、国家能源局相继印发《"十四五"新型储能发展实施方案》《关于加快推动新型储能发展的指导意见》等顶层政策文件，为储能产业快速发展、新型电力系统建设指明方向。

1. 储能行业进入高速发展的关键机遇期

构建新能源占比逐渐提高的新型电力系统为储能发展创造机遇。未来电力系统中新能源占比逐渐提高，新能源自身波动特性对系统灵活调节能力提出更大需求。受出力不确定性与不可控性影响，新能源平价上网不等于平价利用，新能源装机规模上涨会增加火电等常规电源的辅助服务、新能源功率预测，以及新型储能等手段消纳新能源的系统性成本。国网能源研究院的研究成果显示，在以煤为主的电源结构中，当新能源系统渗透率超过15%，电力系统中现有火电、水电、抽蓄等灵活性资源不足以支撑电力系统安全稳定运行时，需要建设大量灵活性资源，系统成本将进入快速增长的临界点；电力规划设计总院研究成果显示，风电和光伏的利用率每上升一个百分点，系统成本将会大幅上升，新能源发电的综合电价成本上升不可忽视[①]。

---

① 资料来源：新能源进入全面平价时代，百分百消纳不是最优选择，界面新闻［EB/OL］，2022/12/15［2022/12/26］，https://baijiahao.baidu.com/s?id=1752249948836608553&wfr=spider&for=pc

我国电力系统灵活性资源缺口较大。根据《"十四五"现代能源体系规划》要求，到2025年我国灵活调节电源占比要达到24%左右。欧美等灵活性电源占比较高，西班牙、德国、美国占比分别为34%、18%、49%[①]。与之相比，我国电力系统中灵活性调节资源占比明显不足。在当前我国装机结构中，抽水蓄能、燃气发电等灵活调节电源装机占比不到6%，其中"三北"地区风电、太阳能发电装机分别占全国的72%、61%，但灵活调节电源不足3%，调节能力与需求相距甚远[②]。

目前灵活性资源开发依然面临很大挑战。"十四五"期间灵活改造规模2亿千瓦，灵活性电源占比24%左右的目标，将为火电灵活性改造市场带来更大增长空间。但目前火电灵活性改造面临的能耗与效率、清洁低碳问题尚未解决，且改造成本无法疏导、辅助服务补偿力度偏低等问题在一定程度上制约火电改造积极性。抽蓄是目前最为成熟的储能技术，但受地理条件约束较多，预计近中期是发展重点，而从长期来看，随着各类新型储能技术成本下降与技术水平提升，有望成为未来电力系统中关键调节资源。

表2-5　各类灵活性资源成本

资源			灵活性成本构成		
			固定成本投资	成本增量	机会成本
电源测	灵活性改造煤电	常规煤电	灵活性改造投资成本600～700元/千瓦	低负载运行产生的可变成本增量14～20克煤耗/千瓦时	机组的加速折旧和部件磨损、更换成本增量	损失部分发电收益

---

① 资料来源：百亿级火电灵活性改造市场已至，蓄热调峰空间几何？CHPlaza清洁供热平台［EB/OL］，2022/06/11［2022/07/26］，https://mp.weixin.qq.com/s/oNM0zclsyD5qwlcwDjfmeQ

② 资料来源：电力系统灵活性提升难在哪，中国能源报［EB/OL］，2020/12/10［2022/08/24］，http://finance.people.com.cn/GB/n1/2020/1210/c1004-31961664.html.

续表

资源		灵活性成本构成		
		固定成本投资	成本增量	机会成本
	热电联产	灵活性改造投资成本 300~500元/千瓦	低负载运行产生的可变成本增量	机组的加速折旧和部件磨损、更换成本增量	损失部分发电收益
	气电	投资建设成本 气电置换煤电：7013~9457元/千瓦	运行维护成本 低负载运行高于0.56~0.58元/千瓦	—
	常规可调节水电	—	频繁变水流量导致水轮机叶片寿命损耗	损失部分发电收益
	核电	无	燃料循环成本增量	设备维护更换成本增量	损失部分发电收益
储能	抽水蓄能	投资建设成本 6300~7200元/千瓦	运行维护成本	—
	电化学储能	投资建设成本 15元/瓦时	运行维护成本	退役处置成本	—
	绿氢	投资建设成本 1.71元/Nm³	生产成本20~65元/千克	运输成本3.9~13元/千克	损失部分发电收益
需求侧响应	需求响应	前期平台建设、设备更换等投入 200~400元/千瓦	运行维护成本	中断、转移生产的机会成本
	微电网	微电网平台建设、设备更换等投入	运行维护成本	中断、转移生产的机会成本
	电动汽车	平台建设、设备更换等投入 充电桩2000~6000元 其他成本约70元/m³	运行维护成本	—
电网侧	互联互济	建设投资成本 1.56元/千瓦·瓦	运行维护成本	—

2. 储能行业发展机遇与挑战并存

2.1 储能行业发展格局基本形成

我国储能规模快速增长。根据国家能源局公布数据，截至2022年底，全国已投运新型储能装机达870万千瓦，平均储能时长约2.1小时，较2021年增长110%以上。分区域来看，累计装机排名前5省份分别为：山东155万千瓦、宁夏90万千瓦、广东71万千瓦、湖南63万千瓦、内蒙古59万千瓦；新增装机规模排名前5省份分别为：宁夏89万千瓦，山东89万千瓦，湖北53万千瓦，湖南50万千瓦，内蒙古33万千瓦。

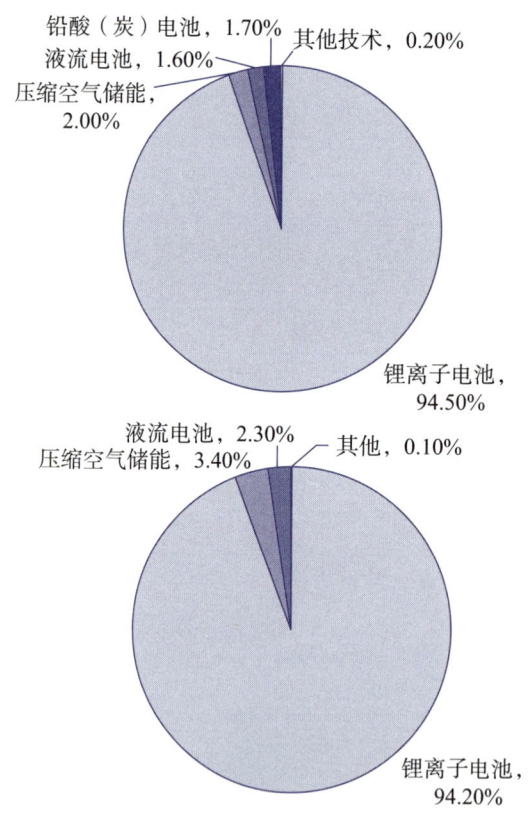

图2-26 2022年新型储能累计装机与新增装机情况

资料来源：国家能源局，兴业碳金融研究院

储能多元发展格局基本形成。在各类储能技术中，抽水蓄能是目前装机规模最大、技术成熟度最高的技术；光热储能由于出力可控且对电网友好，近期受到重点关注；电化学储能近年来发展快速，较机械储能具有响应时间短、系统效率高、规模选址灵活、建设年限短等优点，近年锂离子电池储能得到了广泛应用，液流电池的研究和应用规模也快速扩大。目前抽水蓄能与新型储能已经在源、网、荷等环节得到广泛应用，且应用场景和应用规模也在不断拓展。

表2-6 主要储能方式性能对比

类型	发电时间	寿命	转换效率	主要优势	主要劣势	发展现状
抽水蓄能	数小时—一天	>50年	75%	单机容量大、运行稳定、技术成熟	建设周期长、选址要求高、响应速度慢	占据主导地位，发展迅速
压缩空气储能	数小时	>25年	40%	储能容量大	能量转换效率低、响应速度慢、依赖地形和燃气资源、建设周期长	产业化应用
飞轮储能	数秒	20年	/	功率密度高、响应速度快	储能容量过低（秒级）	产业化应用
超导储能	数秒	循环数百万次	/	响应速度快、功率密度较高	维护成本过高、技术不成熟、储能容量过低（秒级）	示范应用
超级电容器	数秒	10年	/	功率密度大、循环寿命长	储能容量过低（秒级）、自放电率高	产业化应用
锂离子电池	数小时	5～15年	90%	技术成熟	能量密度低、不能深充深放、循环寿命低、环保问题	产业化应用
液流电池	数小时	5～20年	70%	储电容量大、可深充深放、能量与功率分开控制	环境温度要求高、转换效率不高、需辅助液泵	产业化应用

续表

类型	发电时间	寿命	转换效率	主要优势	主要劣势	发展现状
钠硫电池	数小时	10~15年	85%	能量密度高、响应速度快	环境要求苛刻	产业化应用

资料来源：《各种储能方式对比分析及抽水蓄能技术发展趋势探讨》，兴业碳金融研究院

储能应用场景逐渐多元化。按在电力系统的应用环节不同，储能应用场景包含发电、电网、用电三类，以及辅助服务、分布式发电、微电网等。其中，在电源侧，储能发挥平滑新能源出力的功能，在风、光发电高峰时段储能，降低弃风弃光，并在无风、少光时放电以支撑电力系统稳定运行，从而实现弹性调度、源网荷储协调互动；在电网侧，储能较传统调频具有爬坡能力强、响应速率与调节速率快、调节精度高等优点，综合调频能力更优，可有效保障电网安全稳定；在用户侧，储能主要服务工业园区、商业中心、数据中心、分布式能源、微电网等多元化终端用户，作为备用电源平衡负荷波动，既能降低用户用能成本，也可参与需求侧响应等服务获取收益[1]。

表2-7　储能技术在电力行业应用范围

应用领域	应用场景	功能或效应
发电领域	辅助动态运行	储能响应速度快，在进行辅助服务动态运行时提高火电机组效率，减少碳排放；避免动态运行对机组寿命影响，减少设备维护和更换费用
	取代或延缓新建机组	降低或延缓对新建发电机组容量的需求
辅助服务领域	二次调频	通过瞬时平衡负荷和发电的差异来调节频率波动；减少对火电机组损耗

---

[1] 资料来源：六大储能技术路线分析，英大证券［EB/OL］，2022/08/17［2022/08/24］，http://news.sohu.com/a/577432011_120008270

续表

应用领域	应用场景	功能或效应
	电压支持	将具有快速反应能力的储能布置在负荷侧,根据负荷需求释放或吸收无功功率,以调整电压
	调峰	在用电低谷时储能,在用电高峰时释放电能,实现削峰填谷
	备用容量	储能保持在线并时刻准备放电,以赢多常规发电资源无法预期的事故
输配电领域	无功支持	通过传感器测量线路实际电压,调整输出的无功功率大小,进而调整线路电压,实现动态补偿
	缓解线路阻塞	安装在阻塞线路的下游,储能系统在无阻塞时充电,在高负荷时段发电从而减少系统对输电容量需求
	延缓输配电扩容升级	储能安装在原本需升级的输配电设备下游,缓解或避免扩容
	变电站直流电源	安装在变电站内,用于开关元件、通信基站、控制设备的备用电源,直接为直流负荷供电
用户端	用户分时电价管理	帮助用户实现分时电价管理,在电价较低时为储能系统充电,在电价高时放电
	容量费用管理	在用电负荷低的时段对储能设备充电,需要高负荷时利用储能设施放电,降低自身最高负荷,以降低容量费用
	电能质量	提高功能质量和可靠性
分布式发电与微网	小型离网储能	提供稳定电压和频率、备用电源
	商业/家用储能	解决可再生能源发电间歇性问题,降低用户侧用电成本,提高供电质量
大规模可再生能源并网	可再生能源电量转移和固化输出	平抑可再生能源发电出力波动,跟踪计划出力,避免弃风,减少线路阻塞;在电网负荷尖峰时向电网提供功率支持,减少其他电源调峰压力

资料来源:英大证券(2022)

2.2 储能行业发展目标愈加明确

全国与地方层面储能规划目标逐渐明确。根据目前我国储能相关政策目标与市场发展趋势,预计未来十年将是储能快速发展的关键时期。国家发改委、国家能源局发布《关于加快推动新型储能发展的指导意见》,提出到2025年新型储能装机规模达3000万千瓦以上(截至2022年底,全国已投运新型储能项目装机规模达870万千瓦);国家能源局发布的《抽水蓄能中长期发展规划(2021—2035年)》,提出到2025年抽水蓄能投产总规模达6200万千瓦以上(截至2022年末,全国已建抽水蓄能装机容量达4539万千瓦),2030年投产总规模达1.2亿千瓦左右的目标。据中关村储能产业技术联盟保守估计,2026年新型储能累计规模将达到48.5GW,2022—2026年复合年均增长率(CAGR)为53.3%,市场将呈现更快、更大规模的发展。当前抽水蓄能定价机制逐步完善,投资建设经济性已基本得到有效保障,但新型储能在技术、商业模式等方面仍处于不断探索阶段,发展路径仍有较多不确定性。

表2-8 国家与地方储能规划目标

层级	类型	文件	目标
国家规划	抽水蓄能	国家能源局《抽水蓄能中长期发展规划(2021—2035年)》	到2025年我国抽蓄投产总规模达到6200万千瓦以上,到2030年投产总规模达1.2亿千瓦
	新型储能	国务院《2030年前碳达峰行动方案》	加快建设新型电力系统,加快新型储能示范推广应用,到2025年新型储能装机容量到30GW以上
地方规划	抽水蓄能	浙江、福建、安徽、山东、江苏、陕西等10省公布"十四五"抽水蓄能目标,到2025年累计装机达43.29GW;湖南、辽宁、陕西、江西等8省市明确"十五五"期间抽水蓄能装机规划目标,到2030年10省市抽水蓄能装机总量将达到92.05GW	
	新型储能	青海、湖南等21个省、市、自治区印发"十四五"规划目标,2025年装机规模目标合计55.85GW,远高于国家制定的30GW的基础目标	

资料来源:冯俊淇等(2022)

多时间尺度储能技术将协同推动新型电力系统建设。面对新形势下电力系统展现出的供给灵活、负荷柔性、主体多元等特征,电网资源配置能力也在显著提升，从而实现电力供需之间精确匹配。储能作为电力系统中发挥供给与需求双重功能的主体，不同时间尺度、性能特点的储能装置协调配合将进一步提高电力供需间匹配度。针对负荷跟踪、系统调频、惯量支撑等秒级、分钟级应用需求，重点推动短时高频储能技术示范；针对新能源消纳、系统调峰、可再生能源制氢等日、周、季或更长时储能技术应用需求，探索开展压缩空气、液流电池等试点示范项目，从而满足长时间尺度应用需求。伴随新能源渗透率快速提高、储能各类支持政策持续出台以及储能技术成本的逐步下降，储能商业模式逐渐清晰，行业发展呈现较好前景。

表2-9 不同储能技术发展现状或趋势

类型	现状及趋势
抽水蓄能	"十四五"期间共核准43个项目，装机规模合计5709.8万千瓦，投资金额合计约3813亿元，已超我国现有装机规模
锂电储能	在新型储能中处于主导地位，2022年项目招标显示锂电储能渗透率达90%以上，大容量、长寿命电芯供不应求
钠离子电池	预计2023年将迎来量产，并率先在电动两轮车应用，示范项目预计也将开展，但在储能中商业化应用预计在2025年前后
液流电池	全钒液流电池迎来商业化应用元年。伴随着大连100MW/400MWh全液流电池储能电站国家示范项目的推进，4h全钒液流电池价格快速下降，已由4.5—6元/kWh下探至2.5元/kWh。2022年11月，中核汇能1GWh液流电池储能系统集采开标，标志着全钒液流电池储能正式进入商业化应用初期
压缩空气储能	压缩空气储能度电成本介于抽水蓄能和锂电储能之间，随着机组大型化、转换效率提升，度电成本仍有下降空间，未来有望降至0.3元/kWh，可以与抽水蓄能媲美。我国天然盐穴资源丰富，盐穴改造后作为储气库成本最低，预计将成为压缩空气储能主流储气方式
光热储能	风光大基地建设快速推进，光热储能迎来爆发增长期。截至目前，适宜建设光热电站的新疆、甘肃、青海、内蒙古、吉林、西藏地区，在建/拟建光热电站项目共42个，容量合计4512MW，光伏光热功率配比9/6:1，储热/能时长8~12小时

资料来源：冯俊淇等（2022）

2.3 利用率与盈利性是当前储能发展的最大掣肘

储能装置利用效率不高。根据中电联《新能源配储能运行情况调研报告》数据显示，从不同应用场景储能项目配置时长（储能设施连续放电时长）看，调研机组储能平均时长为2小时，新能源储能配置时长为1.6小时，火电厂配储能为0.6小时，电网储能为2.3小时、用户储能为5.3小时，基本反映了各应用场景的技术需求和特性；从储能运行策略看，新能源配储至多弃电期间一天一充一放运行，个别项目存在仅部分储能单元被调用、甚至基本不调用的情况；从储能等效利用系数[①]看，调研电化学储能项目平均等效利用系数为12.2%，新能源配储系数仅为6.1%，火电厂配储能为15.3%，电网储能为14.8%，用户储能为28.3%（中电联，2022）。

表2-10 各类储能利用率

类型	平均时长	平均等效利用系数	年平均充放电次数
新能源侧配储	1.6小时	6.1%	167
火电厂侧配储	0.6小时	15.3%	1117
电网侧独立储能	2.3小时	14.8%	282
用户侧储能	3小时	28.3%	413
平均	2小时	12.2%	267

储能项目盈利水平不高。目前新型储能项目造价大多在1500～3000元/千瓦时之间，项目间由于边界条件不同造价差异较大。新能源配置储能具有

---

① 储能电站等效利用系数为统计评价周期内各储能单元的等效利用系数，再按额定功率加权平均。各储能单元的等效利用系数=（$Ec+Ed$）/$P*PH$，其中，Ec为储能单元在评价周期内的充电量，单位为kW·h；Ed为储能单元在评价周期内的放电量，单位为kW·h；P为储能单元的额定功率，单位为kW；PH为评价周期内统计时间小时数，单位为h，当评价周期为1年时，PH取为8760h。

平抑新能源输出功率波动、提升新能源消纳量、降低发电计划偏差、提升电网安全运行稳定性、缓解输电阻塞等作用，在能量市场、辅助服务市场、容量市场中具有多元价值，商业模式不尽相同，地区差异性较大。但新能源配储能调用频次、等效利用系数、利用率低于火电厂配储能、电网储能和用户储能，且多地采取"一刀切"式的配置标准，将配储能作为新能源建设的前置条件，而风电配储和光伏配储对于储能的利用、弃风弃光的解决具有明显差异性，同质化的配置储能要求缺乏科学性，导致大部分新型储能项目的盈利水平不高（中电联，2022）。

3. 储能发展政策保障体系日趋完善

3.1 政策框架体系已基本形成

多向政策协同发力促进储能产业技术快速发展。国家发改委、国家能源局相继出台多项储能产业技术发展的扶持政策，如《关于进一步推动新型储能参与电力市场和调度运用的通知》《关于加快推动新型储能发展的指导意见》《新型储能项目管理规范（暂行）（征求意见稿）》，对参与市场、调度运用、项目管理等进行规范与引导。其中，国家发改委、国家能源局联合印发的《"十四五"新型储能发展实施方案》提出新型储能发展目标，包括到2025年，新型储能由商业化初期步入规模化发展阶段，具备大规模商业化应用条件；到2030年，新型储能全面市场化发展。在此基础上，地方政府相继出台各领域政策以引导储能行业的有序发展。

表2-11　国家及地方储能产业技术相关政策

领　　域		政策要点
宏观政策	指导意见	30GW发展目标，14个省已发布地方指导意见
	新能源规划	13个省明确配置比例

续表

领　　域		政策要点
市场规则	两个细则	储能纳入市场主体，丰富服务品种，健全价格机制，完善分担共享机制
	辅助服务	增加新品种、建立共享分担机制、完善调用规则，与现货市场联动机制研究
	价格机制	28个省市发布分时电价机制
行业管理	项目管理	新型储能项目管理规范
	安全管理	电化学储能电站安全管理暂行办法，全寿命周期管理
	技术规范	工信部：锂电池行业规范
补贴	独立储能	独立储能：山东、浙江、宁夏、青海 补贴类型：调峰、初装、发电量、运营
	用户侧储能	用户侧储能：宿州、义务、温州、肇庆、佛山 补贴类型：初装、用电、运营
	需求响应	需求响应：储能可作为市场主体参与需求侧响应或用户侧调峰；补偿价格进一步增加，最高35元/kW次
技术攻关	揭榜挂帅	加强关键技术装备研发，调动企业、高校、科研院所等各方力量，推动储能理论、关键材料、系统等短板技术攻关
	首台套	8个储能技术入选，涵盖抽蓄、压缩空气、飞轮、电化学等
	产教融合	布局储能产教融合创新平台，与"双一流"建设相结合
人才培养	学科建设	17个省市26所高校设置"储能科学与工程"专业
示范项目	山西	首批15个示范项目，规模供给780.7MW。锂电、液流、飞轮、钠离子、压缩空气
	山东	5个调峰+2个调频项目，规模共计520MW

资料来源：中国能源研究会储能专委会，中关村储能产业技术联盟

3.2 电价机制是储能盈利性的关键影响因素

完善电价机制是推动储能规模化发展的关键途径。随着储能在电力中长期与现货市场、辅助服务市场的不断深入，国家和多地通过政策工具完善电网侧和用户侧储能价格机制，促进储能以市场化手段形成服务价格。

3.2.1 新型储能容量电价

当前在新型储能价格机制形成之前，主要参考抽水蓄能电站的"两部制"电价，将容量电价纳入输配电价，且对独立储能电站向电网送电的，其相应充电电量不承担输配电价和政府性基金及附加，避免储能充放电重复收费。2021年5月国家发改委印发《关于进一步完善抽水蓄能价格形成机制的意见》明确抽水蓄能电站的两部制电价：通过电量电价回收抽水、发电的运行成本；通过容量电价回收工程建设等其他成本，该电价机制能够确保储能电站每年获得固定收入，弥补初始投资成本，同时将容量电费通过电网企业输配电价向终端用户分摊，形成公平有序的市场秩序。

3.2.2 分时电价

分时电价改革是用户侧储能峰谷套利的关键动力。国家通过合理确定峰谷价差鼓励用户侧储能发展，2021年7月国家发改委发布《关于进一步完善分时电价机制的通知》，鼓励工商业用户通过配置储能、开展综合能源利用等方式降低高峰时段用电负荷、增加低谷用电量，通过改变用电时段来降低用电成本。有条件的地方按程序推广居民分时电价政策，逐步拉大峰谷电价价差。对于上年或当年预计最大系统峰谷差率超过40%的地方，峰谷电价价差原则上不低于4∶1；其他地方原则上不低于3∶1。从2021年国内工商业电价来看，50%的地区可以达到3∶1峰谷价差要求，价差值在0.5～0.7元/kWh，此时的套利收益率为-0.6%～9.8%。若峰谷电价差提高到4∶1，即价差值在0.75～1.05元/kWh，则峰谷价差套利收益率为12.4%～27.9%[①]。2022年以来多地持续增大峰谷价差。根据中关村储能产业联盟对各地2022年最大峰谷价差的平均值统计，31个典型省市的总体平均价差为0.7元/kWh，共有

---

① 资料来源：《峰谷差0.7元储能可盈利！储能数据详解！》，储能头条［EB/OL］，2021/08/16［2022/10/20］，https://mp.weixin.qq.com/s/sYb8nFB2x98-3YCZpmH-NQ。

16个省市超过平均值，而0.7元/kWh也正是用户侧储能实现经济性的门槛价差。其中，位居价差前三的地区分别是广东省（珠三角五市）1.259元/kWh、海南省1.07元/kWh、浙江省0.978元/kWh[①]。随着分时电价机制的进一步优化改革，用户侧储能收益愈加明确，将极大地激发社会资本投资积极性。

3.3 补贴机制是储能发展的关键保障因素

全国各地储能补贴机制呈现"百花齐放"探索式创新发展。近年来，我国多地发布政策对投资的储能项目进行成本补贴，安徽、江苏、浙江、广东、北京、青海等多地目前均以发布补贴政策，以对其较高的成本进行补偿，当前主要包括容量补贴和辅助服务补贴。容量补贴是对储能基础设施投资成本的补偿机制，对不同规模储能项目的补贴方式包括一次性补贴、分期补贴，其中分期补贴通常规定特定年限，或考虑到储能建设成本下降采取逐年退坡的梯级补贴方式。辅助服务补贴是对储能设施参与电力市场交易提供的补贴政策，根据参与需求响应的时间段、时长、放电量等实行分级补贴，提高储能设施参与辅助服务的积极性。但目前各地补偿差距较大，有些地方还没有切实可行的补偿机制，并且当前补贴机制较少能使储能形成具有可持续性、可大范围复制推广的盈利模式。

表2-12　部分地区储能容量补贴政策

省份	发布时间	政策名称	补贴规定
安徽	2022/6/21	合肥市政府《进一步促进光伏产业高质量发展若干政策》	对装机容量是1兆瓦时及以上的新型储能电站，自投运次月起按放电量给予投资主体不超过0.3元/千瓦时补贴，连续补贴不超过2年，同一企业累计最高不超过300万元

---

① 资料来源：2022全国峰谷价差总览及用户侧储能经济性分析，中关村储能产业联盟[EB/OL]，2023/01/04［2023/03/27］，https://baijiahao.baidu.com/s?id=1754093543337376344&wfr=spider&for=pc.

续表

省份	发布时间	政策名称	补贴规定
	2022/3/4	芜湖市政府《芜湖市人民政府关于加快光伏发电推广应用的实施意见》	对储能电站运营主体给予0.3元/kWh补贴,同一项目年度最高补贴100万元。补贴项目为自发文之日至2023年12月31日期间投产的项目,单个项目补贴年限为5年
四川	2022/2/22	成都市发展和改革委《关于申报2022年生态文明建设储能领域市级预算内基本建设投资项目的通知》	对入选的用户侧、电网侧、电源侧、虚拟电厂储能项目,年利用小时数不低于600小时的,按照储能设施规模给予每千瓦每年230元且单个项目最高不超过100万元的市级预算内资金补助,补助周期为连续3年
广西	2022/4/22	南宁市工业和信息化局《南宁市动力及储能电池产业扶持政策》	给予实现销售的动力及储能电池补贴0.1元/kWh。补贴总销量上限为115.5GWh,即最高补贴金额为115.5亿元
甘肃	2022/6/17	金昌市人民政府《支持新能源电池产业发展的若干政策》	对新建固定资产投资5000万元以上的新能源电池产业项目,按项目固定资产投资的2%给予一次性奖励
江苏	2022/3/1	苏州工业园区管理委员会《苏州工业园区进一步推进分布式光伏发展的若干措施》	支持光伏项目配置储能设施,2022年1月1日后并网、且接入园区碳达峰平台的储能项目,对项目投资方按项目放电量补贴0.3元/千瓦时,补贴3年
浙江	2022/6/10	诸暨市政府《诸暨市整市推进分布式光伏规模化开发工作方案》	在我市建设新型储能设施的,市财政按每千瓦时200元给予储能设施投资单位一次性补贴
	2021/11/9	浙江省发改委《关于浙江省加快新型储能示范应用的实施意见》	过渡期间,调峰项目(年利用小时数不低于600小时)给予容量补偿,补偿标准逐年退坡,补贴期暂定3年(按200元、180元、170元/千瓦逐年退坡)
	2021/9/23	义乌市发展和改革局《关于推动源网荷储协调发展和加快区域光伏产业发展的实施细则(征求意见稿)》	接受电网统筹调度的储能系统按照峰段实际放电量给予储能运营主体0.25元/kWh的补贴,补贴两年;已参与共享储能交易的不再享受此补贴

续表

省份	发布时间	政策名称	补贴规定
	2022/4/6	肇庆高新区经济贸易和科技局《肇庆高新区节约用电支持制造业发展补贴资金申报指南》	验收合格并已投入使用的储能、冰蓄冷项目，按150元/千瓦的标准确定项目装机容量补贴金额，发放给制造业企业（场地提供方和项目建设方按7:3比例分配），每个项目（企业）补贴全额总和不超过100万元
北京	2021/8/19	朝阳区重点产业发展引导资金信息管理平台《关于公开征集朝阳区2021年节能减碳项目的通知》	对分布式光伏发电项目，按照装机容量，一次性给予每千瓦1000元的补助，对储能技术项目给予不超过总投资额20%的补助
陕西	2020/12/25	西安市工信局《关于进一步促进光伏产业持续健康发展的意见（征求意见稿）》	针对光储系统应用，对储能系统按实际充电量给予投资人1元/kWh补贴，同一项目年度补贴最高不超过50万元
青海	2021/1/18	青海省发展和改革委员会《关于印发支持储能产业发展若干措施（试行）的通知》	明确储能发售的电是运营补贴0.1元/kWh（使用青海储能电池60%以上项目，再增加0.05元/kWh）

资料来源：兴业碳金融研究院

表2-13 部分地区储能参与辅助服务补贴政策

年份	政策文件	相关要求
2022/6/14	宁夏发改委《宁夏回族自治区电力需求响应管理办法》	鼓励电能替代、储能（热）、电动汽车充电设施等具有可调节能力的用户、运营商参与需求响应。响应能力大于等于1000千瓦的电力用户可单独参与，也可由负荷聚合商代理参与。削峰响应按照2元/千瓦时的标准发放补贴，填谷需求按照0.35元/千瓦时的标准发放补贴
2022/6/7	山东省发改委印发《2022年全省迎峰度夏有序用电方案》《2022年全省电力可中	电动汽车充电桩、用户侧储能、虚拟电厂运营商、以及储能运营商可作为市场主体参与并获得收益。其中储能运营商可代理多个储能项目，包括用户侧储能和电网侧储能，电源侧储能项目暂不参与需求响应。聚合的储能资源总规模不低于5MW/10MWh。参与需求

续表

年份	政策文件	相关要求
	断负荷需求响应工作方案》	响应可按3档分别获得不同的容量补偿和能量补偿。其中容量补偿,分别为不超过2元/kW·月、3元/kW·月、4元/kW·月。需求响应资金由全省工商业用户、相关发电企业进行分摊
2022/5/24	福建省发改委印发《福建省电力需求响应实施方案（试行）》	鼓励有储能资源的用户、充电桩运营用户及当年列入有序用电方案的用户参与响应。申报价格上限=资金来源预算/（电力调控中心提供的年度预计负荷缺口*缺口预计持续时间）。根据用户实际响应量占申报响应量的比例，设置补贴价格系数。用户需求响应补贴金额=该用户实际响应负荷*响应时长*补贴价格系数*补贴单价
2022/4/30	重庆市发改委《2022年重庆电网需求响应实施方案（试行）》	在削峰响应方面，工业用户为10元/千瓦/次，商业、移动通信基站、用户侧备用电源、数据中心、电动汽车充换电站、冻库等用户为15元/千瓦/次；填谷响应为1元/千瓦/次
2022/4/16	广东省发改委发布《广东省市场化需求响应实施细则（试行）》	规定传统高载能工业负荷、工商业可中断负荷、用户侧储能、电动汽车充电设施、分布式发电、智慧用电设施等响应资源可参与市场。现阶段响应价格为9单段报价，具备条件后可启用多段报价。日前邀约申报价格上限为3500元/MWh；日前邀约虚拟电厂申报可响应容量下限0.3MW，可中断负荷申报价格上限为5000元/MWh；可中断负荷虚拟电厂申报可响应容量下限为0.3MW
2022/4/7	河北省发改委发布《河北省电力需求响应市场运营规则》	提出采用"基于响应负荷的阶梯式"补贴方案，根据用户响应负荷与应约负荷的比值（负荷响应率），按照出清价格和有效响应电量进行核算。当负荷响应率低于80%时，响应无效，不予补贴；当负荷响应率在80%～120%之间时，按有效响应电量乘以出清价格进行补贴；当负荷响应率高于120%时，120%～150%部分按有效响应电量乘以出清价格的0.5倍进行补贴；150%以上部分，不予补贴
2021/6/18	湖北省发改委发布《湖北省电力需求响应实施方案（试行）》	鼓励有储能资源的用户、当年列入《湖北有序用电方案》用户参与响应。日前响应原则上1天不多于2次，每次持续时间不低于1小时，每日累计时间不超过4小时。响应补贴标准最高为20元/千瓦。日内响应原则上1天不多于2次，每次持续时间不低1小时，每日累计时间不超过4小时。响应补贴标准最高为25元/千瓦

续表

年份	政策文件	相关要求
2021/4/13	山东省能源局出台《关于开展储能示范应用的实施意见》	规定了中长期市场储能的盈利模式，主要是以储能参与调峰辅助服务市场、给予优先发电量计划奖励为主，解决了储能充电电价过高的问题。储能调用方式由电网调度决定，电网调度的次数决定了储能参与调峰辅助服务市场盈利水平
2018/6/15	江苏省发改委发布《江苏省电力需求响应实施细则（修订版）》	鼓励拥有储能设施的用户和充电桩运营商参与响应。对通过需求响应临时性减少（错避峰）的可中断负荷按照其响应类型和响应速度试行可中断负荷电价。填谷约定响应谷时段可再生能源消纳补贴为5元/千瓦，平时段补贴为8元/千瓦

资料来源：兴业碳金融研究院

4.电力市场改革将成储能未来发展关键驱动力

国家"双碳"战略以及新型电力系统建设，将对储能行业尤其是新型储能技术带来巨大机遇。当前新型储能技术距离大规模商业化应用依然存在一定差距，因此仍须通过政策工具引导新型储能投资方向与成本回收。

1）短期内应持续完善储能成本补偿机制。新型储能可为电力系统提供电能量、辅助服务、容量保障等各类服务，在当前辅助服务、现货市场等相关市场机制尚未健全的情况下，参考抽水蓄能"两部制"电价设定逐年递减的补贴电价，保证新型储能设施稳定收益，并探索开展容量交易市场及容量补偿工作，体现储能提供系统安全保障的价值。与此同时，在电能量市场，应结合各地电力市场完善程度与储能需求等因素，逐步放开峰谷价差限制，秉承"谁受益、谁承担"的原则，进一步放开电力市场价格限制、优化阶梯电价策略，分主体适度提高电价，降低发电侧、电网侧压力，当前南方电网"两个细则"正推动用户参与分摊相关机制走向实操环节[①]。

---

① 资料来源：完善储能成本补偿机制，助力构建以新能源为主体的新型电力系统，储能与电力市场［EB-OL］.2022/04/15［2022/10/08］.https://cn.solarbe.com/news/20220415/29007.html.

2）长期来看，持续完善容量补偿向电量补偿转化机制，提高储能参与调节的积极性。当前针对储能容量补偿较多依据储能装机容量，如《关于加快推动新型储能发展的指导意见》及各地印发的"储能规划"较多提出"探索将电网替代性储能设施成本收益纳入输配电价回收"，浙江省提出的储能补贴标准为储能提供相对稳定的投资预期，激发了市场参与的积极性。未来应将容量补偿进一步向依据参与调节电量、调节频次的方式转变，将其有效合理分摊至每度电与每次服务中，从而提高储能参与电力市场的积极性与合理性。

3）持续加强电网调度机构与电力交易机构间的信息共享。当前电网调度机构与电力交易机构间关于调度储能的出发点不同，调度机构主要从电力系统安全角度出发，交易机构主要从电力供需匹配方面考虑。交易机构在收到储能装置提前报送的出力计划后，需加快与调度机构信息共享与沟通协调，以确保储能装置按计划参与调节。

四、工业：结构性节能降碳潜力充分释放

1. 市场回顾

1.1 工业复苏之路充满挑战，绿色转型更加紧迫

2022年，全球经济发展的复杂性、严峻性和不确定性进一步增强，随着全球通胀压力持续攀升，作为能源和原材料的消耗大户，工业领域受能源和大宗商品的价格波动而导致制造产业链失衡。随着稳经济一揽子政策和接续政策发力显效，工业经济加快恢复，企业效益逐步好转，部分行业

改善较明显，包括装备制造业及汽车制造业。然而，目前国内工业企业利润仍在逐年下降，企业成本水平仍然较高，部分行业和企业生产经营还存在一定困难，工业企业效益持续恢复仍充满挑战。随着工业发展趋缓，更多企业积极开展转型升级，以提高核心竞争力。

高碳制造业面临碳关税挑战。欧盟碳边境调节机制（CBAM）确定将在2023年10月1日正式实施，第一阶段针对水泥、电力、化肥、钢铁、铝和氢等六种进口商品征收"碳关税"。该提案的出台是为了推进欧盟实现"3050"碳目标，并保护本地工业企业。CBAM的实施将对部分中国制造出口产生影响，受我国能源结构偏煤，废旧可回收原材料保有量较低等客观因素的影响，同样的工艺流程，中国制造企业单位产品的排放系数会更高，受"碳关税"影响更深，并将最终传导至成本端，影响产品市场竞争力。这就要求各企业加大投入来确保低碳转型，生产出可对接国际标准的绿色产品，既是未来的要求，也是外界的压力使然。

1.2 密集政策出台引导工业绿色发展

为避免"运动式"降耗减排减碳，也为了下一步更好地进行产业升级，国家于2022年部署了工业领域绿色低碳转型相关政策，为降低能耗和能源消费的转型升级打好基础。

工业领域碳达峰总体方案出台。按照党中央碳达峰碳中和"1+N"政策体系的总体安排，2022年，工信部等三部委出台了《工业领域碳达峰实施方案》，对原材料工业进行了总体部署，明确了"十四五"期间具体的发展目标，"到2025年，规模以上工业单位增加值能耗较2020年下降13.5%"。并制定了六大重点任务，以及制定了钢铁、建材、石化化工、有色金属、消费品、装备制造和电子等重点行业达峰行动，绿色低碳产品供给提升行动两大重点行动。在此基础上，又陆续发布了建材、有色金属行业自身的碳达峰实施方案，在保障高质量有效供给的基础上，有序推进"双碳"工作。此外市场监管总局、发改委等九部门联合发布的《建立健全碳达峰碳中和标准计量体系实施方案》，明确了针对钢铁、石化化工、有色金属、建材等重点行业，要加强工业绿色低碳转型标准制修订，加快能耗限额标准提升工作。该方案发挥了基础引领与源头把控作用，可支撑工业如期实现"双碳"目标。

工业节能政策持续加码。2021年11月15日，发改委等5部门印发关于发布《高耗能行业重点领域能效标杆水平和基准水平（2021年版）》的通知，其中明确了高耗能行业需3年内完成能效升级改造和淘汰的计划。为完善此部署，2022年2月11日，发改委等四部门又发布《高耗能行业重点领域节能降碳改造升级实施指南（2022年版）》（下简称实施指南），为17个高耗能行业节能降碳指明了工作方向，包括引导改造升级、加强技术攻关、促进集聚发展、加快淘汰落后等重点内容，也对行业基准水平以上及标杆水平以上的产能比例制定了具体的目标。此外，工信部于2022年通过制订工业绿色发展、重点行业高质量发展、工业能效提升、水效提升、资源综合利用、环保装备等一揽子规划及行动计划，制定如"到2025年，重点工业行业能效全面提升，绿色低碳能源利用比例显著提高""到2025年，全国万元工业增加值用水量较2020年下降16%"等具体目标，加大重点领域节能降碳力度，推动了制造业绿色低碳转型行动。

"双碳"融入政府投资规范。国家发改委于2022年11月29日发布的《政府投资项目可行性研究报告编制通用大纲（征求意见稿）》中指出政府投资项目可研需增加碳排放与"双碳"目标影响专题分析，要说明拟建项目碳排放量的核算依据，估算项目全生命周期碳排放总量和强度，提出项目降碳、碳捕集利用和封存及碳汇等措施。说明国家已经将"双碳"相关政策的贯彻、节能减排具体举措的落实、绿色低碳产业的发展融合到政府投资的规范工作中,这也将给予社会资本明确的投资风向标,助推国家"双碳"战略目标的顺利完成。

表2-14 近一年工业绿色发展政策回顾

领域	时间	政策	绿色发展目标(近期)
有色金属	2022年11月	《有色金属碳达峰实施方案》	"十四五"期间,有色金属产业结构、用能结构明显优化,低碳工艺研发应用取得重要进展,重点品种单位产品能耗、碳排放强度进一步降低,再生金属供应占比达到24%以上
建材	2022年11月	《建材碳达峰实施方案》	"十四五"期间,建材产业结构调整取得明显进展,行业节能低碳技术持续推广,水泥、玻璃、陶瓷等重点产品单位能耗、碳排放强度不断下降,水泥熟料单位产品综合能耗水平降低3%以上
全行业	2022年10月	《建立健全碳达峰碳中和标准计量体系实施方案》	到2025年,碳达峰碳中和标准计量体系基本建立。加强工业绿色低碳转型标准制修订,加快能耗限额标准提升工作
电力装备	2022年8月	《加快电力装备绿色低碳创新发展行动计划》	通过5～8年时间,电力装备供给结构显著改善
信息通信	2022年8月	《信息通信行业绿色低碳发展行动计划(2022—2025年)》	到2025年,信息通信行业绿色低碳发展管理机制基本完善,节能减排取得重点突破
工业	2022年7月	《工业领域碳达峰实施方案》	到2025年,规模以上工业单位增加值能耗较2020年下降13.5%
工业	2022年6月	《工业能效提升行动计划》	到2025年,重点工业行业能效全面提升,绿色低碳能源利用比例显著提高
工业	2022年6月	《工业水效提升行动计划》	到2025年,全国万元工业增加值用水量较2020年下降16%

续表

领域	时间	政策	绿色发展目标（近期）
轻工业	2022年6月	《关于推动轻工业高质量发展的指导意见》	资源利用效率大幅提高，单位工业增加值能源消耗、碳排放量、主要污染物排放量持续下降
化纤	2022年4月	《关于化纤工业高质量发展的指导意见》	绿色制造体系不断完善，绿色纤维占比提高到25%以上，生物基化学纤维和可降解纤维材料产量年均增长20%以上
石化	2022年4月	《关于"十四五"推动石化化工行业高质量发展的指导意见》	大宗产品单位产品能耗和碳排放明显下降，挥发性有机物排放总量比"十三五"降低10%以上
建筑	2022年3月	《"十四五"建筑节能与绿色建筑发展规划》	到2025年，城镇新建建筑全面建成绿色建筑
工业	2022年2月	《关于加快推动工业资源综合利用的实施方案》	到2025年，钢铁、有色、化工等重点行业工业固废产生强度下降，大宗工业固废的综合利用水平显著提升，再生资源行业持续健康发展
钢铁	2022年2月	《关于促进钢铁工业高质量发展的指导意见》	80%以上钢铁产能完成超低排放改造，吨钢综合能耗降低2%以上，水资源消耗强度降低10%以上，确保2030年前碳达峰
工业	2022年2月	《高耗能行业重点领域节能降碳改造升级实施指南（2022年版）》	为17个高耗能行业节能降碳指明了工作方向，也对2025年末行业基准水平以上及标杆水平以上的产能比例制定了具体的目标
环保装备	2022年1月	《环保装备制造业高质量发展行动计划（2022—2025年）》	高效低碳环保技术装备产品供给能力显著提升
建筑	2022年1月	《"十四五"建筑业发展规划》	绿色建造政策、技术、实施体系初步建立，绿色建造方式加快推行

续表

领域	时间	政策	绿色发展目标（近期）
智能制造	2021年12月	《"十四五"智能制造发展规划》	70%的规模以上制造业企业基本实现数字化网络化
原材料	2021年12月	《"十四五"原材料工业发展规划》	钢铁、有色金属、建材等重点行业能源消耗总量、碳排放总量控制取得阶段性成果
工业	2021年12月	《"十四五"工业绿色发展规划》	到2025年，工业产业结构、生产方式绿色低碳转型取得显著成效，绿色低碳技术装备广泛应用，能源资源利用效率大幅提高，绿色制造水平全面提升
工业	2021年11月	《高耗能行业重点领域能效标杆水平和基准水平（2021年版）》	高耗能行业需3年内完成能效升级改造和淘汰的计划

资料来源：兴业碳金融研究院整理

2.趋势展望

推进工业领域碳中和将是我国碳中和整体战略下不可忽视的重要工程之一，二十大报告在绿色低碳发展以及环境资源保护方面，强调要"协同推进降碳、减污、扩绿、增长，推进生态优先、节约集约、绿色低碳发展"，标志着我国"双碳"政策方针不会动摇。工业领域将继续推动高质量发展和建设现代化经济体系，坚持以供给侧结构性改革为主线，狠抓政策落地落实。2023年，是工业领域贯彻落实二十大精神的开局之年，也是实施"十四五"绿色系列规划承上启下的关键一年，预计在政策和经济复苏的双重推动下，工业发展路径逐步优化，结构节能潜力持续释放。工业企业绿色发展的重点将聚焦于能效提升、用能结构调整、循环经济发展及数字化与低碳化深度融合。

2.1 能效提升是工业绿色发展的关键

我国工业能源消费量占全社会能源消费总量的65%左右,提升工业能效有助于减少化石能源使用,是实现碳达峰碳中和目标的主要途径,工业绿色发展的关键在于提升能源利用效率。

我国工业行业节能潜力巨大。虽然近些年随着国家节能减排的力度不断加大,我国工业绿色发展成效显著,能源消耗年均增速显著放缓,根据国家统计局数据,中国"十二五""十三五"规模以上工业单位增加值能耗分别下降28%、16%,2021年规模以上工业单位增加值能耗相比2012年累计降低36.2%,但通过对比2021年主要国家单位GDP能耗情况,我国的能耗强度虽低于俄罗斯却远高于欧美等发达国家,且是日本的2.5倍、韩国的1.2倍。我国仍须努力挖掘制造业减排空间,推动工业高质量发展为进一步提高减排潜能做出支撑。

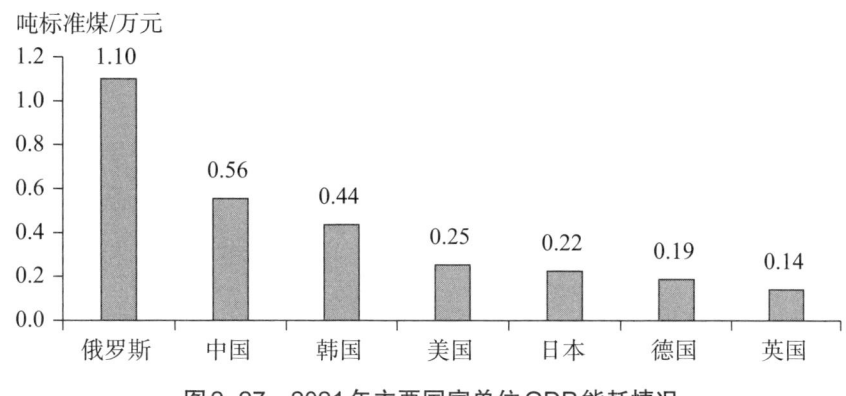

图2-27 2021年主要国家单位GDP能耗情况

资料来源:BP,Wind,兴业碳金融研究院(注:均按照2021年末汇率进行换算)

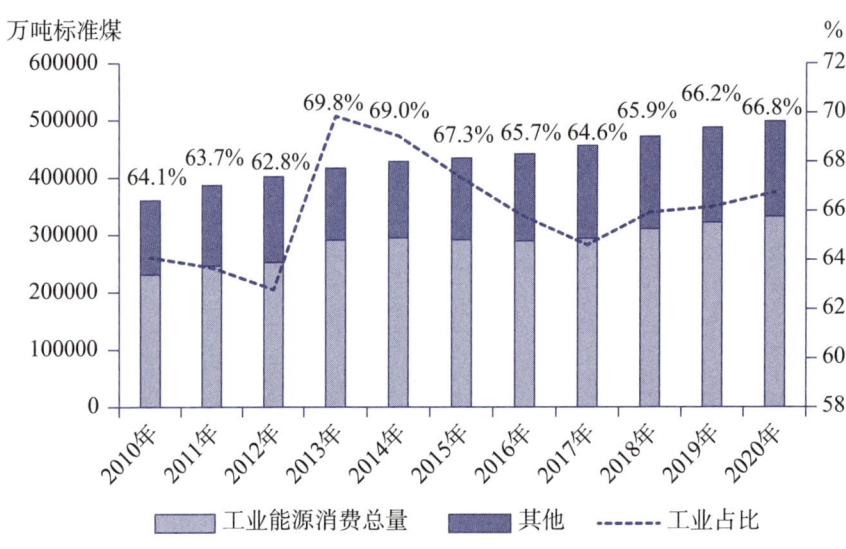

图2-28 工业能源消费总量变化情况

资料来源：国家统计局，兴业碳金融研究院

高耗能行业能耗指标考核趋严。"十三五"末，高耗能行业中低于基准水平的产能占比较高，尤其磷铵、煤制乙二醇、焦化等领域能效低于基准水平的产能均超过30%。要实现"十四五"绿色发展目标，即到2025年，规模以上工业单位增加值能耗较2020年下降13.5%，高耗能行业是重点攻克对象。根据《实施指南》所提供目标计算，焦化、铁合金、钢铁、煤化工、黄磷等行业需在"十四五"末退出的能效低于基准水平产能比例大于30%，对二甲苯、电石、烧碱、水泥、建筑、卫生陶瓷、钢铁、焦化、铁合金等行业十四五末需提升能效标杆水平以上产能比例超20%，后续上述重点领域能效水平的提升将成为其实现绿色低碳转型发展的重要考核指标。

表 2-15 各高耗能行业发展现状及未来工作目标

行业	能效标杆水平				基准水平			
	达标条件	2020年底情况（优于标杆水平的产能）	2025目标（能效标杆水平以上产能）	需提升比例（%）	达标条件	2020年底情况（能效低于基准水平的产能）	2025目标（能效基准水平以下产能）	需退出比例（%）
炼油行业	7.5千克标准油/(吨·能量因数)	约占25%	达30%	5	8.5千克标准油/(吨·能量因数)	约占20%	加快退出	20
乙烯行业	590千克标准油/吨	约占20%	达30%以上	10	640千克标准油/吨	约占30%	有序开展改造提升	—
对二甲苯行业	380千克标准油/吨	约占23%	达50%	27	550千克标准油/吨	约占18%	基本清零	18
现代煤化工行业 以褐煤为原料的煤制甲醇	1550千克标准煤/吨	煤制甲醇行业：约占15%	达30%	15	2000千克标准煤/吨	煤制甲醇行业：约占25%	基本清零	25
以烟煤为原料的煤制甲醇	1400千克标准煤/吨				1800千克标准煤/吨			
以无烟煤为原料的煤制甲醇	1250千克标准煤/吨				1600千克标准煤/吨			
煤制烯烃（MTO路线）	2800千克标准煤/吨	约占48%	达50%	2	3300千克标准煤/吨	全部产能高于基准水平		0
煤制乙二醇	1000千克标准煤/吨	约占20%	达30%	10	1350千克标准煤/吨	约占40%		40

续表

行业		能效标杆水平				基准水平		
		达标条件	2020年底情况（优于标杆水平的产能）	2025目标（能效标杆水平以上产能）	需提升比例（%）	达标条件	2020年底情况（能效低于基准水平的产能）	2025目标（能效基准水平以下产能）	需退出比例（%）
合成氨行业	以优质无烟块煤为原料的合成氨	1100千克标准煤/吨				1350千克标准煤/吨			
	以非优质无烟块煤、型煤为原料的合成氨	1200千克标准煤/吨	约占7%	达15%	8	1520千克标准煤/吨	约占19%	基本清零	19
	以粉煤为原料的合成氨	1350千克标准煤/吨				1550千克标准煤/吨			
	以天然气为原料的合成氨	1000千克标准煤/吨				1200千克标准煤/吨			
电石行业		805千克标准煤/吨	约占3%	达30%	27	940千克标准煤/吨	约占25%	基本清零	25
烧碱行业	离子膜法液碱（≥30%）	315千克标准煤/吨	约占15%	达40%	25	350千克标准煤/吨	约占25%	基本清零	25
	离子膜法液碱（≥45%）	420千克标准煤/吨				470千克标准煤/吨			
	离子膜法固碱（≥98%）	620千克标准煤/吨				685千克标准煤/吨			

续表

行业		能效标杆水平				基准水平		
		达标条件	2020年底情况（优于标杆水平的产能）	2025目标（能效标杆水平以上产能）	需提升比例（%）	达标条件	2020年底情况（能效低于基准水平的产能）	2025目标（能效基准水平以下产能）	需退出比例（%）
纯碱行业	氨碱法（轻质）纯碱	320千克标准煤/吨	约占36%	达50%	14	370千克标准煤/吨	约占10%	基本清零	10
	联碱法（轻质）纯碱	160千克标准煤/吨				245千克标准煤/吨			
	氨碱法（重质）纯碱	390千克标准煤/吨				420千克标准煤/吨			
	联碱法（重质）纯碱	210千克标准煤/吨				295千克标准煤/吨			
磷铵行业	传统法（粒状）的磷酸一铵	255千克标准煤/吨	约占20%	达30%	10	275千克标准煤/吨	约占55%	低于30%	25
	传统法（粉状）的磷酸一铵	240千克标准煤/吨				260千克标准煤/吨			
	采用料浆法（粒状）磷酸一铵	170千克标准煤/吨				190千克标准煤/吨			
	采用料浆法（粉状）磷酸一铵	165千克标准煤/吨				185千克标准煤/吨			

续表

行　业		能效标杆水平				基准水平			
		达标条件	2020年底情况（优于标杆水平的产能）	2025目标（能效标杆水平以上产能）	需提升比例（%）	达标条件	2020年底情况（能效低于基准水平的产能）	2025目标（能效基准水平以下产能）	需退出比例（%）
黄磷行业	传统法（粒状）的磷酸二铵	250千克标准煤/吨				275千克标准煤/吨			
	料浆法（粒状）的磷酸二铵	185千克标准煤/吨				200千克标准煤/吨			
水泥行业		2300千克标准煤/吨	约占25%	达30%	5	2800千克标准煤/吨	约占30%	基本清零	30
		100千克标准煤/吨	约占5%	达30%	25	117千克标准煤/吨	约占24%	基本清零	24
平板玻璃行业	平板玻璃（生产能力>800吨/天）	8千克标准煤/重量箱	小于5%	达20%	15	2千克标准煤/重量箱	约占8%	基本清零	8
	平板玻璃（500≤生产能力≤800吨/天）	9.5千克标准煤/重量箱				13.5千克标准煤/重量箱			
建筑、卫生陶瓷行业	吸水率≤0.5%的陶瓷砖	4千克标准煤/平方米	小于5%	达30%	25	7千克标准煤/平方米	小于5%	基本清零	5
	0.5%＜吸水率≤10%的陶瓷砖	3.7千克标准煤/平方米				4.6千克标准煤/平方米			
	吸水率＞10%的陶瓷砖	3.5千克标准煤/平方米				4.5千克标准煤/平方米			
	卫生陶瓷	300千克标准煤/吨				630千克标准煤/吨			

续表

行业		能效标杆水平				基准水平			
		达标条件	2020年底情况（优于标杆水平的产能）	2025目标（能效标杆水平以上产能）	需提升比例（%）	达标条件	2020年底情况（能效低于基准水平的产能）	2025目标（能效基准水平以下产能）	需退出比例（%）
钢铁行业	高炉工序	361千克标准煤/吨	约占4%	达30%	26	435千克标准煤/吨	约占30%	基本清零	30
	转炉工序	-30千克标准煤/吨	约占6%	达30%	24	-10千克标准煤/吨	约占30%	基本清零	30
	电弧炉冶炼（30吨＜公称容量<50吨）	67千克标准煤/吨	—	达30%	—	86千克标准煤/吨	—	—	—
	电弧炉冶炼（公称容量≥50吨）	61千克标准煤/吨	—	达30%	—	72千克标准煤/吨	—	—	—
焦化行业	顶装焦炉工序	10千克标准煤/吨	约占2%	超30%	28	35千克标准煤/吨	约占40%	基本清零	40
	捣固焦炉工序	110千克标准煤/吨	—	—	—	140千克标准煤/吨	—	—	—
铁合金行业	硅铁铁合金	1770千克标准煤/吨	—	—	—	1900千克标准煤/吨	—	—	—
	锰硅铁铁合金	860千克标准煤/吨	约占4%	达30%	26	950千克标准煤/吨	约占30%	基本清零	30
	高碳铬铁铁合金	710千克标准煤/吨	—	—	—	800千克标准煤/吨	—	—	—
有色金属冶炼行业	铜冶炼	260千克标准煤/吨	约占40%	达50%	10	380千克标准煤/吨	约占10%	基本清零	10
	电解铝	13000千瓦时/吨	约占10%	达30%	20	13350千瓦时/吨	约占20%	—	20
	铝冶炼	230千克标准煤/吨	约占40%	达50%	10	300千克标准煤/吨	约占10%	—	10
	锌冶炼	1100千克标准煤/吨	约占30%	达50%	20	1280千克标准煤/吨	约占15%	基本清零	15

资料来源：《高耗能行业重点领域节能降碳改造升级实施指南（2022年版）》，兴业碳金融研究院

2023年是推进能效改造升级的关键时间窗口。能尽其用、效率至上成为市场主体和公众的共同理念和普遍要求,节能提效进一步成为工业绿色低碳的"第一能源"和降耗减碳的首要举措。政府将通过加强节能监管,发布低碳技术目录、更新能效标准等方式引导工业企业重点用能设备升级。根据《工业能效提升行动计划》,工业领域能效提升将聚焦于重点行业能量系统优化、余热余压利用、可再生能源利用、公辅设施改造;电机、变压器、锅炉等通用用能设备能效专项提升;高效用能设备应用;重点用能设备系统匹配性节能改造和运行控制优化。

新旧工艺技术并驾齐驱。针对重点高耗能工业如钢铁行业,其高炉和转炉工序是能效提升的重点改造升级领域。从中钢协发布的重点企业技术经济指标数据来看,目前国内重点钢铁企业高炉、转炉、电炉、焦炉工序平均能耗已超过基准水平,但高炉、转炉工序能耗与标杆水平还存在一定差距。故钢铁行业"十四五"能效提升重点方向为实施高炉炉顶均压煤气回收(BPRT/BCRT)、转炉烟气干法除尘、铁水一罐到底、精准计量等技术改造。有色金属行业侧重电解铝的能效提升。有色金属行业能源消耗主要集中在矿山、冶炼和加工三大领域,其中尤以电解铝能耗为最。电解铝行业在"十四五"期间可重点推动新型稳流保温铝电解槽节能改造、电解槽结构优化与智能控制、铝电解槽能量流优化及余热回收等节能低碳技术改造。

此外绿色低碳技术的革新与新材料的应用研发也是实现产业能效变革的最重要动力。"十四五"期间,通过新工艺、新设备、新材料的研发和应用,可提高设备的使用效率、降低产品能源和碳排放成本、减少生产工艺环节、形成绿色竞争力的护城河。

2.2 工业用能结构调整是实现"双碳"目标的重要途径

工业是中国能源消费占比最大的细分领域,其中又以化石能源消费占比最高,因此工业领域用能结构调整可有效降低碳排放,以绿色完成工业能源革命的目标。此外，碳达峰碳中和"1+N"政策体系中也多次强调用能结构调整的重要性。控制化石能源消费、清洁能源替代及终端电气化是工业用能结构优化的主要方向。

化石能源替代。由于资源禀赋特点，我国能源供给体系以化石能源为主，而二氧化碳排放主要来自化石能源消费，其中煤炭排放占76.6%，石油排放占17.0%，天然气排放占6.4%。减少碳排放的重点之一是减少化石能源尤其是煤炭消费占比，故用能结构调整首要应控制化石能源消费，有序推进钢铁、建材、石化化工行业煤炭减量替代。其中石化化工相对特殊，原料用能政策给予其高质量发展空间。2021年我国石化化工行业能耗总量约7.2亿吨标准煤，其中原料用能占比约30%，2022年，由国家发展改革委等两部委印发的《关于进一步做好原料用能不纳入能源消费总量控制有关工作的通知》，明确提出将原料用能从能源消费总量中扣除，意味着很多化工项目所需能耗指标大幅下降，此前许多卡在审批环节的项目有望获批。远期也有利于加快推动能源要素向单位能耗产出效率更高的化工产业和项目倾斜，可进一步推动行业高质量发展。此外，控制新增原料用煤，拓展富氢原料进口来源，亦可推动行业降低化石能源消费。

表2-16　重点行业化石能源替代方向

行业	未来利用方向
钢铁	原料、技术、工艺方面实施煤炭减量替代。废钢、高品位铁矿石的利用；提高入炉块矿品位及球团矿比例、降低烧结矿比例及焦炭消耗，增加喷吹煤用量等优化方式；推行全废钢电炉工艺、探索开展氢冶金，从工艺流程端助力降低化石能源消费。
建材	水泥为降碳重点。支持生物质燃料等可燃废弃物替代燃煤，完善农林废弃物规模化回收等上游产业链配套，重点关注可替代原料，如再生混凝土、高炉矿渣等工业副产物。
焦化	利用低碳燃料炼焦；研发富氧燃烧技术。

续表

行业	未来利用方向
石化化工	推进炼化一体化项目，鼓励天然气等替代燃煤、控制新增原料用煤，拓展富氢原料进口来源。

资料来源：兴业碳金融研究

探索"新能源+"产业链。对于钢铁、有色金属、建材等电力占一次能源消费比重居多的行业，绿电、天然气、氢能等清洁能源替代，无疑是最为行之有效的源头降碳措施。《有色金属行业碳达峰行动方案》中，更是将可再生能源利用作为有色金属行业实现碳达峰的远期保障，即"到2030年，电解铝使用可再生能源比例提升至30%以上"。此外，预计国家将继续鼓励企业、园区就近利用清洁能源，支持具备条件的企业开展"光伏+储能"等自备电厂、自备电源建设。自然资源条件优越的园区和企业将进一步探索"新能源+"的新模式。西南地区特别是云贵川区域，水电丰富且拥有天然抽水蓄能的储能端优势；西北如内蒙古、新疆、宁夏等地区可利用土地面积广阔且气候地貌条件适宜，将更多布局集中式风光电站，东南地区如江浙闽粤等省市近海远海地理优势是则侧重海上风电场。位于该区域的园区或将自建或合作模式建设新能源电站，以其电解水所生产的绿氢代替灰氢，融入产业链下游企业生产及园区氢能车、加氢站、氢能供热等环节中，打造由风光储一体化、绿电制氢、下游用氢产业及园区交通生活配套共同构成的"新能源+"产业链。

电气化是工业绿色低碳转型的有效途径，有利于集中控碳脱碳，减少污染物排放，实施精细化用能控制，提高能源利用效率。2020年，全国电能占终端能源消费比重约26.5%，其中工业领域电气化率为26.2%。根据《工业能效提升行动计划》，到2025年电能占工业终端能源消费比重达到30%左右，可见工业领域依旧是近三年电能替代主战场。此外党的二十大报告中强调，要确保能源资源、重要产业链供应链安全。当前能源供需紧张，地缘政治多变等诸多因素影响下，电气化也是保障能源安全的战略选择，未来新增用能需求将主要由清洁能源满足，电是唯一可以与其他能源直接大规模转换的能源，据国网能源研究院预测，工业部门用能正处于高位徘徊阶段，即将进入快速下降期，而工业部门电气化率稳步提升，到2060年我国工业终端部门电气化率将由现在的27%提升至69%[①]。其中工业过程热的电气化是工业电气化的核心。2023年，不达标的燃煤锅炉以及工业窑炉将会加速退出，工业领域将重点推广电弧炉、电锅炉、电窑炉、电加热等电气化技术，以及利用高温热泵、大功率电热储能锅炉等实施电能替代，扩大电气化终端用能设备使用比例。

2.3 循环经济持续推动传统产业绿色升级

重塑资源价值是实现碳中和的重要方向。碳中和背景下，高碳排放企业减排压力较大，而再生资源的循环使用可以减少"开采原材料、原材料初加工"时的碳排放，其减排属性尤为突出。以再生铝为例，其吨铝碳排放仅为2.1吨，较火电铝低10.9吨，排放水平与水电铝基本相当，且未来发展不受限于区域位置[②]。此外，有色金属矿产资源供给不足已经成为我国可持续发展的重要制约因素，通过铝资源回收可以有效缓解铝矿供需矛盾，降低铝矿资源对外依赖度，再生铝在"双碳"政策背景下或将是未来铝行业转型发展的重点。废金属、废纸等可再生资源的循环再利用将受到鼓励，以提升资源全生命周期使用效率。随着保障经济平稳发展的政策出台和执行以及行业集中度进一步提高，预计可实现2025年产量达到2000万吨，其中

---

① 资料来源：《中国能源电力发展展望》正式发布！2060年非化石能源占比有望达到81%，2022/12/01［2020/12/09］，https://www.in-en.com/article/html/energy-2299765.shtml

② 资料来源：碳中和对电解铝行业的影响，东海期货，2022/12/01［2021/06/21］，https://alu.ccmn.cn/news/ZX002/202106/039dbba1b0aa40f7a92ca9e5754d2908.html

再生铜、再生铝和再生铅产量分别达到400万吨、1150万吨、290万吨的目标。废钢受疫情、国内外形势及成本影响，循环经济发展有所回落，随着钢铁工业协会"基石计划"的逐步落实，以及电炉钢的不断应用，到2025年有望实现废钢消耗量3亿吨。此外，机电再制造也是未来发展循环经济的主要方向。再制造产品在同于甚至优于新品质量和性能的基础之上，还具备降本、节能、节材等特点，不仅是践行"双碳"目标的题中之义，更是推进工业高质量发展的必然选择。

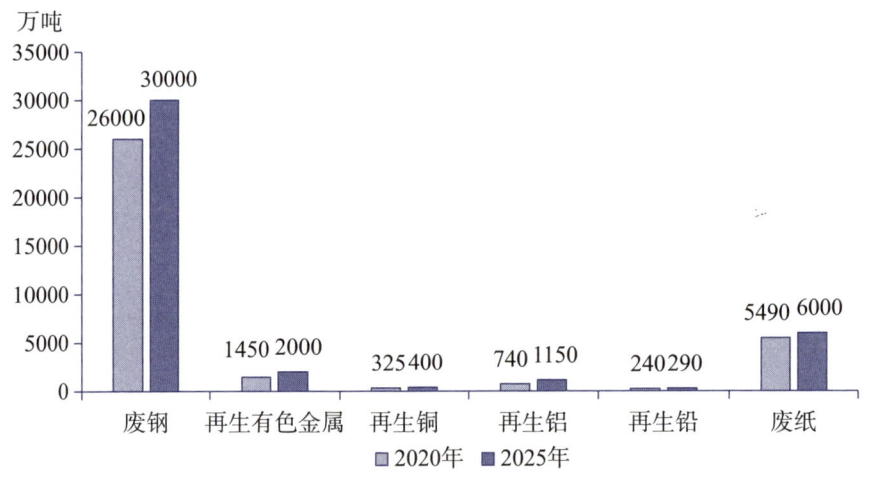

图2-29 再生资源利用量

资料来源：《"十四五"循环经济发展规划》，兴业碳金融研究院

工业固废综合利用降低生态环境压力。大宗固废造成水—土—气复合污染突出，是诱发环境和安全问题的主要因素之一。工业固废的综合利用不仅可以有效缓解堆存所带来的生态环境压力，还能提高资源利用效率，作为最佳替代用于生产建筑材料、筑路等，节能降碳效果显著。我国的固废综合行业在政策带领下发展迅速，近三年大宗固废综合利用率由2019年末的55%上升至2021年的57%，逐年平稳提升。但考虑到大宗固废综合利用转变为工业基础原材料是主要途径，受宏观经济形势影响较大，此外叠加

国际局势和疫情等超预期因素，近几年大宗固废综合利用将面临较大压力，国家制定的"2025年新增大宗固废综合利用率达到60%"的目标变更为"力争大宗工业固废综合利用率达到57%"。但随着经济修复、技术再优化以及固废行业集中度进一步提升，预计到2025年末，固废综合利用率或将实现既定目标。目前钢渣、赤泥等利用率仍较低，针对钢铁冶炼，未来重点领域在于钢渣分级分质利用以及与低碳水泥协同发展。针对赤泥，重点领域为赤泥在陶粒、新型胶凝材料、装配式建材、道路材料生产和选铁等领域的产业化应用[①]。

表2-17 工业固废利用方向

大宗固废	未来利用方向
煤矸石和粉煤灰	以填充物、建材原料等方向进行综合利用
尾矿（共伴生矿）	在砂源替代材料制备、有价组分梯级回收等方面进行利用
钢渣	在道路材料掺用、建设工程领域掺和、稀贵金属回收等方面进行利用
建筑垃圾	在制作再生骨料、环境治理等方面进行利用
工业副产石膏	在建筑材料、土壤改良、路基材料、新材料制备等方面进行利用
赤泥	在陶粒、新型胶凝材料、装配式建材、道路材料生产和选铁等领域

资料来源：国家发展和改革委，兴业碳金融研究院

2.4 数字化与低碳化深度融合

国家"双碳"政策落地势在必行，工业领域既要实现自身产业提质增效，又要兼具节能降碳责任与义务，工业企业面临着巨大的压力与挑战，而数字化与低碳化的深度融合将极大助力行业实现双赢。根据全球电子可持续发展推进协会（GeSI）研究，利用数字技术赋能其他行业在未来十年

---

① 资料来源：到2025年力争大宗工业固废综合利用率达57% 让工业资源高效循环，人民日报，2022/11/08 [2022/08/04]，https://finance.sina.com.cn/chanjing/cyxw/2022-08-04-doc-imizmscv4754743.shtml

内可以减少全球碳排放的20%。预计2023年乃至未来一段时间内,通过数字化改造促进能源与资源管理、碳排放管理系统的建设是数字低碳发展的重点方向,在聚焦环境效益的同时显著提高企业资源产出率亦是重中之重。此外在数字化飞速发展的同时,数据中心高能耗问题不容忽视。

加大能源管控中心普及力度。能源的使用在企业成本中占有相当大的比重,而多数企业因为没有完备的能源管控中心体系使得企业能源利用效率降低,单位产品能耗增加,这就相对应地增加了企业的成本,削弱了企业在市场上的竞争力。《工业领域碳达峰实施方案》中强调,"在钢铁、建材、石化化工、有色金属等行业加强全流程精细化管理,开展绿色用能监测评价,持续加大能源管控中心建设力度"。焦化行业也制定了"力争到2025年能源管控中心普及率达到50%以上"的"十四五"目标,故能源管控中心的普及将是未来三年钢铁行业实现高效绿色生产的首要任务。此外针对目前能源管理所面临的如由于数据检测点覆盖面窄,无法从不同源头搜集能源消耗及生产的信息、企业更多重视生产,从而导致能源管理与业务规划流程割裂等问题,未来能源管控中心的功能将更多侧重于人工智能技术、云计算技术、遥感技术、智能检测技术的结合,如可以实现在恶劣工况下对设备的24小时不间断监测的智能能耗监测终端,从过程和系统综合监控,向借助预测模型和平衡模型的管控一体化方向发展的能源管控系统。

"互联网+"回收利用新模式将逐步推广。数字技术对于工业企业搭建资源循环利用平台起到了重要作用,目前钢铁、煤炭、船舶等部分工业企业已开始发展"互联网+"回收利用新模式。通过大数据分析监测,既可以实现工业废弃物资在企业间合理匹配以及进行便捷交易,也可以链接社会其他企业参与交易,实现绿色共享。未来该模式在不断完善的同时也将于工业领域内广泛铺开,建立专供再生资源回收体系的互联网平台,优化再生资源回收产业链。

赋能工业领域碳管理。随着全国碳市场逐步成熟、"双碳"目标的日趋接近，兼具交易、金融属性的碳资产目前逐步成为企业核心资产之一，企业碳资产的精细化管理势在必行。根据施耐德电气《绿色智能制造高管调研2022》，依据碳排放管理成熟度对企业进行划分，目前无管理及仅通过手工管理的企业比例占据69%，平台级碳排放管理的企业比例仅5%。工业是碳排放大户，也是实现"双碳"目标的重点转型领域。根据当下企业切实关注的碳资产相关热点问题，也为构建长期竞争力，除加强碳排放的可视化与精准计量建设外，未来大型企业将聚焦于通过开发碳资产管理平台，集成智能传感、大数据和区块链等技术实现全流程碳排放追踪、分析、核算和交易。此外中小型企业也将更加重视碳管理智能化，向产品级别的碳排放管理方向发展。

助力工业领域"换挡升级"。当前以规模效益为代表的旧动能已经开始缺乏动力，以大数据、5G、工业互联网、云计算为代表的新一代信息技术与制造业的深度融合即智能制造是大势所趋。工业实现智能制造可以提高企业生产率、提高产品质量、降低生产成本、实现信息互联互通，只有整个产业链不断向智慧化、高端化迈进，中国工业才能在未来的发展过程中获取新的动力。依据中国电子技术标准化研究院发布的《智能制造发展指数报告》，目前我国69%的制造企业处于一级及以下水平[1]，四级及以上制造企业占比仅9%。多数企业仍处于智能化转型初期，龙头企业智能化成效显

---

[1] 注：智能制造成熟度等级分成五级：一级（规划级）企业应开始对实施智能制造的基础和条件进行规划，能够对核心业务活动进行流程化管理；二级（规范级）企业应采用自动化技术，信息手段对核心装备和业务活动等进行改造和规范，实现单一业务活动的数据共享；三级（集成级）企业应对装备、系统等开展集成，实现跨业务活动间的数据共享；四级（优化级）企业应对人员、资源、制造等进行数据挖掘，形成知识、模型等，实现对核心业务活动的精准预测和优化；五级（引领级）企业应基于模型持续驱动业务活动的优化和创新，实现产业链协同并衍生新的制造模式和商业模式。

著，带动行业整体水平稳步提升，其中汽车、电器、专用设备制造、化工、有色金属等行业成熟度水平位于制造业前茅，此外离散型制造业的成熟度水平整体高于流程型制造业。依据工信部《"十四五"智能制造发展规划》要求，到2025年规模以上制造业企业智能制造能力成熟度达2级及以上的企业超过50%，即近三年至少有19%以上的规上企业需要通过信息手段对核心装备和业务活动等进行改造和规范，此外单一业务活动实现数据共享。针对如机械、电子、装备制造等经过一系列并不连续的工序的加工的离散型制造，未来发展更侧重数据可视化、精准敏捷制造、生产文档无纸化及后台运维服务等。如钢铁、石化、有色等流程型制造，其自身因大型制造装备密集、能源消耗总量大、碳排放与污染物排放强度高、作业安全要求严格等特点，更聚焦于实现制造过程的高效化与绿色化。

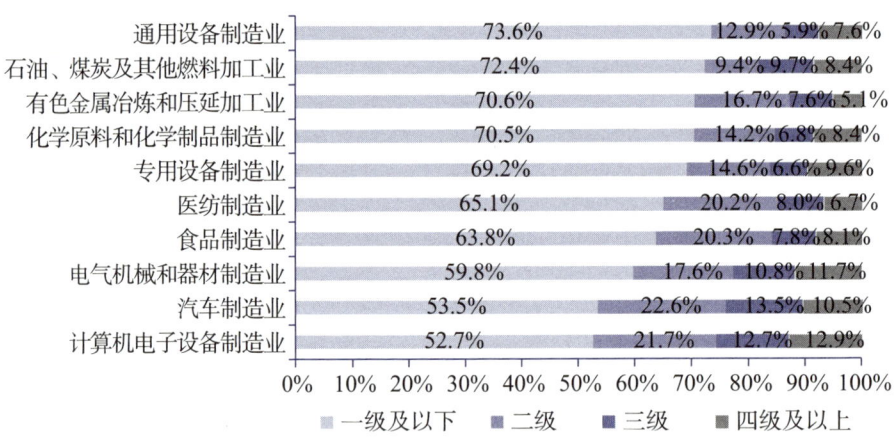

图2-30 行业TOP10智能制造能力成熟度等级分布

资料来源：中国电子技术标准化研究院，兴业碳金融研究院

数字中心绿色化。数字基础设施作为数字化转型升级的重要基座，一方面，数字化技术能够与高耗能行业实现深度融合，有效提升能源资源利用率，但另一方面，随着数据中心近年来加速发展，其能耗与碳排放问题越发凸显。近年来数据中心耗电量已由2015年的987亿千瓦时逐年上升至2020年

的2045亿千瓦时，占全社会用电量比值为2.72%[①]。根据《"十四五"信息通信行业发展规划》目标，"到2025年，全国数据中心算力将达到2020年的3.3倍"。可知未来三年，数据中心能耗仍有较大上升空间。为此，国家不断出台的数据中心发展实施指导文件对数据中心能效（PUE）提出了更高要求，即"到2025年，数据中心PUE普遍≤1.5；新建大型、超大型数据中心全部达到绿色数据中心要求，绿色低碳等级达到4A级以上，PUE≤1.3；数据中心PUE和可再生能源利用率提升，国家枢纽节点PUE≤1.25"，故绿色化升级将是数字中心近三年发展的核心，重点聚焦领域如绿色超大型、大型数据中心新建；存量"老旧小散"数据中心改造升级，此外由于温控系统占数据中心能耗超40%，是PUE是否能降低到合理水平的关键因素之一，故高端温控系统技术的应用如间接蒸发冷却技术、液冷技术也是将来发展重点。

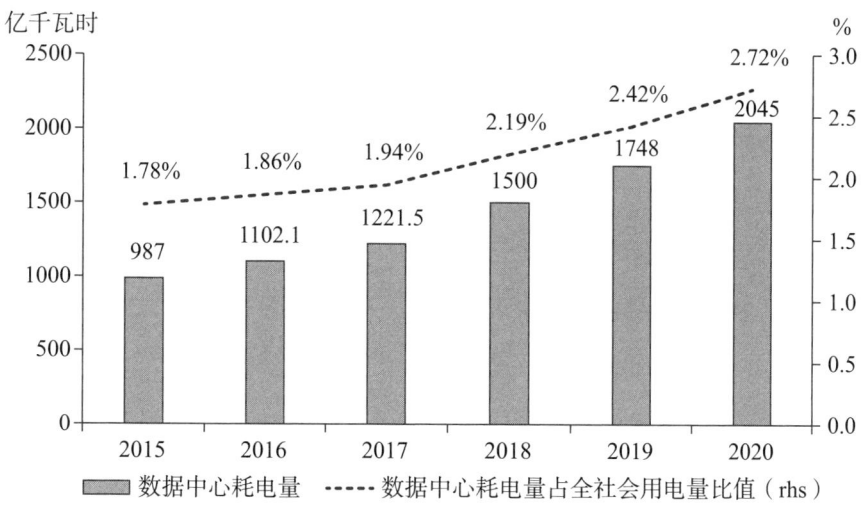

图2-31 我国数据中心耗电量

资料来源：华泰证券，兴业碳金融研究院

[①] 资料来源：加快打造全国算力"一张网"，中华人民共和国人民政府网，2022/12/01〔2022/03/27〕，http://www.gov.cn/xinwen/2022-03-27/content_5681738.htm

五、建筑绿色低碳转型开启新篇章

1. 引导消费需求，普及绿色建筑

1.1 绿色建筑发展现状

近年来，全国各地逐步加大城镇新建建筑中绿色建筑标准强制执行力度，全国省会以上城市保障性住房、政府投资公益性建筑、大型公共建筑逐步全面执行绿色建筑标准，北京、上海、浙江等地开始在城镇新建建筑中全面执行绿色建筑标准。据住建部相关信息披露，我国"十三五"期间新增绿色建筑面积超过30亿平方米；截至2021年底，全国累计绿色建筑面积达到85亿平方米。

政府持续加大奖励力度支持绿色建筑发展。例如，北京、上海、广东等地对绿色建筑提供奖励资金支持；福建、湖北、湖州、天津等地尝试奖励容积率以激发市场活力。

1.2 全面提高绿色建筑水平

城镇建设将全面执行绿色建筑标准。我国城乡建设在"十四五"时期正在全面普及绿色建筑标准，住建部和国家发改委发布的《城乡建设领域碳达峰实施方案》（以下简称"方案"）中明确要求，到2025年，城镇新建建筑全面执行绿色建筑标准。此前，住建部、国家发改委等七个部门发布的《绿色建筑创建行动方案》中要求到2022年，当年城镇新建建筑中绿色建筑面积占比达到70%，全国城镇现已顺利提前完成目标。据统计，2020年城镇新建建筑中绿色建筑面积占比已经达到77%；2022年上半年，城镇

新增绿色建筑占当年城镇新建民用建筑比例已超过90%[①]。预期到2030年整体绿色建筑市场有望接近20万亿元[②]。

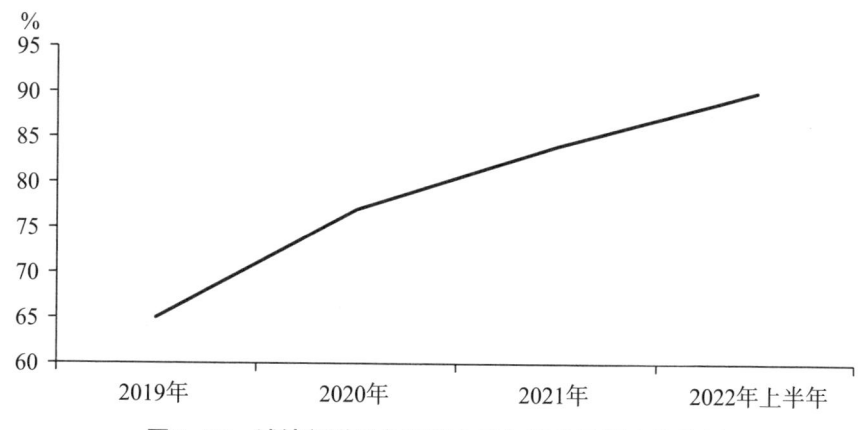

图2-32 城镇新增绿色建筑占当年新建民用建筑比例

资料来源：住建部，兴业碳金融研究院

持续推广星级绿色建筑。我国新版《绿色建筑评价标准》（GBT 50378-2019）中定义绿色建筑评级分为基本级、一星级、二星级和三星级。到2025年，我国城镇新建建筑中星级绿色建筑占比达到30%以上，新建政府投资公益性公共建筑和大型公共建筑全部达到一星级以上。目前，全国各地开展星级绿色建筑推广计划，采取"强制+自愿"推广模式，推动有条件地区政府投资公益性建筑、大型公共建筑等新建建筑全部建成星级绿色建筑，并鼓励建设高星级绿色建筑。例如，北京市各重点区域从"十三五"期间开始逐年提高新建大型公共建筑中三星级绿色建筑占比，2021年底要求城市副中心新建大型公共建筑全面执行三星级标准并安装光伏设施。同时，国

---

① 资料来源：截至2022年上半年，中国新建绿色建筑占比已超90%，中国政府网［EB/OL］，2022/7/26［2023/3/24］，http://www.gov.cn/xinwen/2022-07/26/content_5702817.htm

② 资料来源：兴业研究绿色金融报告：《城乡建设碳达峰重点领域投资规模有望近25万亿元》，2022年10月17日

家正在引导地方制定绿色金融支持、容积率奖励[①]、优先评奖等政策支持星级绿色建筑发展。

1.3 从消费端发力普及绿色建筑

绿色建筑仍然存在"绿变"风险。我国在"十三五"时期执行的是旧版国家《绿色建筑评价标准》（GB/T50378-2014），其认证标识分为设计标识和运行标识。2019年，全国超过2万个项目获得绿色建筑评价标识（含设计和运行），建筑面积超过22.5亿平方米，但其中二星级及以上等级项目获得运行标识比例仅为6%。2021年，全国近1.3万个项目获得绿色建筑二星级和三星级标识（含设计和运行），但其中获得运行标识项目比例不到9%。房地产行业中普遍"重设计，轻运行"的现象造成绿色建筑在建设和运行环节发生"绿变"。新版国家标准中规定应在建筑竣工后进行评价认证，在设计过程中只对施工图进行预评价，意图在根本上改变"绿变"现象。新版标准在执行过程中对各方面产生影响，在项目建设方面，由于新老国标交替以及部分地区对一星级、二星级项目执行地方标准，近几年涉及大量项目建设与验收标准出现偏差，对认证工作产生较大难度。在绿色融资方面，新标准下的绿色建筑认证与项目融资时间存在错配，项目竣工后进行验收认证使金融机构在项目开发前期无法获得绿色属性的证明材料。短期来看，建设项目即使在设计阶段取得预认证，由于缺乏全过程监管以及对"绿变"的惩罚制度，后期施工运行仍有可能不符合绿色建筑标准，金融机构可能面临着"漂绿"的监管风险。长期来看，随着绿色建筑全面普及，监管制度将逐步完善，甚至绿色建筑评价标准可能成为强制性标准，"绿变"风险将逐步降低。

---

① 注：容积率是指地块中地上建筑总面积与净用地面积的比率。容积率奖励是指土地开发管理部门在开发商提供一定的公共空间或公益性设施的前提下，奖励开发商一定的建筑面积。容积率奖励政策实质上可以看作是政府对开发商提供公共服务的一种补偿，有效调动了开发商进行公益建设的积极性。

引导绿色建筑的市场需求或将成为行业良性发展的重点。国家正在加大力度引导绿色建筑全面发展，但我国每年获得运行标识的项目数量仍增长缓慢。政策引导行业的最终目标在于发挥市场机制的主导作用，最终形成良性循环，引导市场形成绿色理念将成为重点。近年来，我国民用建筑大幅度提升节能目标，从30%到50%、65%、75%，到2030年将达到83%。但绿色建筑性能提升和市场溢价却未构成合理正相关，根据仲量联行（JLL）发布的数据，截止到2021年上半年，中国绿色认证的办公项目租金比非绿色认证办公项目高10%～13.3%，绿色认证的办公楼平均售价比非认证的办公楼高约8.9%～14.4%[1]。实际上，绿色建筑标准的理念除节约能源资源以外，还涵盖了安全耐久、健康舒适、生活便利、环境宜居等方面，应该具有比节能效益更高的综合溢价潜力。培育绿色市场，从消费端发力普及绿色建筑理念或将成为正向激励行业发展的关键。

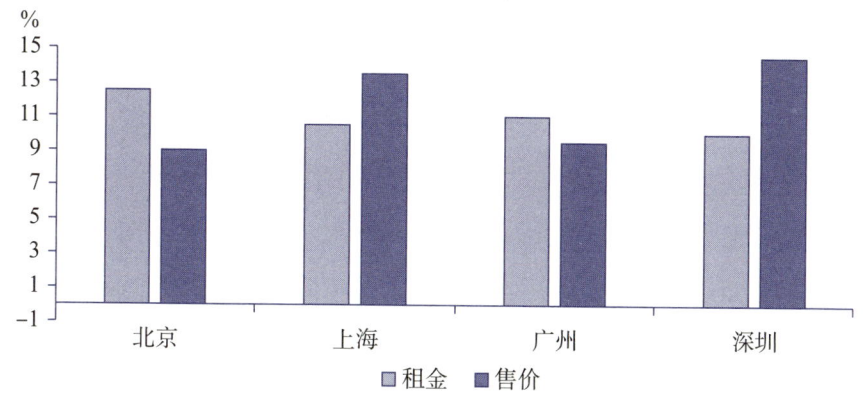

图2-33　中国绿色认证办公项目溢价

资料来源：JLL，兴业碳金融研究院

---

[1] 资料来源：中国绿色建筑是否存在租售溢价？，JLL[EB/OL]，2022/01/05[2022/12/03]，https://www.joneslanglasalle.com.cn/zh/trends-and-insights/investor/does-chinas-green-buildings-exist-in-lease-and-sale-premium

探索绿色建筑消费端的奖励机制，刺激消费者的投资意愿。在政策引导方面，浙江省规定使用住房公积金贷款购买二星级及以上绿色建筑的，贷款额度最高可上浮20%；武汉市对使用住房公积金贷款购买二星级及以上绿色建筑商品房，最高贷款额度可比基准额度上浮1.1倍；湖州市规定使用住房公积金贷款购买新建绿色建筑住房的，以家庭为单位贷款额度可上浮，其中一星级最高上浮5%，二星级和三星级最高上浮10%。在金融机构支持绿色建筑方面，金融机构可以在消费端通过优惠个人绿色建筑按揭贷款的首付比例、利率水平等方面提升消费意愿。另外，还可以考虑将绿色减排等指标纳入消费者的个人信用考察体系中，建立绿色信用评价体系，或者是通过契税优惠、适当放开购房限制等措施进一步刺激消费需求。

2.发展装配式、超低能耗建筑将形成区域性产业集群

装配式建筑是降低建造过程碳排放的重要方式，其使用的大量构件和配件（如楼板、墙板、楼梯、阳台等）在工厂中加工制作进行预制而代替传统的现场作业，由于成本受到规模化和运输距离的影响，使得装配式建筑产业具有区域集群效应。超低能耗建筑由于对建筑围护结构（如外墙、楼板、隔墙、窗等）要求远高于普通节能建筑，二者产业结构存在大量交集。目前国家政策正在引导打造区域性装配式及超低能耗建筑产业集群，行业内也在大力探索"装配式+超低能耗"的技术路径。

2.1 装配式及超低能耗建筑发展现状

自国务院在2016年9月下发了《国务院办公厅关于大力发展装配式建筑的指导意见》以来，全国新开工装配式建筑面积逐年上升。2020年，全国新开工装配式建筑共计6.3亿平方米，占新建建筑面积的比例约为20.5%，顺利完成了《"十三五"装配式建筑行动方案》中"到2020年达到15%以上"的工作目标。2021年，全国新开工装配式建筑面积达7.4亿平方米，占新建建

筑面积的比例为24.5%。2022年上半年，全国新开工装配式建筑占新建建筑面积的比例超过25%，装配式建筑建设面积累计达到24亿平方米[①]。

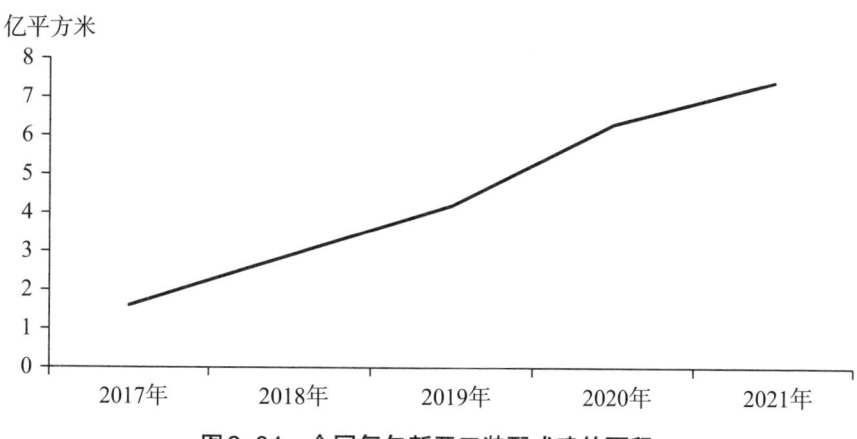

图2-34　全国每年新开工装配式建筑面积

资料来源：住建部，兴业碳金融研究院

我国发展超低能耗建筑较晚，住建部于2019年1月发布了《近零能耗建筑技术标准》（GB/T51350-2019），其中定义了超低能耗建筑、近零能耗建筑以及零能耗建筑。近零能耗建筑通过提升围护结构性能、能源设备系统效率以及可再生能源利用率达到能效提升60%到75%，超低能耗建筑是近零能耗建筑的初级表现形式，而零能耗建筑是近零能耗建筑的高级表现形式。"十三五"时期，我国累计建设完成超低、近零能耗建筑面积近1000万平方米，主要分布在北京、河北、山东等地区，其中河北省到2022年5月已经累计建设超低能耗建筑666.5万平方米，超过全国总量一半。

2.2　装配式及超低能耗建筑区域发展策略

2016年9月30日，国务院下发的《国务院办公厅关于大力发展装配式建筑的指导意见》（国办发〔2016〕71号）中明确，坚持市场主导、政府推动

---

① 资料来源：一文深度分析2022年中国装配式建筑行业现状，智研咨询［EB/OL］，2022/12/02［2023/03/24］，https://baijiahao.baidu.com/s?id=1751078439549493230&wfr=spider&for=pc

的基本原则，积极制定政策措施，逐步健全技术标准体系，有效推动装配式建筑快速发展，以京津冀、长三角、珠三角三大城市群为重点推进地区，常住人口超过300万的其他城市为积极推进地区，其余城市为鼓励推进地区，因地制宜发展装配式混凝土结构、钢结构和现代木结构等装配式建筑。2020年，京津冀、长三角、珠三角等重点推进地区新开工装配式建筑占全国的比例为54.6%，其中上海市新开工装配式建筑占新建建筑的比例为91.7%，北京市达到40.2%，天津市、江苏省、浙江省、湖南省和海南省均超过30%。根据住建部发布的《"十四五"建筑节能与绿色建筑发展规划》和《城乡建设领域碳达峰实施方案》，到2025年，城镇新建建筑中装配式达到30%，到2030年的比例将达到40%。对装配式建筑的各类预制构件产业链市场规模进行保守估算，到2025年可达到1万亿元，到2030年有望超过3万亿元。

超低能耗建筑推广工程是住建部在"十四五"期间规划的新建建筑节能标准提升重点工程，将在京津冀及周边地区、长三角等有条件地区全面推广超低能耗建筑，鼓励政府投资公益性建筑、大型公共建筑、重点功能区内新建建筑执行超低能耗建筑、近零能耗建筑标准，推动零碳社区建设试点。住建部规划到2025年，建设超低能耗、近零能耗建筑示范项目0.5亿平方米以上，目前重点区域及其他有条件地区已经根据要求量化目标。

表2-18 各地超低能耗建筑规划指标目标

区域	省市	"十四五"期间超低能耗建筑、近零能耗建筑等规划内容
京津冀地区	北京	到2025年，力争累计推广超低能耗建筑规模达到500万平方米
	天津	新建项目总建筑面积在20万平方米（含）以上的，需明确建设一栋以上超低能耗建筑，开工建设超低能耗建筑面积不低于总建筑面积的10%。到2030年，累计建设超低能耗建筑面积力争达到300万平方米。引导中新天津生态城等重点区域开展近零能耗建筑、零能耗建筑、零碳建筑等试点

续表

区域	省市	"十四五"期间超低能耗建筑、近零能耗建筑等规划内容
	河北省	到2021年底,被动式超低能耗建筑建设项目面积达到500万平方米以上,全产业链产值力争达到4000亿元左右。到2025年底,被动式超低能耗建筑建设项目面积达到900万平方米以上,全产业链产值力争达到1万亿元
长三角地区	上海	到2025年,落实800万平方米超低能耗建筑项目;到2030年,新建民用建筑全面执行超低能耗建筑标准
长三角地区	杭州	推进高星级绿色建筑、近零能耗(含超低能耗)建筑建设示范,开展国家绿色生态城区和省级绿色生态城区建设示范创建。到2030年,超低能耗建筑不低于120万平方米,近零能耗建筑示范不少于23个
长三角地区	江苏	在城镇新建建筑100%执行绿色建筑标准的基础上,到2025年,新建超低能耗建筑总面积达到500万平方米
其他	广东省	政府投资项目积极采用超低能耗建筑标准建设,到2025年,建设超低能耗、近零能耗建筑300万平方米
其他	济南	到规划期末,新建超低能耗建筑、近零能耗建筑等绿色低碳建筑100万平方米以上,建设一批低碳建筑、零碳建筑试点示范项目

资料来源:各省政府网站,兴业碳金融研究院整理

全国多省市地区规模化发展超低能耗建筑体系建设项目,将长期利好高效热泵(地源、水源、空气源等)、高效照明、节能门窗、高效热回收机组、建筑光伏以及太阳能光热等绿色产业发展。目前超低能耗的居住建筑成本增量在600元/平方米左右,公共建筑在1000元/平方米左右,各省市对项目补助力度不一,预期京津冀及长三角地区将进一步落实财政资金、价格、税收等方面支持政策。

2.3 发挥规模效应,打造区域产业集群

区域性规模化发展装配式及超低能耗建筑有利于降低综合成本。在制造成本上,预制构件及高性能建筑材料的成本高于传统现建筑,装配式建筑使用的预制混凝构件成本增幅约80%,商品混凝土(预拌混凝土)成本增幅约26%,综合成本增幅10%~20%。但建筑构件及材料具有明显的规模

效应，例如，行业中远大住工2020年构件销量相比较2018年增长约58万立方米，成本下降约20%。美国大量应用装配式建筑，钢混以及木质结构建筑的成本增量可控制不超过1%[①]。我国装配式建筑成本存在较大下降空间。此外，制定区域性协同标准使建设标准化同样有利于降低成本，例如，京津冀地区相关部门已经联合制定出《装配式建筑施工安全技术规范》。在运输成本上，我国主要采用散装运输形状各异的建筑材料，在装卸、运输、储存等环节成本较高，通常生产到使用的距离应控制在250到300千米以内。在京津冀、长三角、珠三角等重点城市区域内完成生产和供应有利于全方面降低综合成本。

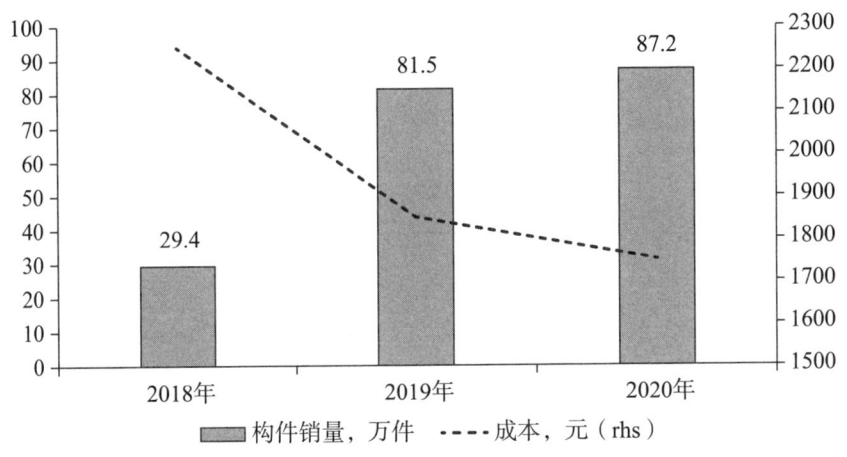

图2-35 远大住工的预制构件销量与成本

资料来源：Wind，中信证券研究部，兴业碳金融研究院

重点区域内发展装配式及超低能耗建筑有利于打造产业集群。区域省市协同打造产业集群有利于带动建筑全产业链工业化发展，可以充分体现标准化设计理念，按照通用化、模数化、标准化的要求，以少规格、多组合的原则，提高预制构件和部品部件通用性。在发展超低能耗建筑方面，

---

① 资料来源：兴业研究绿色金融报告：《建筑低碳发展中的绿色溢价》，2022年10月10日。

河北省后来居上,到2021年底,被动式超低能耗建筑全产业链产值达到4000亿元左右,到2025年底,全产业链产值预期将达到1万亿元。与此同时,从北京迁至河北的大量建材生产企业实现了良好转型。在发展装配式建筑方面,截至2020年,全国各省市共创建国家级装配式建筑产业基地328个,其中京津冀地区有54个;长三角地区有72个;珠三角地区有21个[①]。根据《城乡建设领域碳达峰实施方案》,全国将推广智能建造,到2030年培育100个智能建造产业基地并打造一批建筑产业互联网平台,预期京津冀、长三角和珠三角等地区将率先实现智能制造产业升级。

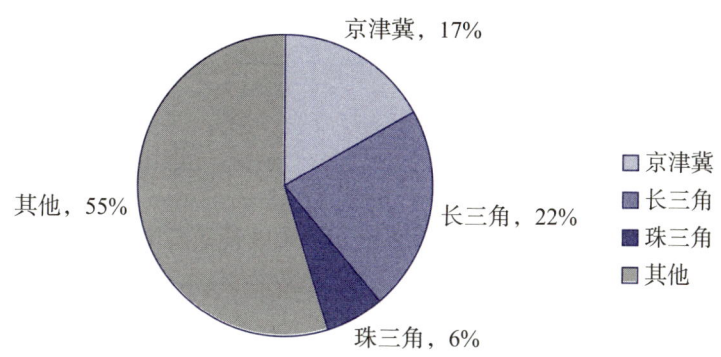

图2-36　国家级装配式建筑产业基地

资料来源:住建部,兴业碳金融研究院

探索"装配式+超低能耗"构成建筑高质量发展的双支柱。装配式建筑和超低能耗建筑在生产制造和装配建设等方面存在大量交叉,行业正在探索"装配式+超低能耗"的建设模式。通过装配式主体结构系统、围护结构系统、内装系统结合超低能耗建筑标准,既可以提升生产效率、缩短建设工期,同时在保证室内舒适度的前提下降低建筑全生命周期碳排放,实现

---

① 资料来源:装配式建筑产业痛点难点问题分析与高质量发展建议,住房和城乡建设部建筑杂志社[EB/OL],2022/07/03[2022/12/04],https://baijiahao.baidu.com/s?id=1737311323843278057&wfr=spider&for=pc

建筑全过程的高质量发展。装配式和超低能耗建筑相结合，从技术上需要突破装配式与超厚保温层的挑战、装配式窗墙间以及墙板间缝隙带来气密性的挑战、各类结构无冷桥设计的挑战（飘窗、阳台、屋顶挑板等）、装配式与各类设备安装的挑战等。目前，"装配式+超低能耗"建筑已经在京津冀地区大量办公建筑和住宅建筑中得到实践，尤其是雄安新区在建设中总结出应对各类技术挑战的实践经验后正在大力推广此类项目。

3. 调整用能结构，实现零碳转型

发展绿色建筑、装配式建筑、超低能耗建筑等均秉承建筑绿色低碳发展中节约优先的基本原则。未来零能耗建筑不等于零碳建筑，随着我国能源革命不断深入推进，全国各地在探索区域性动态电力碳排放因子，建筑作为其中的重要场景需要调整用能结构，并不断探索新形势下建筑能源的"源网荷储"关系，建筑能源转型重点将聚焦于零碳用电和零碳用热两个方面。

3.1 构建新型建筑配电系统，探索建筑零碳用电

建筑用能减少化石燃料消耗首先需要全面电气化转型。在国家2030年达峰行动方案中明确提高建筑终端电气化水平之后，住建部要求到2025年，建筑能耗中电力消费比例超过55%，到2030年超过65%，并推动开展新建公共建筑全面电气化，到2030年电气化比例达到20%。建筑供暖、生活热水、炊事等将全面转型电气化发展，未来城市新建建筑及老旧改造中，预期将会更新大量电热设备，如采暖热泵、热泵热水器、电热炊事用具等，可以有效减少化石燃料消耗。建筑电气化过程中解决零碳用能的核心是零碳用电。

大力发展建筑光伏为建筑提供绿色零碳电力。《城乡建设领域碳达峰实施方案》中明确到2025年，可再生能源替代率将达到8%，且新建公共机构建筑、新建厂房屋顶光伏覆盖率力争达到50%。我国"整县光伏"行动中也

对党政机关、公共建筑、工商业厂房以及农村屋面建设光伏进行不同比例要求。在建设规模潜力方面，建筑光伏具有"量大点散"的特点，根据清华大学的测算，全国城镇和农村建筑屋顶可布置的光伏容量接近30亿千瓦，每年发电量可达到3.5万亿度[①]。随着建筑光伏一体化技术逐渐成熟且成本逐步下降，未来发展建筑光伏对于增加电力系统中可再生能源比例将发挥更大作用。在成本经济性方面，相比于西部风光大基地需要搭配电源侧储能以及特高压输电，建筑光伏项目虽然体量较小，但发电和用电集成一体后易于就地消纳光伏电力且综合发电收益较高。

建筑将主动参与电网供需平衡调节。随着建筑电气化以及建筑光伏规模化发展，建筑在电力能源系统中从"简单用电"的单体，将转变为"发—储—用"的综合体，综合能源利用的效益将日趋显现，同时建筑用能方式面临深刻变革，也给构建零碳电网带来新的挑战。在电力需求侧，建筑除自身存在电力负荷，也是电动汽车充电的主要场景，未来通过合理调配用电负荷，实现电力少增容、不增容，同时通过柔性用电增加需求侧响应能力，将为城市电网调峰起到关键作用。在电力供给侧，建筑结合储能、电动汽车V2G[②]、空调系统调节等方式将形成城市中等效的"灵活调节电源"，最终形成区域或城市中的虚拟电厂。

结合光伏、储能、直流配电以及柔性调节的"光储直柔"式建筑将成为未来建筑零碳转型的趋势。"光储直柔"式建筑具有"高比例建筑场地内光伏、分布式储能及智能充电桩、柔性用电设备、直流配电系统、电网友好互动"等主要特征，从技术上实现建筑就地消纳可再生能源，以柔性

---

① 资料来源：我国低碳能源系统的未来和转型路径，清华大学建筑节能研究中心［EB/OL］，2022/09/12［2022/12/05］，https://new.qq.com/rain/a/20220912A06RMG00

② 注：V2G是Vehicle-to-grid，描述了电动汽车和电网及建筑之间的关系，汽车在充电时从电网或建筑取电，不需要充电时可以向电网或建筑送电。

负载方式主动响应电网调度调节，优化城镇电力需求配置及能源消费结构；从产业上进一步加强智能光伏、储能、电动汽车智能充电及直流电器设备的市场需求，同时将融合运用5G通信、大数据、工业互联网、人工智能等新一代信息技术实现多种能源互联互通；从模式上将联通电网公司、负荷聚合商、能源服务商、建筑各利益相关方及个人用户，继续完善综合能源服务多元化市场，并推动电力体制改革。

行业内正在积极实践建筑新型配电系统接入城市虚拟电厂平台。深圳未来大厦是国内首个具备"光储直柔"全要素的科技示范建筑，将低压直流配电、建筑光伏一体化和分布式储能等技术进行集成，总体能源消耗降低40%，同时可以实现建筑用电柔性调节，并与南方电网合作接入深圳市虚拟电厂管理平台，依据电网指令进行负荷精准控制。近期，华能浙江虚拟电厂1号机组已经顺利运行，该项目是浙江省首批新型电力系统试点项目，可通过智慧管控平台聚集浙江省内各类分布式电源、新型储能、充换电站、楼宇空调等多元化需求侧可调节资源，通过快速响应的协调控制技术实时参与电网调峰调频，实现"源随荷动"向"源荷互动"转变。

表2-19 "光储直柔"式建筑相关支持政策

发布时间	发布部门	文件名称	相关重点
2021/10/24	国务院	2030年前碳达峰行动方案	提高建筑终端电气化水平，建设集光伏发电、储能、直流配电、柔性用电于一体的"光储直柔"建筑
2021/12/31	工信部住建部国家能源局等	电力安全生产"十四五"行动计划	开展以智能光伏系统为核心，以储能、建筑电力需求响应等新技术为载体的区域级光伏分布式应用示范。提高建筑智能光伏应用水平。积极开展光伏发电、储能、直流配电、柔性用电于一体的"光储直柔"建筑建设示范

续表

发布时间	发布部门	文件名称	相关重点
2022/01/29	国家发展改革委 国家能源局	智能光伏产业创新发展行动计划（2021—2025年）	积极支持用户侧储能多元化发展，提高用户供电可靠性，鼓励电动汽车、不间断电源等用户侧储能参与系统调峰调频
2022/01/30	国家发展改革委	关于完善能源绿色低碳转型体制机制和政策措施的意见	拓宽电力需求响应实施范围，通过多种方式挖掘各类需求侧资源并组织其参与需求响应，支持用户侧储能、电动汽车充电设施、分布式发电等用户侧可调节资源，以及负荷聚合商、虚拟电厂运营商、综合能源服务商等参与电力市场交易和系统运行调节
2022/03/01	住建部	"十四五"住房和城乡建设科技发展规划	开展高效智能光伏建筑一体化利用、"光储直柔"新型建筑电力系统建设、建筑—城市—电网能源交互技术研究与应用
2022/03/01	住建部	"十四五"建筑节能与绿色建筑发展规划	鼓励建设以"光储直柔"为特征的新型建筑电力系统，发展柔性用电建筑
2022/07/13	住建部 国家发展改革委	城乡建设领域碳达峰实施方案	推动智能微电网、"光储直柔"、蓄冷蓄热、负荷灵活调节、虚拟电厂等技术应用，优先消纳可再生能源电力，主动参与电力需求侧响应。探索建筑用电设备智能群控技术，在满足用电需求前提下，合理调配用电负荷，实现电力少增容、不增容

资料来源：兴业碳金融研究院根据公开资料整理

3.2 发展工业余热回收，探索建筑零碳用热

建筑在转型零碳用电的过程中依然面临较大的热力缺口，探索建筑零碳用热代替化石燃料供热十分重要，其中零碳热源、电动热泵设备是关键。

各类工业余热回收是建筑的理想零碳热源。住建部发布的《城乡建设领域碳达峰实施方案》中明确推动建筑热源端低碳化，综合利用热电联产

余热、工业余热、核电余热，根据各地实际情况应用尽用。根据清华大学的预测，到2060年，我国北方城镇建筑供热量需求在40亿到50亿GJ，回收各类工业余热可产生190亿GJ热量，足够覆盖建筑及其他非流程工业的用热需求[①]。未来将工业余热回收作为零碳热源需要突破一系列技术问题：回收热源与建筑供暖时间不匹配的问题、工业热源到建筑较远需要长距离输热的问题、余热回收的热力参数与建筑供热不匹配的问题等等。国内已有项目进行零碳热源实践，山东省海阳核电站于2019年11月9日正式运行"暖核一号"示范工程，该项目利用核电站回收的余热将海水蒸馏产生高温淡水后输送至居民建筑中进行采暖和生活用水供给，实现了"水热同产"和"水热同送"，供热覆盖建筑面积超过500万平方米。

热泵将成为建筑实现零碳用热的关键技术设备。在我国能源转型绿色低碳的过程中，化石燃料将逐步被电力取代，而热泵可以通过电力做功，将低位热源的热能转移到高位热源，高效实现"由电变热"。实现零碳供热将全面发展热泵技术，具体形式除空气源、水源、地源以外，还需要进一步发展吸收式热泵技术实现对工业余热回收产生的热水在远距离传输后再加热以满足建筑供暖需求。

---

① 资料来源：采集工业排放的余热为建筑和非流程工业提供热源，清华大学建筑节能研究中心，[EB/OL]，2022/08/04［2022/12/05］，https://mp.weixin.qq.com/s?__biz=MzAwMzMyN DQ2OQ==&mid=2650124746&idx=3&sn=0e26a0f6ddb9f69f6d67c87fb0969fb4&chksm=833df e90b44a778684add322ac2537ab49bc21c67220b143b1fe34e43019d52a823d8623bf19&scene=27

第三章

金融市场篇

一、绿色信贷市场

1. 国际市场

中国大陆采纳赤道原则的银行机构扩容至9家。截至2022年末,全球共有来自38个国家的138家金融机构宣布采用赤道原则。自赤道原则2003年诞生至2019年这十几年间,我国大陆采纳赤道原则的银行机构只有3家,而2020年以来仅三年多的时间,就新增了6家,中国大陆的赤道银行已扩容为9家,分别为兴业银行、江苏银行、湖州银行、重庆农商行、绵阳市商业银行、贵州银行、重庆银行、福建海峡银行和威海市商业银行。

签署联合国负责任银行原则的银行机构快速增加。截至2022年末,签署联合国负责任银行原则的银行已达到324家,占全球银行业资产的50%。2020年以来,我国大陆签署负责任银行原则的银行机构新增了19家,加上首批签署的3家,目前我国签署负责任银行原则的银行机构达到22家。

全球加入联合国净零银行联盟的银行机构已达到127家,我国目前还尚未有银行加入。2021年4月,由联合国发起的气候行动和金融特使马克·卡尼与联合国的"净零竞赛"(Race to Zero)和COP26主席国联合发起成立格拉斯哥净零金融联盟,该联盟目前汇集了净零资产管理者倡议、净零银行业联盟、净零资产所有者联盟、净零保险联盟、净零金融服务提供商联盟、净零投资顾问倡议、巴黎一致投资倡议等。这些联盟内签署的机构主要承诺:与《巴黎协定》设定的目标原则保持一致,包括将全球变暖限制在1.5摄氏度以内;并使用基于科学的指导方针,承诺到21世纪中叶实现投资、贷款、承保和金融服务活动等净零碳排放,并设定中期目标(如2030年的中期目标),以及每年报告进展。截至2022年末,来自41个国家的127家银行加入了净零银行联盟,这些银行总资产达到74万亿元,占全球银行业的41%[①]。但目前我国尚未有银行加入。该联盟将重点支持成员机构履行承诺,并共同探讨碳核算、抵消和目标设定等。加入机构主要承诺:2050前实现运营、贷款和投资组合的温室气体净零排放。

表3-1 三大国际组织成员情况

国际组织	全球机构成员数量	中国大陆成员机构
赤道原则	137家	9家: 兴业银行、江苏银行、湖州银行、重庆农商行、绵阳市商业银行、贵州银行、重庆银行、福建海峡银行和威海市商业银行
负责任银行原则	324家	22家: 中国工商银行、兴业银行、华夏银行、九江银行、中国农业银行、安吉农商行、南京银行、四川天府银行、江苏银行、青岛农商银行、中国邮储银行、重庆三峡银行、紫金农商银行、恒丰银行、中国银行、吉林银行、中国民生银行、苏州银行、广东佛冈农商银行、北京银行、微众银行、上海农商银行
净零银行联盟	127家	中国尚未有银行加入

注:截至2022年末。
资料来源:兴业碳金融研究院整理

---

① 资料来源:Net-Zero Banking Alliance, UNEP FI [EB/OL],[2023/04/07],https://www.unepfi.org/net-zero-banking/

2. 中国市场

2.1 监管政策发展与解读

2.1.1 银行保险业金融机构绿色金融发展指引升级

早在2012年，原银监会曾发布《绿色信贷指引》(银监发〔2012〕4号)，对银行业金融机构开展绿色信贷业务提出了要求。此后，原银监会又出台了《绿色信贷统计制度》《绿色信贷实施情况关键评价指标》等统计与评价制度，对中国银行业金融机构开展绿色信贷进行了有效的规范、促进和激励。

2022年6月2日，原银保监会发布《银行业保险业绿色金融指引》（以下简称《指引》），引导银行保险机构加大对绿色、低碳、循环经济的支持，防范环境社会和治理风险，提升自身环境、社会和治理表现，从组织管理、政策制度、流程管理、内控管理、监督管理等方面明确绿色金融政策要求，是指导我国银行保险业金融机构未来发展绿色金融的纲领性文件。该《指引》对原《绿色信贷指引》进行了全面升级，并呈现出五大亮点：

第一，《指引》全方位推动银行保险机构发展绿色金融，与原《绿色信贷指引》一脉相承，从三个方面加强对银行保险业金融机构绿色金融的指导：一是业务，即发展绿色金融业务，加大对绿色、低碳、循环经济的支持；二是风险，加强ESG风险管理，防范环境、社会和治理风险；三是自身表现，即提升机构自身的环境、社会和治理表现。

第二，《指引》拓宽了覆盖面，提升绿色金融政策有效性。《指引》的一大亮点是相比《绿色信贷指引》拓宽了覆盖面，具体来说包括四个方面：一是适用对象覆盖面从银行拓展到各类银行保险机构；二是业务活动覆盖面从信贷活动拓宽到各类绿色金融业务；三是覆盖风险类别在环境、社会风险基础上进一步拓展纳入治理风险；四是风险的关注点也进一步拓展。

表3-2 《指引》与2012年《绿色信贷指引》覆盖面对比

对比维度	2012年《绿色信贷指引》	《指引》
适用范围	银行业机构,包括在中华人民共和国境内依法设立的政策性银行、商业银行、农村合作银行、农村信用社。	银行保险机构包括在中华人民共和国境内依法设立的开发银行、政策性银行、商业银行、农村合作银行、农村信用社、保险集团(控股)公司、保险公司、再保险公司、保险资产管理公司。其他银行业金融机构和保险机构绿色金融管理参照本指引执行。
业务活动类型	信贷业务	绿色金融业务
风险类别	环境、社会风险	环境、社会、治理风险
风险的关注点	银行业金融机构的客户及其重要关联方在建设、生产、经营活动中可能给环境和社会带来的危害及相关风险,包括与耗能、污染、土地、健康、安全、移民安置、生态保护、气候变化等有关的环境与社会问题。	重点关注客户(融资方)及其主要承包商、供应商因公司治理缺陷和管理不到位而在建设、生产、经营活动中可能给环境、社会带来的危害及引发的风险,将环境、社会、治理要求纳入管理流程和全面风险管理体系,强化信息披露和与利益相关者的交流互动,完善相关政策制度和流程管理。

资料来源:原银保监会,兴业碳金融研究院

第三,《指引》从原来主要关注环境(E)与社会(S),更加强调环境(E)、社会(S)与治理(G)。与2012年《绿色信贷指引》仅关注环境(E)与社会(S)相比,《指引》的另一大亮点是更加强调环境(E)、社会(S)与治理(G)。《指引》明确提出银行和保险业机构要从风险防范和提升表现方面来践行ESG的理念,一方面银行保险机构要将ESG要求纳入业务管理流程和风险管理体系,持续完善相关政策制度和流程管理;另一方面,银行和保险业机构在支持实体经济绿色发展的同时,也应重视自身的ESG表现,实现绿色低碳转型发展。为此,《指引》也要求银行和保险业机构不断强化环境、社会、治理管理能力。

第四,《指引》突出了服务我国实现碳达峰、碳中和工作的目标。《指引》

在我国碳达峰、碳中和目标大的背景下推出，因此在2012年《绿色信贷指引》的基础上，突出了服务我国实现碳达峰、碳中和工作。《指引》明确提出银行保险机构应当"有序推进碳达峰、碳中和工作"，坚持稳中求进，调整完善信贷政策和投资政策……先立后破、通盘谋划，有保有压、分类施策，防止"一刀切"和运动式减碳。明确提出"在保障能源安全、产业链供应链安全的同时，渐进有序降低资产组合的碳强度，最终实现资产组合的碳中和"。

第五，《指引》进一步强化了信息披露和利益相关者的交流互动。一是公开绿色金融战略和政策，充分披露绿色金融发展情况；二是借鉴国际惯例、准则或良好实践，提升信息披露水平；三是应当建立申诉回应机制；四是建议聘请第三方进行独立鉴证、评估或审计。

2.1.2 绿色金融业绩评价方案升级

2021年6月10日，中国人民银行发布了《银行业金融机构绿色金融评价方案》（以下简称《方案》），在2018年发布的《银行业存款类金融机构绿色信贷业绩评价方案（试行）》（以下简称《试行方案》）的基础上进行了修订，统筹考虑金融机构的各类绿色金融业务，自2021年7月1日起施行。《方案》明确了对银行业金融机构进行绿色金融评价的实施原则、业务覆盖范围、实施责任主体及被考核对象、评价周期、评估指标与方法、评估结果和运用等内容，并对前期考核过程中遇到的极端情况和因政策调整导致的过渡期进行了特别安排。

表3-3 《银行业金融机构绿色金融评价方案》主要内容

\multicolumn{2}{c}{《银行业金融机构绿色金融评价方案》主要内容}	
业务覆盖范围	银行业金融机构（法人，下同）开展的各项符合绿色金融标准及相关规定的业务，包括但不限于绿色贷款、绿色证券、绿色股权投资、绿色租赁、绿色信托、绿色理财等。 当前纳入评价范围的绿色金融业务仅包括境内绿色贷款和境内绿色债券

续表

《银行业金融机构绿色金融评价方案》主要内容	
实施责任主体及被考核对象	中国人民银行负责24家主要银行业存款类金融机构绿色金融业绩评价工作,中国人民银行上海总部、各分行、营业管理部、省会(首府)城市中心支行负责辖区内银行业金融机构法人的绿色金融评价工作
评价周期	自2021年7月起实施,每季度开展一次
评估指标与方法	定量指标(80%):包括绿色金融业务总额占比、绿色金融业务总额份额占比、绿色金融业务总额同比增速、绿色金融业务风险总额占比四个指标 定性指标(20%):监管机构进行外部评价,包括参评机构执行国家及地方绿色金融政策情况(30分)、机构绿色金融制度制定及实施情况(40分)、金融支持绿色产业发展情况(30分)三大项
评估结果和运用	绿色金融评价结果纳入央行金融机构评级等中国人民银行政策和审慎管理工具。鼓励中国人民银行分支机构、监管机构、各类市场参与者积极探索和依法依规拓展绿色金融评价结果的应用场景。鼓励银行业金融机构主动披露绿色金融评价结果

资料来源:兴业碳金融研究院

与原《试行方案》相比,本次《方案》主要在以下三个方面进行了修订。

一是扩展了考核业务覆盖范围。原《试行方案》评价范围仅包括银行业存款类金融机构的绿色信贷业务,本次修订的《方案》则在此基础上进一步丰富了绿色金融业务的覆盖范围,统筹考虑绿色贷款和绿色债券业务的开展情况,并为进一步考核绿色股权投资、绿色租赁、绿色信托、绿色理财等新业态预留了空间。

二是基于扩充的考核范围修订了相应的评估指标。在定量指标方面,《方案》包括绿色金融业务总额占比、绿色金融业务总额份额占比、绿色金融业务总额同比增速、绿色金融业务风险总额占比四个指标,绿色金融业务总额为各项绿色金融业务余额的加权总和,当前为境内绿色贷款余额与境内绿色债券持有量之和。在定量指标评分方法方面,每项指标均包括纵向(权重10%)和横向(权重15%)两个评分基准,纵向评分基准为被评价机构最近三期该指标的平均值,横向评分基准为当期末全部参评机构该指标的平均值。定性指标方面，由监管机构进行外部评价，考核内容包括参评机构执行国家及地方绿色金融政策情况（30分）、机构绿色金融制度制定及实施情况（40分）、金融支持绿色产业发展情况（30分）三大项。定量指标和定性指标权重分别为80%和20%。

三是拓展了评价结果的应用场景，加强了相应的激励约束机制。《方案》在评估结果运用方面，由《试行方案》中的"纳入MPA考核"拓展为"绿色金融业绩评价结果纳入央行金融机构评级等中国人民银行政策和审慎管理工具"。根据《中国金融稳定报告》，中国人民银行及其分支机构运用央行金融机构评级结果对金融机构进行差别化管理，该评级结果是MPA的主要依据，对于MPA不达标的机构，可通过运用货币政策工具、动态差别准备金、窗口指导和逆周期资本要求等方式，督促金融机构稳健经营；更为重要的是，该评级结果还是核定存款保险风险差别费率的重要依据，评级结果较差的机构应适用较高费率，并可对其采取补充资本、控制资产增长、控制重大交易授信、降低杠杆率等早期纠正措施；此外，根据金融机构评级结果，人民银行及其分支机构还可依法直接采取加强监测、风险警示、早期纠正和风险处置等措施。对于评级结果为8级（含）以上的金融机构，在金融政策支持、业务准入、再贷款授信等方面采取更为严格的约束措施。因此，将银行绿色金融业绩评价结果由"纳入MPA考核"拓展为"纳入央行金融机构评级"，是对评价结果应用场景的重要扩展，进一步加强了对银行开展绿色金融业务的激励约束机制。此外，《方案》还提出"鼓励中国人民银行分支机构、监管机构、各类市场参与者积极探索和依法依规拓展绿色金融评价结果的应用场景"。

2.1.3 货币政策工具出台：碳减排支持工具

2021年政府工作报告明确提出："实施金融支持绿色低碳发展专项政

策,设立碳减排支持工具。"2021年11月,人民银行正式推出碳减排支持工具,这一结构性货币政策工具重点支持三大领域发展:清洁能源、节能环保、碳减排技术。该支持工具主要支持具有明显碳减排效果的项目。

在发放对象方面,碳减排支持工具发放对象暂定为全国性金融机构,2022年9月纳入了德意志银行(中国)、法国兴业银行(中国)两家外资金融机构。2023年3月,中国人民银行行长易纲在博鳌论坛2023年年会"碳中和:困局与破局"的讨论环节表示,碳减排支持工具已逐步扩围,在最初的21家全国性金融机构的基础上,纳入了7家外资银行和几十家地方商业银行。

在发放机制方面,人民银行通过"先贷后借"的直达机制提供资金支持。金融机构向碳减排重点领域内相关企业发放碳减排贷款后,可向人行申请资金支持,人行按贷款本金的60%提供资金支持,利率为1.75%,期限1年,可展期2次。金融机构面向各类企业发放的碳减排贷款利率应与同期限档次贷款市场报价利率(LPR)大致持平。

目前该支持工具的规模并未明确,只是提出按照碳减排贷款本金60%提供资金,即设定了0.6的杠杆率,且不设上限。根据人民银行发布的2022年第四季度货币政策执行报告,截至2022年四季度,人民银行通过碳减排支持工具已累计发放资金3097亿元。同时,为了保持金融对绿色发展的支持力度,碳减排支持工具将延续实施至2024年末。

此外,该工具重视信息披露,以保证工具减排效果。为发挥碳减排支持工具的政策示范效应,明确信息披露制度安排。金融机构向人民银行申请碳减排支持工具时,需提供碳减排项目相关贷款的碳减排数据;获得央行支持后,需按季度向社会披露政策支持的碳减排领域、贷款金额、加权平均利率及碳减排数据等信息,接受社会公众监督。人民银行还将会同相关部门,通过委托第三方专业机构核查等多种方式,核实验证金融机构信息披露的真实性。

2022年，碳减排支持工具等结构性货币政策工具持续实施，并在支持范围、规模、工具类型方面均有所扩展。一是碳减排支持工具发放对象扩展，在2022年9月纳入了德意志银行（中国）、法国兴业银行（中国）两家外资金融机构；二是推出设立设备更新改造专项再贷款，其支持领域也包括了绿色相关领域。2022年9月，人民银行设立设备更新改造专项再贷款，以1.75%的利率按照金融机构发放符合要求的贷款本金100%提供资金支持，其支持领域也包括了充电桩、城市地下综合管廊、重点领域节能降碳改造升级、废旧家电回收处理体系等绿色相关领域。

2.1.4　气候投融资试点落地

2022年8月10日，生态环境部等9部门联合发布《关于公布气候投融资试点名单的通知》（环气候函〔2022〕59号）。通知中公布了气候投融资试点地区共23个，包括12个市、4个区、7个国家级新区，如北京市密云区，河北省保定市，山西省太原市，内蒙古自治区包头市，辽宁省阜新市，上海市浦东新区等地。这些试点地区覆盖了京津冀、长三角、珠三角、成渝、长江中游等城市群，类型涉及金融中心型城市、科技创新型城市、能源资源型城市、产业转移升级型城市等。依据《气候投融资试点工作方案》（环办气候〔2021〕27号），投融资试点有八大重点任务：编制试点方案，坚决遏制"两高"项目盲目发展，有序发展碳金融，强化碳核算与信息披露，强化模式和工具创新，强化政策协同，建设国家气候投融资项目库，加强人才队伍建设和国际交流合作。

气候投融资作为绿色金融的重要组成部分，气候投融资试点的设立，有助于我国积极完善应对气候变化市场政策、创新气候投融资机制、培养人才队伍等，通过试点工作开展，形成一批可复制、可推广的气候投融资发展路径。同时投融资试点可以积极引导市场资金流向，开拓气候投融资渠道、加快气候投融资规模、创新气候投融资产品，构建一个规模不断扩大、气候投融资效益显著的市场环境，形成一批可复制、可推广的业务模式。尤其是在碳金融领域，通过不断创新推出碳金融产品，为我国的"双碳"战略行动有效提供资金支持，加快减碳项目落地，促进"双碳"目标实现。此外，类型多样的投融资试点也可以为我国的不同环境不同条件下的城市低碳转型工作中提供管理制度、组织形式、业务模式、考核标准、项目参考等多个方面提供更多经验，从而更有效地实现全国范围内的低碳转型目标。

随后，生态环境部于2022年11月17日发布《试点地方气候投融资项目入库参考标准》，为气候投融资项目认定提供了依据，有助于试点地方结合实际研究制定本地入库项目标准，引导试点地方积极挖掘和培育适合项目，推动地方建立本区域气候投融资项目库和入库标准，有利于气候投融资试点工作的稳步推进。

2.2 市场规模与结构

绿色信贷规模保持高速增长。根据人民银行发布的2022年四季度金融机构贷款投向统计报告，截至2022年末，本外币绿色贷款余额22.03万亿元，同比增长38.5%，比上年末高5.5个百分点，高于各项贷款增速28.1个百分点，全年增加6.01万亿元。其中，投向具有直接和间接碳减排效益项目的贷款分别为8.62万亿元和6.08万亿元，合计占绿色贷款的66.7%。

分用途看，基础设施绿色升级产业、清洁能源产业和节能环保产业贷款余额分别为9.82万亿元、5.68万亿元和3.08万亿元，同比分别增长32.8%、34.9%和59.1%。分行业看，电力、热力、燃气及水生产和供应业绿色贷款余额5.62万亿元，同比增长27.4%，全年增加1.15万亿元；交通运输、仓储和邮政业绿色贷款余额4.58万亿元，同比增长10.8%，全年增加4546亿元。

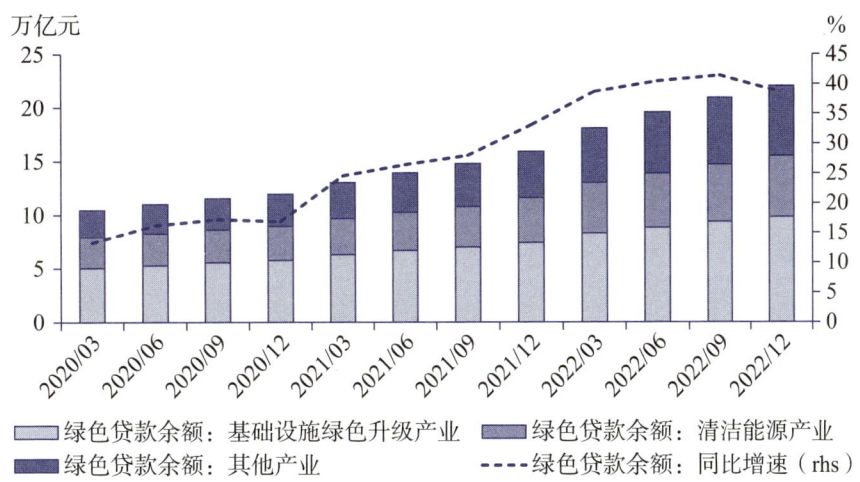

图3-1 绿色信贷余额与增速

资料来源：Wind，人民银行，兴业碳金融研究院

主要银行引领中国绿色信贷发展。根据原银保监会公布的数据[①]，截至2021年末，国内21家主要银行绿色信贷余额达15.1万亿元，占其各项贷款的10.6%，每年可支持节约标准煤超过4亿吨，减排二氧化碳当量超过7亿吨。我们根据各家银行自行披露的数据对各类银行绿色信贷余额规模进行了统计，截至2021年末，政策性银行、国有商业银行和全国性股份制银行绿色信贷余额合计占据了我国银行绿色信贷总余额的93%左右[②]。

国有大行绿色信贷余额占比高，股份行绿色信贷增速快。在各类银行中，国有商业银行绿色信贷余额占比最高，超过了我国绿色信贷总额的一

---

① 资料来源：原银保监会：截至2021年末国内21家主要银行绿色信贷余额达15.1万亿元，证券日报网［EB/OL］，2022/03/23［2022/05/23］http://www.zqrb.cn/finance/hongguanjingji/2022-03-23/A1648020988050.html

② 注：其他中小银行数据由人民银行公布的绿色信贷总余额减去各主要银行自行披露的绿色信贷余额得到，主要银行中部分银行披露的绿色信贷余额为原银保监会口径，部分为人民银行口径，本文在进行统计的过程中忽略了口径不一致的影响，特此说明。

半,达到55%,其次为政策性银行和股份制银行,占比分别为26%和12%。股份制商业银行绿色信贷余额增速较高,对比2020年末各家银行披露的绿色信贷余额,2021年末股份制商业银行绿色信贷余额同比增速达到了43%,其次为国有商业银行,同比增长了38.5%。具体来看,截至2021年末,政策性银行中,国家开发银行绿色信贷余额、绿色信贷余额占贷款总额比例均最高,并且也都居于所有银行的首位;国有商业银行中,工商银行绿色信贷余额最高,达到2.48万亿[①],占各项贷款总额比例同样也最高,达到12%;全国性股份制商业银行绿色信贷发展分化,2021年末绿色信贷余额超过2000亿元的仅有5家,其中,兴业银行绿色贷款余额及占比均最高,余额达到4539.30亿元[②],占各项贷款总额比例达到10.25%,其次为浦发银行、招商银行、华夏银行和中信银行。

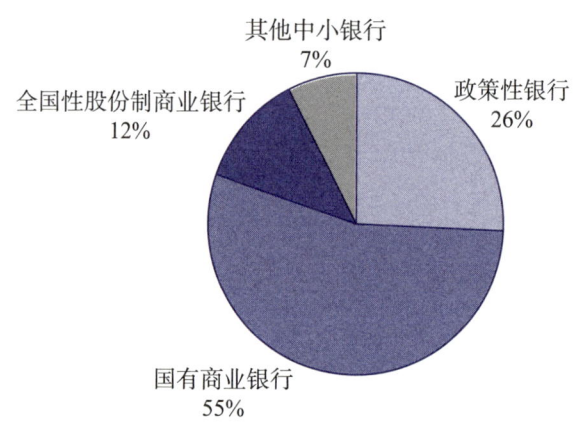

图3-2 各类银行2021年末绿色贷款余额与占比

资料来源:各家银行年报、社会责任报告等公开渠道披露数据,兴业碳金融研究院整理

---

① 注:原银保监会口径

② 注:人民银行口径

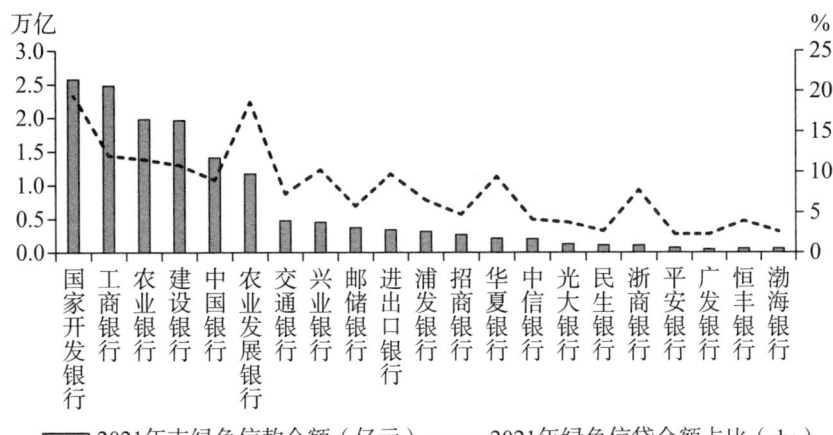

图3-3 21家主要银行绿色贷款余额与占比

资料来源：各家银行年报、社会责任报告等公开渠道披露数据，兴业碳金融研究整理

2.3 "双碳"目标引领银行绿色金融战略升级

在"双碳"目标引领下，很多中资银行出台了支持碳达峰、碳中和的目标和规划。开发性和政策性银行方面，如国家开发银行发布《实施绿色低碳金融战略支持碳达峰碳中和行动方案》，提出2030年前实现集团投融资与自身运营碳排放"双达峰"，2060年前实现集团投融资与自身运营碳排放"双中和"。国有大行方面，国有大行基本都发布了绿色金融专项规划或金融服务碳达峰碳中和行动方案，如《中国工商银行碳达峰碳中和工作方案（试行）》《中国邮政储蓄银行落实碳达峰碳中和行动方案》（2022年）等，其中邮储银行提出到2060年前，建成"碳中和"银行，实现自身运营和投融资"碳中和"。股份制银行方面，越来越多的银行围绕"双碳"目标更新或出台绿色金融战略规划。如兴业银行提出到2025年末绿色金融融资余额突破2万亿元，客户数突破5万户，争取2030年前实现自身运营碳中和。

表3-4 部分银行发布的绿色金融相关战略规划或行动方案（不完全统计）

银行类型	银行代表	绿色金融相关战略规划或行动方案
政策性银行	国家开发银行	《实施绿色低碳金融战略支持碳达峰碳中和行动方案》（2021年12月）
	农业发展银行	《中国农业发展银行金融服务碳达峰碳中和目标行动方案》（2022年4月）
国有商业银行	中国银行	《中国银行"十四五"绿色金融规划》《中国银行服务"碳达峰、碳中和"目标的行动计划》
	农业银行	《中国农业银行绿色金融发展规划（2021—2025年）》（2022年）
	工商银行	《中国工商银行碳达峰碳中和工作方案（试行）》
	建设银行	《完整准确全面贯彻新发展理念服务碳达峰碳中和行动方案》《绿色金融发展战略规划（2022—2025年）》
	交通银行	《交通银行服务碳达峰碳中和目标行动方案》（2022年3月）
	邮储银行	《中国邮政储蓄银行落实碳达峰碳中和行动方案》（2022年）
股份制商业银行	兴业银行	《兴业银行绿色银行建设行动计划（2021—2022年）》（2021年）
	浦发银行	发布"浦发绿创"品牌，并将《绿色金融综合服务方案》迭代至3.0版
	招商银行	《招商银行"双碳"工作机制及行动方案》
	中信银行	《中信银行绿色银行建设工作方案》《中信银行推动绿色低碳循环发展指导意见》《碳达峰碳中和行动白皮书》
	民生银行	《中国民生银行绿色金融发展五年规划（2021—2025年）》
	广发银行	《广发银行金融支持"碳达峰碳中和"金融工作方案》
	浙商银行	《支持碳达峰碳中和行动方案（2021—2025年）》（2021年）
	恒丰银行	《恒丰银行绿色金融发展实施意见（2021—2025年）》（2022年）

续表

银行类型	银行代表	绿色金融相关战略规划或行动方案
城市商业银行	江苏银行	2021年4月发布银行业首个"碳中和"行动方案
农商行	安吉农商银行	2021年5月发布全国首个地方法人银行碳中和银行建设路线图

资料来源：兴业研究根据公开资料整理

表3-5 部分银行公布的绿色金融业务和碳中和相关目标（不完全统计）

银行类型	银行代表	绿色金融相关战略目标
政策性银行	国家开发银行	绿色金融业务目标： • 到2025年，绿色贷款占信贷资产比重较2020年底提高5个百分点以上； • 到2030年绿色贷款占信贷资产比重达到30%左右； 碳中和（减排）目标： • 2030年前实现集团投融资与自身运营碳排放"双达峰"； • 2060年前实现集团投融资与自身运营碳排放"双中和"。
政策性银行	农业发展银行	"十四五"期间绿色金融业务目标： • 实现绿色信贷余额较2020年翻一番； • 全行绿色信贷占信贷资产20%以上； • 向清洁能源产业和林业相关产业投放贷款不低于1000亿元； 碳中和（减排）目标： • 全行用能效率持续提升，碳排放量化可控，单位建筑面积能耗和碳排放量在2021年基础上稳中有降。
国有商业银行	中国银行	2021—2025年期间绿色金融业务目标： • 对绿色产业提供不少于1万亿元的资金支持，实现绿色信贷余额逐年上升； • 中国内地个人绿色消费信贷余额年均增速不低于30%，力争达到60%； • 加强棕色行业信贷管控。

续表

银行类型	银行代表	绿色金融相关战略目标
	建设银行	2022—2026年碳中和（减排）目标： • 开展全行范围内的能源审计工作；依据能源审计结果，逐步开展节能改造项目； • 全行能耗强度和碳排放强度呈下降趋势。
	邮储银行	绿色金融业务目标： • 到2025年前，努力建设国内一流的绿色普惠银行、气候友好型银行和生态友好型银行； • 到2030年前，建成国内一流的绿色普惠银行、气候友好型银行和生态友好型银行； • 到2060年前，建成国际一流的绿色普惠银行、气候友好型银行和生态友好型银行。 碳中和（减排）目标： • 到2030年前，建成"碳达峰"银行，实现自身运营与投融资"碳达峰"； • 到2060年前，建成"碳中和"银行，实现自身运营和投融资"碳中和"。
股份制商业银行	兴业银行	绿色金融业务目标： • 到2025年末，绿色金融业务的余额、服务的客户数在2020年末的基础上翻一番，具体为2025年末绿色金融融资余额突破2万亿元，客户数突破5万户①。 碳中和（减排）目标： • 争取2030年前实现自身运营碳中和②。

---

① 资料来源：兴业银行绿色金融新规划："十四五"期间绿色金融业务翻一番，新华融媒[EB/OL]，2021/06/22 [2022/05/30]，https://baijiahao.baidu.com/s?id=1703255777788957194&wfr=spider&for=pc

② 资料来源：兴业银行行长陶以平：争取2030年前实现自身运营碳中和，21世纪经济报道[EB/OL]，2021/07/05 [2022/05/30] https://baijiahao.baidu.com/s?id=17044109640797180 22&wfr=spider&for=pc

续表

银行类型	银行代表	绿色金融相关战略目标
	中信银行	绿色金融业务目标： • 持续提升绿色金融业务规模与占比。 碳中和（减排）目标： • 到2025年单位产值排放强度比2020年下降18%； • 到2030年，集团碳排放整体达到峰值并实现稳中有降，有条件的子公司力争碳排放率先达峰； • 到2060年，能源利用效率达到世界一流企业先进水平。
	华夏银行	碳中和（减排）目标： • 2025年前实现自身运营碳中和。
	平安银行	绿色金融业务目标： • 到2025年，力争实现绿色投资与绿色信贷规模4000亿元；绿色保险保费总额2500亿元。 碳中和（减排）目标： • 到2030年实现运营碳中和。
	浙商银行	绿色金融业务目标： • 2021—2025年绿色贷款增速和碳中和类贷款增速均不低于全行各项贷款平均增速。
	恒丰银行	绿色金融业务目标： • 至2025年，恒丰银行计划投放绿色金融专项支持额度不低于3000亿元，其中，气候融资专项支持额度不低于2000亿元，稳步提升绿色金融占全行资产规模比重。
城市商业银行	江苏银行	绿色金融业务目标： • 在"十四五"期间，气候融资专项支持额度不低于2000亿元，清洁能源产业支持额度不低于500亿元。
农商行	安吉农商银行	碳中和（减排）目标： • 2025年底前实现自身运营的"碳达峰"； • 2030年底前实现自身运营碳中和，停止对传统汽车消费提供金融支持，高碳行业风险敞口为0； • 2055年底前实现自身运营及投融资业务完全"碳中和"。

资料来源：兴业碳金融研究院根据公开资料整理

2.4 银行机构的产品创新与实践

2.4.1 与"碳"挂钩的创新信贷产品快速涌现

2021年,我国已实现可持续发展挂钩贷款的落地,可持续发展挂钩贷款利率与预设的可持续发展绩效目标相挂钩,而随着人民银行碳减排支持工具的推出,与"碳"挂钩的创新信贷产品快速涌现,这些信贷产品主要将贷款利率与企业或项目的碳减排表现情况相挂钩,本质上也属于可持续发展挂钩贷款。

一是碳中和挂钩贷款,贷款利率与融资项目的碳中和相关目标完成情况挂钩。如2021年7月,浦发银行为滁州隆乐新能源有限公司发放全国首笔碳中和挂钩贷款,贷款利率与项目对碳达峰、碳中和目标的贡献程度挂钩,根据企业光伏发电项目供电量、碳减排量,设置分档利率,融资成本随着发电量、碳减排量的上升而下降[①]。2022年4月,兴业银行杭州分行成功落地浙江省首笔碳中和挂钩贷款,用于"台州某新能源开发有限公司5.99MWp分布式光伏发电项目"建设,该产品从发电端设置了碳中和挂钩指标,将项目贷款利率与项目的碳减排量(发电量)挂钩,激励借款人采用光电转化效率更高的组件、加强运行维护等手段提高项目碳减排量(发电量),从而产生更多的温室气体减排量[②]。

二是碳减排、碳表现挂钩贷款,贷款利率与企业或项目碳减排量挂钩。碳减排挂钩贷款方面,兴业银行在广州、安徽、福建等地均实现了碳减排挂钩贷款的落地,如2022年5月,兴业银行滁州分行落地了安徽省首笔"碳减排双挂钩"贷款,通过将贷款利率与发电端、用电端的碳减排情况相挂

---

① 资料来源:浦发银行落地全国首笔碳中和挂钩贷款,中国银行保险报 [EB/OL],2021/07/23 [2022/05/29] http://m.tanpaifang.com/article/78829.html

② 资料来源:兴业银行杭州分行成功落地浙江省首笔碳中和挂钩贷款,钱江晚报 [EB/OL],2022/04/12 [2022/05/29] https://baijiahao.baidu.com/s?id=1729864287562565211&wfr=spider&for=pc

钩，并嵌入浮动利率激励机制，推动融资成本随碳减排量的上升而下降，实现"双挂钩、双减排"[①]。碳表现挂钩贷款方面，2021年8月，南京银行成功投放全国首款贷款利率与控排企业碳表现挂钩的贷款产品——"鑫减碳"，为华能南京热电有限公司发放3000万元贷款。"鑫减碳"是南京银行面向在全国碳市场持有碳配额的控排企业发放的贷款，贷款利率与其生产经营过程中的碳表现相挂钩，并随着企业碳表现的提升而降低。[②]

三是碳足迹挂钩贷款、碳足迹披露支持贷款，贷款利率与企业或项目的碳足迹挂钩。碳足迹挂钩贷款方面，兴业银行在四川、新疆等地均实现了碳足迹挂钩贷款的落地，如2021年10月，兴业银行成功向四川环龙新材料有限公司发放一笔2500万元的"碳足迹"挂钩贷款，贷款利率与企业生产过程中的"碳足迹"进行挂钩，贷款利率随"碳足迹"减少而降低。对于企业而言，通过加强生产过程的"碳管理"，可以享受更低的贷款利率，减少融资成本；同时，企业还可以将节约的碳配额用于碳市场的交易，产生碳资产额外收入[③]。碳足迹披露支持贷款方面，2022年3月，建设银行赣江新区分行向江西佳因光电材料有限公司发放了1500万元"碳足迹"披露支持贷款，该产品将企业生产过程中的"碳足迹"与银行贷款利率挂钩，企业通过加强生产过程中的"碳管理"，至少可享受10个基点的贷款利率优惠，从而降低融资成本。本次发放的贷款挂钩的关键指标为该公司"生产1公斤

---

① 资料来源：滁州首笔"碳减排双挂钩贷款"落地，安徽日报［EB/OL］，2022/05/24［2022/05/29］https://www.ah.gov.cn/zwyw/ztzl/zysthjbhdchtk/dfxd/554130341.html

② 资料来源：创新碳减排金融产品江苏落地全国首单碳表现挂钩贷款，中国人民银行南京分行［EB/OL］，2021/08/13［2022/05/29］http://nanjing.pbc.gov.cn/nanjing/117525/4316552/index.html

③ 资料来源：减碳也能折现，兴业银行成都分行首笔"碳足迹"挂钩贷款成功落地，封面新闻［EB/OL］，2021/10/25［2022/05/29］https://baijiahao.baidu.com/s?id=1714571431304345638&wfr=spider&for=pc

三甲基镓产品的碳足迹核证值"①。

2.4.2 碳金融产品与服务向碳普惠延伸

随着全国碳市场的启动，银行碳金融业务发展明显提速，但过去各家银行的碳金融服务仍然主要集中在为碳市场参与企业提供碳配额抵质押贷款等方面，鲜少涉及面对个人及小微企业的碳普惠金融服务。近期，各地方碳市场积极探索碳普惠制度，多家银行碳金融服务向碳普惠延伸的势头也明显加快。

一方面，地方碳市场开始积极探索碳普惠制度。2022年2月，上海市就《上海市碳普惠体系建设工作方案》公开征求意见，主要目标为"2022—2023年，形成碳普惠体系顶层设计，构建相关制度标准和方法学体系……搭建碳普惠平台，探索建立区域性个人碳账户，打造上海碳普惠'样板间'。2024—2025年……逐步形成规则明确、场景丰富、发展可持续的碳普惠生态圈"。2022年4月6日，广东省重新编制发布《广东省碳普惠交易管理办法》，以充分调动全社会节能降碳的积极性，深化完善广东省碳普惠自愿减排机制，推动碳达峰碳中和战略目标实现。《办法》提出，"鼓励将具有广泛公众基础和数据支撑、充分体现生态公益价值的低碳领域行为开发形成碳普惠方法学"，"碳普惠核证减排量可作为补充抵消机制进入广东省碳排放权交易市场"。2022年1月25日，北京市召开交通工作会提出升级绿色出行碳普惠激励，探索研究个人碳账户。

另一方面，银行碳普惠金融创新加速。一是多家银行探索建立个人碳账户体系。2022年4月，中信银行正式上线了国内首个银行个人碳账户，作为计量个人碳减排的"绿色账户"，中信碳账户将实现个人碳减排数据的资产化、价值化，通过构建低碳生态联盟，让碳资产得到归集②。2021年11月，

---

① 资料来源：首笔"碳足迹"披露支持贷款落地赣江新区，江西日报［EB/OL］，2022/04/07［2022/05/30］，http://www.gjxq.gov.cn/art/2022/4/7/art_38869_3911498.html

② 资料来源：首个银行个人碳账户面世，和讯网［EB/OL］，2022/04/22［2022/05/16］https://baijiahao.baidu.com/s?id=1730805048310476974&wfr=spider&for=pc

浦发银行宣布全面升级绿色金融服务体系，推出适用于企业和个人的碳账户体系。碳账户主要以碳积分的形式，对企业及个人客户的减碳行动进行倡导和鼓励。2022年3月初，建设银行向北京金融科技创新监管工具实施工作组申报了"基于'碳账本'的个人金融服务"。"基于'碳账本'的个人金融服务"主要服务对象为建设银行个人客户[①]。

二是部分银行推出碳普惠金融创新产品。2022年4月，民生银行发布"民生碳e贷"产品。该产品是基于国网英大国际控股集团有限公司（简称"英大集团"）碳账户、面向中小微企业的创新产品，旨在解决中小微企业在低碳转型中存在的难计量、难评价、无收益、无激励等痛点，为广大中小微企业提供低碳转型的普惠金融支持，助力更多中小微企业加快绿色转型发展。目前，"民生碳e贷"产品体系包含"低碳普惠""降碳融链""减碳通关""节碳科创"四大服务场景，依据碳评价数据，给予减碳效应优惠权益包，加强对普惠金融的支持；依托能源大数据提供绿色增信，赋能供应商降碳提效，打造能源绿色供应链；依据降碳表现，助力跨境中小微企业向减排要效益，提升减碳收益，对冲进口国"碳关税"成本；针对"专精特新"企业，依据其"碳账户"评价结果，打造全产品链、全周期、全场景优惠产品，支持节碳增值，绿色成长[②]。

2.4.3 银行蓝色金融服务与产品创新开始起步

一方面，部分银行开始在战略层面部署蓝色金融发展。兴业银行2020年11月正式签署联合国《可持续蓝色经济金融倡议》（SBEFI），是该《倡

---

① 资料来源：银行业碳金融按下加速键国内首例"个人碳账户"启动内测，证券日报［EB/OL］，2022/03/13［2022/04/18］https://baijiahao.baidu.com/s?id=1727192426456108270&wfr=spider&for=pc

② 资料来源：民生银行发布"民生碳e贷"产品推动中小企业绿色转型发展，人民网［EB/OL］，2022/04/25［2022/05/16］http://cq.people.com.cn/n2/2022/0425/c367643-35240860.html

议》的全球第27家签署机构和第49家会员单位,也是首家中资签署机构和会员单位。2022年5月,兴业银行发布了《可持续蓝色金融报告2021》,根据该报告披露内容,兴业银行通过建立和健全海洋经济金融服务组织架构,积极开发多元化的金融服务体系和产品,识别和推广具有创新性和环境社会价值的典型案例,满足海洋经济相关主体和项目的多元化融资需求,支持海洋经济和海洋产业的可持续发展①。青岛银行2021年初成立了以立以董事长为主任的"蓝色金融项目指导委员会",制定了青岛银行蓝色金融战略规划。2021年11月9日,成立蓝色金融部,负责蓝色金融业务的统一规划和推动②。同时,2021年,青岛银行与国际金融公司(IFC)共同开展蓝色金融项目,推进全球首个"蓝色金融"试点,旨在探索金融支持蓝色经济发展的新模式,在2021年取得阶段性成果——制定全球首个蓝色资产分类标准、举办蓝色金融发布会、蓝色金融贷款余额达114.27亿元③。

另一方面,蓝色金融产品创新起步。除蓝色债券已引起市场的广泛关注外,"蓝碳"金融产品也开始出现。"蓝碳"即海洋碳汇,随着陆续有蓝碳项目实现落地,与之相关的蓝碳金融服务和产品也应运而生。一是"蓝碳基金",2021年,兴业银行厦门分行设立全国首个"蓝碳基金",2021年9月,兴业银行厦门分行委托厦门产权交易中心通过"蓝碳基金"购入首笔海洋碳汇用以抵消兴业银行与厦门航空共同推出的首批"碳中和机票"旅客旅程的碳排放,该笔碳汇系厦门产权交易中心运用红

---

① 资料来源:可持续蓝色金融报告,兴业银行[EB/OL],2022/05/17 [2022/05/29] https://www.cib.com.cn/cn/GreenFinance/Reports/SustainableBlueFinanceReport.html
② 资料来源:青岛银行2021年度社会责任报告。
③ 资料来源:一体两翼集团化协同发展彰显成效青岛银行交出2021年度"成绩单",证券日报[EB/OL],2022/03/27 [2022/05/29] https://baijiahao.baidu.com/s?id=1728437977468142922&wfr=spider&for=pc

树林海洋碳汇方法学完成2000吨红树林修复项目海洋碳汇交易，2022年初，兴业银行厦门分行通过"蓝碳基金"，委托厦门产权交易中心完成全国首宗海洋渔业碳汇交易，标志着我国海洋渔业碳汇交易领域实现"零的突破"[①]。二是海洋碳汇贷款，2021年8月，威海市荣成农商银行向威海长青海洋科技股份有限公司发放了2000万元的"海洋碳汇贷"，这是全国首笔以海带等海产品养殖每年产生的减碳量远期收益权为质押的贷款[②]。2021年8月，兴业银行青岛分行落地了全国首单湿地碳汇贷，兴业银行青岛分行以胶州湾湿地碳汇为质押，向青岛胶州湾上合示范区发展有限公司发放贷款1800万元，专项用于企业购买增加碳吸收的高碳汇湿地作物等以保护海洋湿地[③]。

二、绿色债券市场

1.国际绿色债券市场发展

全球绿色债券累计发行规模超过2.3万亿美元。根据气候债券倡议组织

[①] 资料来源：兴业银行厦门分行持续创新完成全国首宗海洋渔业碳汇交易，金融界［EB/OL］，2022/01/06［2022/02/23］，https://baijiahao.baidu.com/s?id=1721200729737482583&wfr=spider&for=pc

[②] 资料来源：二氧化碳能变现？全国首笔"海洋碳汇贷"在威海发放，人民资讯［EB/OL］，2021/08/25［2022/02/23］，https://baijiahao.baidu.com/s?id=1709079443676986340&wfr=spider&for=pc

[③] 资料来源：兴业银行落地全国首单湿地碳汇贷，新华社［EB/OL］，2021/8/20［2022/05/29］，https://baijiahao.baidu.com/s?id=1708597569108363197&wfr=spider&for=pc

（CBI）数据库数据，截至2022年末，全球符合CBI定义的绿色债券累计发行规模达到2.3万亿美元，其中，2022年全年新发行规模4889.9亿美元，受宏观经济因素导致的市场总体债务规模全面下降的影响，2022年全球绿色债券发行规模也比2021年发行规模下降了21.5%，但年度发行规模仍高于2020年及之前的水平。

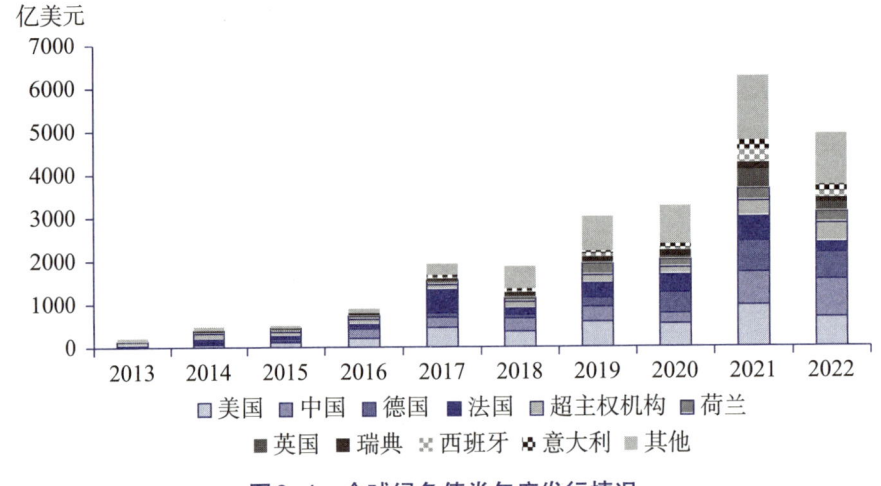

图3-4 全球绿色债券年度发行情况

资料来源：CBI，兴业碳金融研究院

中国是全球第二大绿色债券发行国。从不同国家来看，截至2022年末，中国累计发行的符合CBI定义的绿色债券规模达到2999.25亿美元，在全球绿色债券累计发行规模中占比13%，仅次于美国（3963.95亿美元，占比17%），是全球第二大绿色债券发行国。

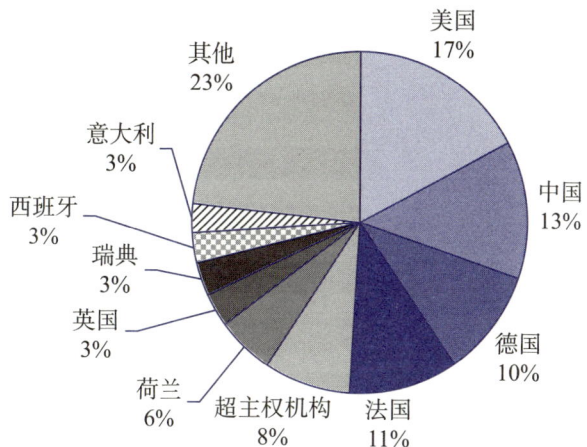

图3-5 全球各国绿色债券累计发行规模分布情况（截至2022年末）

资料来源：CBI，兴业碳金融研究院

2.中国绿色债券市场发展

绿色债券市场累计发行规模超过2.5万亿元。根据Wind数据库的统计，截至2022年末，我国境内市场贴标绿色债券累计发行规模达到2.68万亿元，存量规模1.54万亿元。2022年，绿色债券全年发行规模达到8884.78亿元，同比增长43.3%。2022年绿色债券发行规模的增长主要来自商业银行绿色金融债券发行的大幅增长，2022年发行的绿色债券中，绿色金融债券占比达到39.7%，发行规模3529.57亿元，同比大幅增长181.3%。

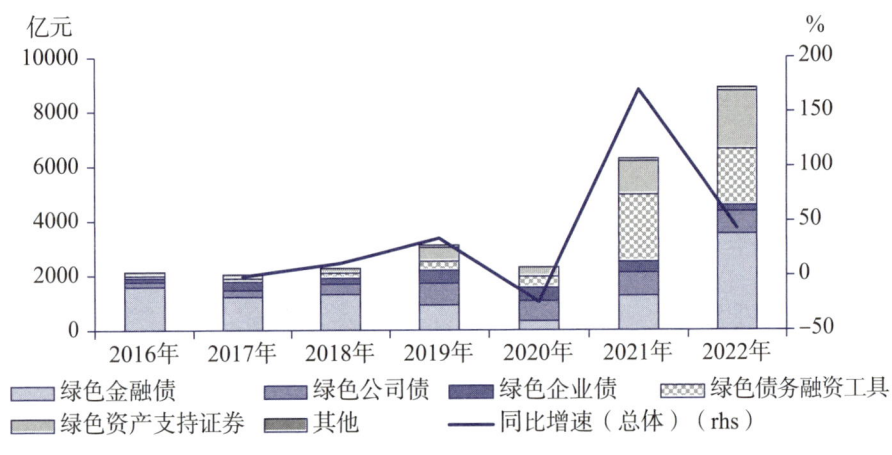

图3-6 中国境内市场贴标绿色债券年度发行情况

资料来源：Wind，兴业碳金融研究院

从创新品种来看，碳中和债券表现依然亮眼，蓝色债券发行快速增长。自2021年推出以来，截至2022年末，碳中和债券累计发行规模已达到4998.58亿元，其中，2022年碳中和债券发行规模2222.56亿元，相较2021年发行规模下降了19.9%，但在2022年绿色债券发行总额中占比仍然超过了四分之一。除碳中和债券外，2022年蓝色债券发行也有较大幅增长。截至2022年末，我国境内市场累计发行了23只蓝色债券，规模合计150.47亿元，其中2022年蓝色债券发行了16只，规模合计111.47亿元，是2021年的3倍。

绿色债券标准与管理规范走向国内统一、国际接轨。2022年7月29日，经中国人民银行和中国证监会同意，绿色债券标准委员会正式向市场发布《中国绿色债券原则》（以下简称《原则》），该原则是供市场主体参考使用的绿色债券自律规则。一方面，该《原则》基本统一了国内绿色债券的发行规范，另一方面，该《原则》也实现了国际接轨，充分尊重国际通行标准，参考了国际资本市场协会（ICMA）发布的《绿色债券原则》（GBP）等相关规定，明确了绿色债券的四项核心要素：募集资金用途、项目评估与遴选、募集资金管理、存续期信息披露。其中，最为重要的一项为绿色债券的募集资金需100%用于符合规定条件的绿色产业、绿色经济活动等相关的绿色项目，与国际相关要求实现一致。而此前在2021年，我国已实现了绿色债券标准的国内统一、国际接轨，2021年4月发布的《绿色债券支持项目目录（2021年版）》不仅统一了国内各类绿色债券支持项目标准，并且还删掉了化石能源清洁利用相关项目，实现了与国际标准的对接。

此外，绿色债券标准的国际接轨还体现在中欧共同目录的推进。2021年在COP26召开期间，中欧等经济体共同发起的可持续金融国际平台（IPSF）发布了《可持续金融共同分类目录报告——减缓气候变化》（以下简称《共同分类目录》），并于2022年6月发布了更新版。《共同分类目录》包括了中欧绿色与可持续金融目录所共同认可的、对减缓气候变化有显著贡献的经济活动清单，最初版本覆盖了包括能源、制造、建筑、交通、固废和林业六大领域的主要经济活动。更新版新增了对建筑业和制造业实现绿色转型具有重要意义的经济活动，总共包含双方共同认可的72项对减缓气候变化有重大贡献的经济活动。该目录融合了中欧各自目录的特点和优势，对推动中欧绿色投融资合作、引导跨境气候投融资活动、降低跨境交易的绿色认证成本具有重要意义[①]。当前，建设银行、招商银行、兴业银行、中国银行均已在《共同分类目录》框架下，在境外市场成功发行了绿色债券。

中国绿色债券发展仍然面临一定挑战。

一方面，绿色债券收益率相对较低，抑制投资热情。有实证研究显示，

---

① 资料来源：探索绿色金融国际合作的"共同语言"，金融时报［EB/OL］，2021/11/09［2022/05/29］https://baijiahao.baidu.com/s?id=1715918171092362125&wfr=spider&for=pc

国内外绿色债券市场均存在负的绿色溢价，绿色债券的收益率要明显低于非绿色债券，平均低20bp左右[①]。此外，我们统计了2022年上半年境内发行的绿色债券的发行利率，在可以找到可比债券的92只绿色债券中，有超过72%的绿色债券的发行利率低于可比债券的平均发行利率，且平均低51个bp。较低的绿色债券发行利率，对发行人发行绿色债券形成一定成本优势，但对投资人而言，却不利于回报要求较高的投资人。

另一方面，绿色债券二级市场流动性相对较低。我国绿色债券二级市场流动性均普遍低于全市场流动性，从换手率来看，2019年至2022年上半年，绿色债券月平均换手率为5.7%，显著低于同期全市场（信用债和政策性金融债）月换手率（20.5%）。

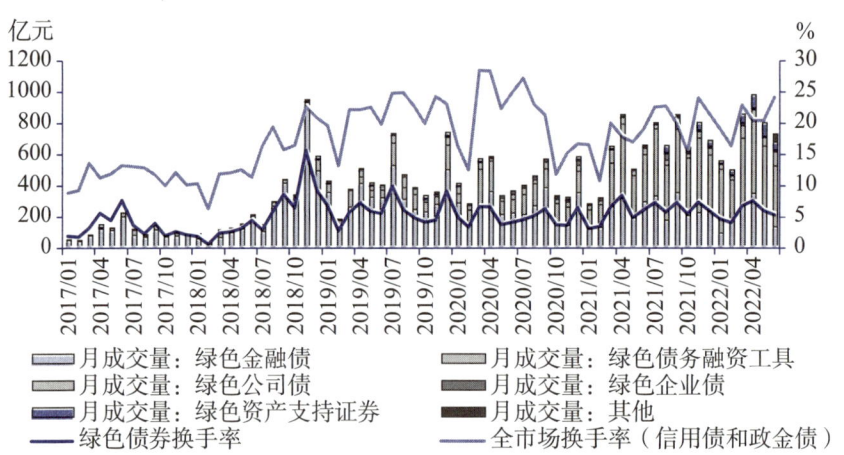

图3-7 绿色债券成交量与换手率统计情况

资料来源：Wind，兴业碳金融研究院

对于促进中国绿色债券发展，我们提出如下三点建议。

[①] 资料来源：刘雨宁等，银行间债券市场存在绿色溢价吗？——基于银行间市场数据的分析，中国货币市场2022/02/12［2023/01/16］https://card.weibo.com/article/m/show/id/2309634735869516120192

第一，为了激发绿色债券投资动力，建议出台更多针对绿色债券投资的激励政策以弥补其负外部性问题，如针对绿色债券投资的税收优惠、降低银行绿色债券资产风险权重以减少资本占用等。

第二，进一步完善统一绿色金融标准。一方面，根据国家的"双碳"目标和绿色发展的新形势，更新绿色金融的基础标准《绿色产业指导目录》，与碳中和目标保持一致，并与国民经济行业分类关联，这将有利于指导金融机构的绿色金融业务发展。另一方面，由于我国的绿色信贷标准之间、绿色信贷与绿色债券标准之间仍然存在不统一的情况，为了降低标准不统一对不同绿色金融产品之间的有效衔接造成影响，以及银行等金融机构对绿色金融产品的管理难度和管理成本，建议相关部门在绿色金融基础标准更新基础上，进一步更新绿色信贷、绿色债券等金融工具的标准，实现一类金融工具一个统一标准，并充分考虑绿色信贷通过证券化向绿色债券转变标准的一致性问题。

第三，推动绿色金融市场多元化发展。我国以绿色信贷为主的融资结构的不平衡导致我国绿色金融发展面临着期限错配的问题。建议进一步加大政策性金融的作用，鼓励完善长期限资金如保险资金的进入，加速推进绿色直接融资市场发展。可以参照相对完善的绿色信贷制度体系，从标准制定、制度规范、激励约束机制等各方面逐步完善绿色保险、绿色信托、绿色基金、绿色股权投资等各类绿色金融产品与服务的制度要求，以推动市场中除银行业金融机构之外的保险、信托、基金、证券、资管等各类金融机构发展绿色金融，为市场提供多元化的融资产品与工具，以满足"双碳"领域多元化的融资需求。

三、ESG投资市场

1. ESG投资市场发展

1.1 海外市场ESG投资新趋势

2021年全球ESG资产规模为37.8万亿美元，其中ESG基金是发展的主流。预计到2025年将达到53万亿美元，占全球在管投资总量（Assets Under Management，AUM）的三分之一[①]。从海外市场来看，欧洲以主动ESG策略产品为主，美国以被动策略为主，但欧美资金流入均逐渐呈现被动产品占多数；资产类别视角，欧美均以权益类为主，但固收类上升迅速。从投资类型看，目前以主动基金为主，但被动基金规模上升迅速。截至2022年第三季度，全球ESG基金资产规模达2.24万亿美元，欧洲仍为ESG基金规模最大的地区，占全球比例达82%；其次是美国，占比为12%[②]。

新冠疫情暴发后，全球ESG投资市场在经济下行周期中边际降温，但依然保持资金净流入；ESG投资市场趋于规范和统一，但区域市场发展呈现明显分化。以2022年为例，欧洲ESG基金市场2022年全年资金净流入超1700亿美元，美国ESG基金的资金净流入规模同比下降95%至30亿美元左

[①] 资料来源：ESG投资基金将占2025年全球总资产的三分之一，澎湃［EB/OL］，2022/03/17［2023/04/10］，https://www.thepaper.cn/newsDetail_forward_17160317

[②] 资料来源：国际资管机构ESG投资实践及产品：2022年总结分析，新浪财经［EB/OL］，2023/02/10［2023/04/10］，https://finance.sina.com.cn/esg/2023-02-10-doc-imyfezcq6227516.shtml

右，日本市场则全年净流出4亿美元①。

同时，近几年监管对ESG投资产品认证标准和信息披露要求更加严格，对"漂绿"行为开展严打。降温的市场叠加日益严格的监管，ESG投资舆论分歧明显增加，标志事件就是特斯拉被踢出ESG指数、美国反ESG基金②的出现，以及美国两党围绕ESG议题的来回博弈。

1.2 中国市场ESG投资发展

在全球资本市场动荡和ESG分歧增加的背景下，2022年加入PRI的机构数量仍在持续攀升，这其中一部分新兴力量就来自中国市场ESG投资者的积极参与。我们统计了PRI的数据：截至2022年末，全球有5221家机构成为PRI签署方，2022年全球新增PRI签约机构数为831家；其中，中国内地签署PRI原则的机构数累计为123家，当年新增签约机构数为42家，创年度历史新高。同样是在2022年，国际财务报告准则基金会（IFRS）于12月29日发布公告称，决定在北京设立国际可持续准则理事会（ISSB）办公室。虽然尚不清楚财政部将以何种方式和强度推进ISSB的ESG准则在中国的应用，但从有官方背书的ISSB北京办公室成立来看，中国毫无疑问已成为欧美之外推动ESG投资发展力量的第三极，内地市场ESG投资发展必将迎来新一波高潮。

毫无疑问，2022年中国ESG投资迎来了高光时刻，但相较于欧美市场，国内的ESG投资起步其实很晚——直到2020年新冠疫情的暴发，其带来的经济和社会影响才促使更多的本土机构投资者将目光聚焦于ESG，希望企业能够将可持续发展因素纳入经营决策，以减少对社会有负面影响的因素

---

① 资料来源：平安证券，2022年ESG市场回顾与展望，2023年2月。

② 2022年8月上旬，Strive Asset Management甚至推出聚焦全能源领域的DRLL ETF，其投资范围包含化石能源、核能等不为ESG框架认可的能源领域；同时，基金明确打出"利润先于政治导向（focus on profits over politics）"的声明，因此被冠以"反ESG基金"的称号。

（S）。这之后伴随着"双碳"目标的正式提出，一系列低碳节能、新能源转型的相关政策陆续出台，在推动产业结构升级的同时，促进了企业ESG信息披露制度的进一步完善（E）。2021年，以康美药业独立董事被判承担连带责任、并引发上市公司独立董事辞职潮为代表，诸多A股上市公司治理问题引发全社会关注，证监会因此对我国上市公司治理频繁发布新规，对于董事会管理、退市监管、股份管理及财务公司业务往来管理等多方面提出或修订了新的监管要求。2022年1月，中国证监会发布《上市公司独立董事规则》对上市公司独立董事制度进行了全面完善与升级，明确了《公司法》规定的治理要求（G）。综上，可以清晰看出，有关政府部门纷纷出台ESG相关政策法规，明确对ESG理念的响应和支持，加快推动ESG工具标准化、产品多元化、信息披露强制化以及国际合作融通化进程，也推动了ESG在中国政策话语体系中逐渐主流化。

在政策和市场的双轮驱动下，中国大型资产所有者对于ESG投资理念的接纳程度上升，为国内ESG投资体系提供更多长期资金支撑，特别是全国社保基金正式入场，ESG投资逐渐从泛概念走向实质性，意义重大。作为中国最大的两只主权财富基金，中国投资有限责任公司（简称"中投公司"）和全国社会保障基金理事会（简称"社保基金"）近年来不断探索ESG投资。2022年5月，中投公司发布《关于践行双碳目标及可持续投资行动的意见》，提出公司运营碳中和与投资组合碳减排目标，并将高质量推进ESG投资。2022年11月，社保基金宣布，旗下ESG投资组合面向国内公募基金招标，共吸引了20多家头部公募参与[①]。社保基金招标一向以高标准、严要求著称，其启动可持续投资产品招标，不仅意味着将有更多的长期资

---

① 资料来源：20多家头部公募参与全国社保基金ESG投资组合招标，中证网［EB/OL］，2022/11/20［2023/04/10］，https://www.cs.com.cn/sylm/jsbd/202211/t20221120_6309192.html

金流向境内ESG投资领域，更是显示出其作为资产所有者对ESG投资理念的接纳，意义重大、影响深远。

风起之后，2021—2022年短短两年间，中国ESG投资"基础设施"建设和专业服务突飞猛进，ESG标准、数据、评级和指数如雨后春笋般在市场中涌现。国内来自政府及监管部门、商业机构和社会团体的多方力量亦纷纷参与到ESG相关标准工具的制定工作中，各类ESG相关标准建设速度明显加快。多地也开始兴建数据交易平台，为ESG数据流通与推广运用创造了良好条件，也促进了国内ESG主题指数的活跃发布。

自上而下的政策驱动、万物竞发的ESG本土基础设施建设，使得中国ESG资产规模快速上升，尤其是公募基金和银行理财子ESG产品数量与规模均出现爆发式增长。一方面，国内ESG评价体系尚处于探索阶段，各类ESG第三方机构评级结果的中立性和科学性仍有待考察；另一方面，受限于底层数据及有效评价结果的缺位，部分资管机构在实践中偏离了ESG投资目标，出现"漂绿"的现象。区别于市场观点，我们认为："漂绿"给早期的中国ESG投资市场带来了表面繁荣，但业已成为ESG投资健康发展的桎梏；必须夯实ESG投资的基础设施，开展ESG股债投资策略的研发，才能保障中国ESG投资实践行稳致远。

2. ESG投资策略

ESG投资策略的研究是ESG投资全流程工作的核心，串联起前述的ESG投资理论、ESG基础设施和下游的ESG投资产品开发。ESG投资策略是市场资金实现资源配置功能、金融机构践行ESG投资理念的方法。随着全球市场ESG投资的飞速发展，ESG投资策略特别是权益资产端日趋成熟。就中国市场而言，进入2023年，ESG投资风格呈现出前所未有的新特征：负面筛选不再是最受欢迎的策略，投资机构倾向于多种ESG投资策略相结合；环境因素不再成为投资决策中唯一受关注的ESG要素，中国特色估值背景下社会因素的作用日益受到重视；ESG因素与Smart Beta策略相结合，创造额外收益并规避下行风险成为新潮流。

2.1 ESG投资策略分类

在全球可持续投资联盟（GSIA）发表的《全球可持续投资回顾2012》中，首次对ESG可持续投资策略进行了分类与定义，目前已成为全球最经典的分类标准。欧洲可持续发展论坛（Eurosif）也有类似的分类。而根据PRI分类，ESG投资策略总体上可分为两个大类、五个子类，基本涵盖了GSIA发布的ESG投资策略：第一大类是在构建组合时考虑ESG因素，这类策略分为三个子类：整合策略（Integration）、筛选策略（Screening）、主题投资策略（Thematic），其中筛选策略又可分为负面筛选（Negative/Exclusionary Screening）、正面筛选（Positive Screening/Best-in-class）、标准筛选（Norms-based Screening）；第二大类是提高投资标的（被投资者）的ESG表现，具体指积极所有权/尽责管理/企业参与和股东行动，核心策略是企业参与（Engagement）和代理投票（Proxy Voting）。此外，还有影响力投资/社区投资（Impact Investing）。

表3-6 ESG投资策略分类与定义

构建ESG投资组合时考虑ESG因素			提高投资标的ESG表现	
ESG可以通过三种方法与现有投资策略结合			投资者鼓励已投资的公司完善ESG风险管理或者强化业务可持续性	
整合	筛选	主题	参与	投票
明确并系统地将ESG用于投资分析和决策中，以提高收益、降低风险	机遇投资者的偏好、价值观与道德理念，筛选合适的投资标的	将投资与服务于环境和社会的意愿相结合	与公司探讨ESG的机遇和挑战，以提高公司对相关问题的处理能力	投资者通过投票对ESG相关问题表明赞成或者反对立场

资料来源：GSIA，PRI；兴业碳金融研究院整理

2020年是一个重要的分水岭,策略规模上,2020年ESG整合法超越负面筛选策略成为投资者最常采用的投资策略,全球规模达25.2万亿美元,占比43%。具体到各策略规模,以及相应增速,我们整理计算后总结如下图所示:

策略分类	2016年规模	2018年规模	2020年规模	规模占比	年化复合增长率
ESG整合	10353	17544	25195	43%	25%
参与及投票	8385	9835	10504	18%	6%
标准化筛选	6195	4679	4140	7%	-10%
负面筛选	15064	19771	15030	26%	0%
正面筛选	818	1842	1384	2%	14%
主题投资	276	1018	1948	3%	63%
影响力投资	248	444	352	1%	9%

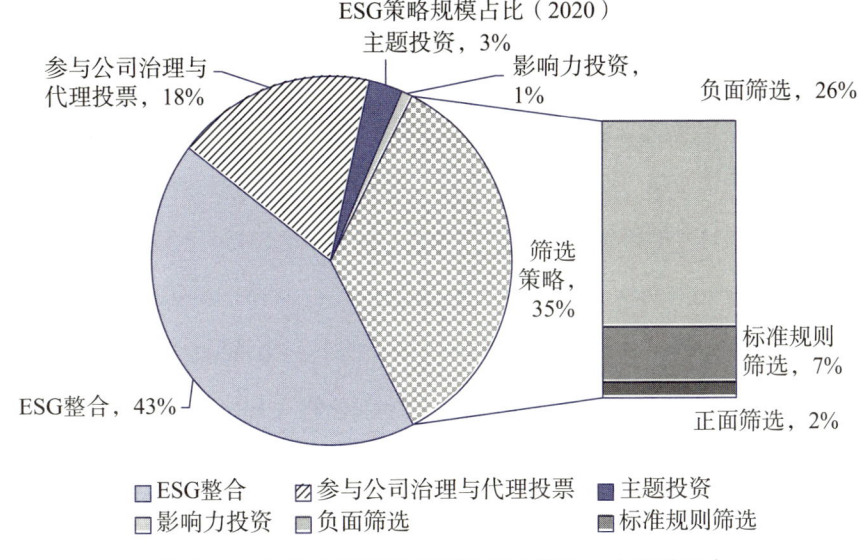

图3-8 ESG投资策略规模增速(单位:十亿美元)

注:由于一只ESG基金可能采用两种以上的投资策略,因此图中各类策略存在重复统计

资料来源:案头研究;GSIA,BCG,Wind;兴业碳金融研究院整理制图

全球ESG基金策略规模排序,在将ESG因素融入投资组合管理时,整合策略、负面筛选策略、参与公司治理与代理投票依序是三种最为常用的

方法，三种策略规模合计占比超过85%，是目前ESG投资领域占绝对主导的投资策略。而随着负面筛选策略占比的快速下降，我们预计：未来"ESG整合"和"参与公司治理与代理投票"将成为最重要的两种ESG主流投资策略。从投资风格来看，对于ESG风险缓释者来说，负向筛选策略、标准筛选策略较合适，操作简单且能有效提前规避ESG风险；对于ESG机会寻求者来说，ESG整合策略则为优选，辅以主题投资策略、筛选策略、企业参与和股东权利，从而抓住市场机遇并优化风险收益特征；对于影响力投资者，其主要目的是给社会可持续发展贡献正效益，则需要积极采用影响力投资策略、企业参与和股东行动。

从资产类别来看，不同类型资产具有各自适用的ESG投资策略。ESG整合、负面筛选、正面筛选多用于股票资产和债券资产的ESG投资；影响力投资和社区投资更多用于房地产、基建等另类资产ESG投资；而企业参与和股东行动在股票、私募股权和风险投资中广泛使用。

2.2 ESG投资策略构建

ESG投资诞生初期，投资者主要通过构建负面筛选的策略，在投资组合中排除与机构价值观和伦理相悖的标的。因此，负面筛选可以说是最早、甚至早期唯一的ESG投资策略。近年来，随着监管和机构的大力推动，以及公众ESG认知的显著提高，ESG投资理念得以不断扩充，ESG投资策略亦不断丰富。如上文所述，目前ESG整合、企业参与和股东行动（代理投票）已逐渐赶上甚至超越负面筛选，成为应用最广泛的ESG投资策略，下文我们也将对这三类策略进行重点介绍。

2.2.1 筛选策略

筛选策略（Screening）是指根据投资者的偏好、价值观或道德准则，运用筛选标准选择或剔除候选投资清单上的公司。从筛选方式来看，分为绝对排除、阈值排除和相对排除三类。绝对排除是指不投资"排除标准"所涵盖的公司，例如，不对化石燃料或有侵犯人权行为的公司进行直接投资。阈值排除是指部分投资，例如，将化石燃料或化石燃料相关服务的间接投资收入允许值设为不超过10%。相对排除是指同类最佳投资，比如，投资于能源转型或董事会多样性正在改善的公司，而不是通过收入敞口确定。

当选用筛选策略作为投资方法时，资产管理人应持续审查策略的跟踪误差和风格因素。由于筛选会缩小投资范围，因此可能增加投资组合相对于基准的跟踪误差。此外，某些筛选方法可能会使投资组合中某个行业的暴露权重过低或过高，或是偏配较大市值公司，导致风格偏好。下文对最主流的两种筛选策略——负面筛选与正面筛选策略构建进行详细介绍。

2.2.1.1 负面筛选

负面筛选（负面剔除）是指基于特定的ESG标准，从投资组合中剔除某些行业、公司或其他发行方。负面筛选是出现较早且在市场初期应用最为广泛的ESG投资策略。负面筛选的常见排除标准包括产品类别（例如，武器、烟草）、公司行为（例如，动物试验、腐败）、争议事项、现有国际准则等。

早期组合管理人最常见的负面筛选策略是基于ESG评级来开展，但基于ESG评级的负面筛选策略缺陷也非常明显。评级筛选策略的前提是：低评级的公司收益较低，通过剔除负面样本有助于规避组合尾部风险。遗憾的是，基于市场公开的ESG评级（Wind、商道、盟浪、华证），我们对A股进行了历史回测，并未发现稳定的统计意义：

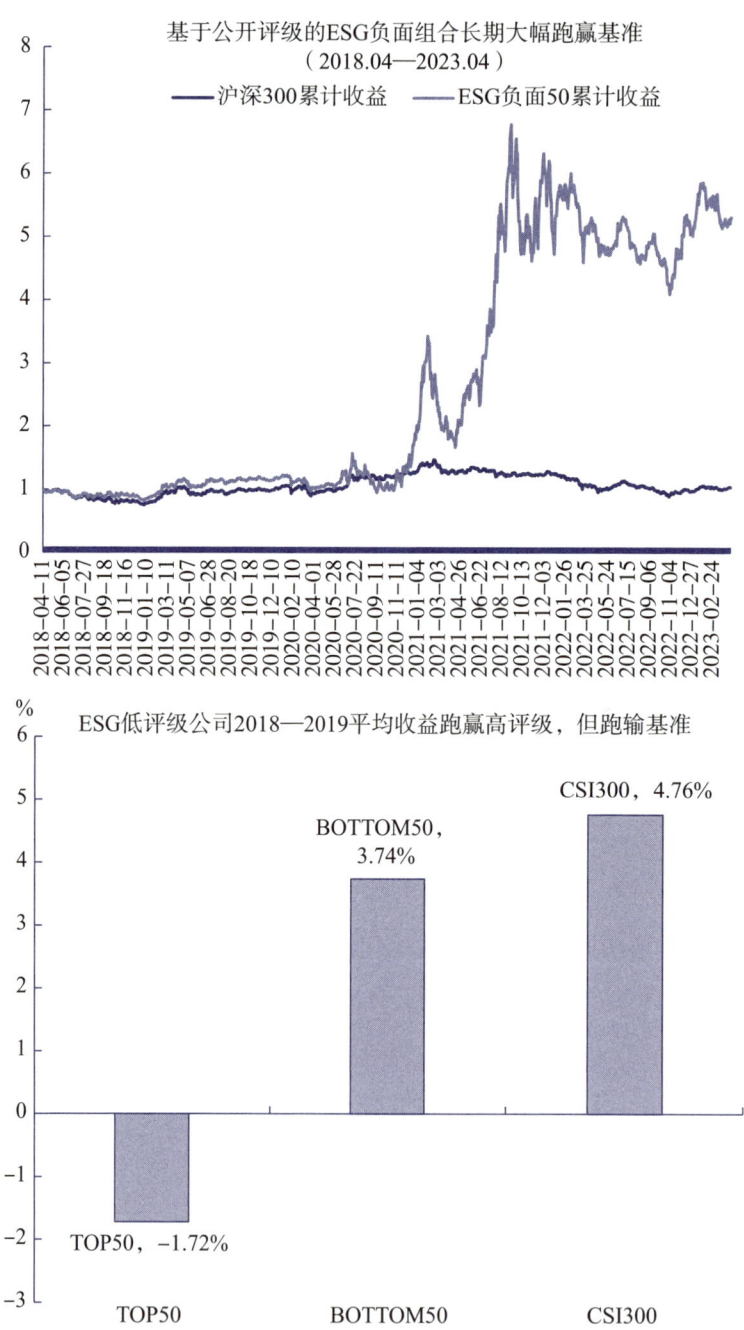

图3-9 基于ESG评级进行负面筛选构建的组合收益率分析

资料来源：Wind；兴业碳金融研究院制图

考虑到ESG评级覆盖度的问题，我们将样本控制在沪深300成分股内，同时考虑到国内评级的质量与滞后问题，我们选择新冠疫情前一年（2018—2019），在这期间基于公开的ESG评级（Wind、商道、盟浪、华证）均值，构建了评级均值得分最高前50和最低50的两个组合，对比沪深300（CSI300）开展分组收益回测。从股价回报看，2018—2019年，ESG低评级公司回报均值低于沪深300指数，但ESG高评级组合大幅跑输ESG低评级组合；长期来看，出乎意料的是，2018年4月—2023年4月，ESG评级最低组合（负面筛选）大幅跑赢沪深300指数。显然，基于国内本土公开ESG评级构建负面筛选的有效性和解释性值得怀疑。

除了上述实证结果，我们认为负面筛选还存在以下理论缺陷：负面筛选普遍只能基于"后置"的信息进行投资信号的获取，比如，监管处罚的决定和公告往往大幅晚于负面事件的发生，利空出尽后投资者已很难建立"前置"的投资策略。因此，当前头部资产管理机构已逐渐淘汰纯负面筛选策略，或仅仅将其作为一种ESG辅助或者备选策略。更重要的是，基于市场公开ESG评级构建的策略有效性被频繁证伪，也说明金融机构自建本地ESG评分和评级体系的必要性。

2.2.1.2　正面筛选

正面筛选是指投资于相对同行具有积极ESG表现，且ESG评级超过特定阈值的行业、公司或项目。常见的正面筛选方法包括：投资于相对同行具有积极ESG表现的行业、公司或项目；主动将产品、服务和/或流程具有社会或环境效益的公司纳入可投资范围；使用定量ESG指标筛选并支持同类最佳公司或同行中最佳实践"领先公司"；正面主题类发展，比如，转型公司、可再生能源或清洁技术公司、社会企业或倡议。

但因为ESG因子的正向财务有效性、特别是α效果未被充分验证，所以相比理论上认为能规避尾部风险的ESG负面筛除策略（但事实上我们上一节的回测结果无法佐证这一观点），ESG正面筛选策略缺乏坚实的理论基础和实证案例，也因此不管是海外还是国内市场，ESG正面筛选策略的应用都非常少（规模<2%）。

2.2.2 整合策略

对于在ESG投资市场规模中占绝对主导的资产管理机构来说，在投资活动中整合ESG因素已逐渐成为首要选择，ESG整合策略也因此成长为全球当下最主流的ESG投资策略。具体来说，ESG整合策略是指投资人将ESG因素系统且明确地纳入财务分析之中，策略本身并不将ESG作为投资约束，而是把ESG作为一个风险收益来源，以识别ESG因子对企业是否有实质性影响。ESG整合不会以牺牲投资组合收益为代价，不会禁止投资于特定行业、国家或公司，也不会大幅改变原有投资框架，而是在原有投资框架中加入ESG方面的识别和评估，将定性分析和定量分析方法相结合，从而降低风险并提高收益。

ESG整合策略出现的初期，因为ESG基础设施的薄弱，比如，数据的缺乏，投资者一般采用定性分析。而随着ESG基础设施的日益完善，特别是量化方法论与科技工具的成熟，目前基于量化分析将ESG信息整合到投资分析中已成为整合策略的主流。

构建ESG整合策略的特点是在投资的目标收益率（Sharpe比率）以及投资组合的ESG得分之间的偏好是无差异的，而ESG整合策略的分析基础是"财务重要性"。具体到策略构建框架，可以将ESG整合策略构建分为三个部分。

研究层面：首先从公告、第三方机构等来源收集财务和ESG信息（信息收集），然后通过定性分析、积极所有权等方式，识别影响股票估值的重要财务和ESG因子（重要性分析），最终与公司/发行人讨论这些重要因子，并监测参与或投票活动的结果（主动所有权评估）。

估值层面：核心是评估重要ESG因子对公司价值的影响。由于在财务分析和估值中加入了ESG因子，会导致财务预测结果、估值模型变量、估值倍数等发生变化（参见1.2节）。

组合层面：根据纳入ESG因子后的财务模型，决定是否改变投资组合权重，并通过ESG与财务风险敞口计算、VaR分析等方法来进行风险管理。

2.2.3 企业参与和股东行动

企业参与和股东行动（或积极所有权/尽责管理，Corporate engagement & shareholder action, or Active Ownership/Stewardship）是指投资者利用股东权力来影响企业行为，实现整体长期价值的最大化，具体做法包括直接地参与治理（与高级管理层和/或公司董事会沟通）、在全面的ESG指导方针下进行代理投票、提交或共同提交股东提案等，其中参与治理和代理投票是两种最常见的做法。

参与治理（Engagement）是指投资者与当前或潜在投资对象/发行人进行沟通，从而完善某个ESG问题的实践，改变现实世界的可持续性结果，或者改进公开披露。参与的对象可以是公司，也可以是非发行人，比如，政策制定者或标准制定者等。

代理投票（Proxy Voting）是指对管理层/股东决议行使投票权以及提交决议，从而对相关事项正式表示赞同或反对。投票是股票投资者的重要工具，用于向公司传达观点或参与关键决策（例如，董事委任和董事会薪酬）。投票涉及的操作流程包括：制定投票政策、研究、投票以及在年度股东大会前后与被投资公司沟通。投票在私募股权的ESG投资策略中较为常见。

此外，近些年在全球各司法管辖区，特别是发达市场，纷纷出台了针对资产管理机构的尽责管理守则（Stewardship Code）。国际成熟市场已经基本形成一套以ESG理念为核心、以监管机构为顶层引导、以投资机构需求为驱动、以第三方专业配套服务为支撑的尽责管理体系。在此框架下，部分国际投资机构积极从治理机构、政策规划、内部流程机制、产品与服务等方面建立或整合内部机制与流程，以确保投资机构高质量地践行尽责管理。也因此，尽责管理（企业参与和股东行动）已成为如贝莱德、富达等全球头部资管巨头除了基于ESG整合策略发行资管产品之外，最重要的ESG投资实践选择。

2.3 传统ESG投资策略有效性探讨

基于上一节的讨论，我们对ESG纳入投资决策的构建路径进行了总结，并对比了几种典型策略的应用场景异同，总结如下表所示：

表3-7 主流ESG投资策略总结

主动 ➡ 被动

	基本面分析	量化与Smart Beta	指数投资
整合	ESG因子与其他因子结合运用于绝对/相对估值模型中。投资者可以通过调整财务预测（例如，收入、营业成本、资本账面价值和资本支出）或公司估值模型（例如，DDM、DCF等）来估算ESG因子的影响	ESG因子与量价因子结合（例如，价值、质量、规模、动量、成长或波动），建立量化模型。ESG因子和评级能被用来计算Smart Beta组合权重，以获得Alpha，并减少组合的下行风险，提高风险收益比	重要ESG因子与传统因子一并被识别并转化为投资组合构建规则。通过调整指数成本股的权重或跟踪调整权重后的指数，可降低ESG组合的整体风险，或缩小组合对特定ESG因子的风险敞口
筛选	根据投资者的偏好、价值观或者道德理念，筛选投资标的；挑选或者避免某些产品、服务或者公司		
主题	寻求将有吸引力的风险—收益特征与促进实现特定环境或社会效益的意图相结合		投资于整体侧重于ESG相关政策和主题的指数

	较全面展示公司/发行人面临的风险和机遇	适用于仅考量风险-收益状况的投资者	可适应现有投资流程	通常出于道德原因限制对某些工业、地域或公司的投资	将不具有财务重要性的ESG因子纳入投资决策
整合	√	√	√		
筛选			√	√	√
主题			√	√	√

资料来源：案头研究，PRI；兴业碳金融研究院整理制图

从直观逻辑上看，ESG理念符合可持续发展的社会价值导向，应当获得更多的市场青睐；但对于实际产业而言，践行ESG理念的投入未必能快速转化为产出，部分场景下ESG在成本端的体现更为明显。例如，提升S端的客户隐私保护等需要投入实时的硬件设施成本和管理成本，但短期的边际效益难以及时弥补，对于股东而言未必能立即带来利好。此外，当前国内主流ESG体系的构建思路并非是以Alpha为导向，而是结合产业性质与可持续发展的理念进行定性梳理（如前文所述——重"影响重要性"、轻"财务重要性"）。正因为ESG体系在作为Alpha因子层面上的打磨在不同成熟度的区域市场可能存在差异，在一头扎进ESG这一"高大上、政治正确"的投资策略开发工作之前，需要首先回答的是，不同市场的超额回报是否能真正归因于ESG因子？

为了回答上述问题，我们选择了MSCI的全球和区域市场ESG指数体系，以尽可能消除不同区域市场ESG理念差异对业绩归因的影响。研究发现：ESG在不同市场对投资回报的影响存在差异，ESG领先指数的相对表现在新兴市场表现好于发达市场；在发达市场，ESG策略发展成熟，渗透率较高，这也制约了基于ESG评级的选股策略的收益。MSCI World ESG Leaders指数（发达市场指数）在收益和回撤控制上，与MSCI World指数（发达市场指数）并无差别。不过，在ESG理念尚在起步阶段的新兴市场，ESG选股策略相对表现更好。MSCI新兴市场ESG领先指数相较于MSCI新兴市场

指数,有更高的年化收益与更小的风险。而在中国市场,ESG指数在2008至2015年间并无明显优势;2016年开始到2020年底,ESG指数则相对明显跑赢;但新冠疫情开始后,ESG中国领先指数则似乎有更大的回撤表现,并未如预期展现抗跌性。

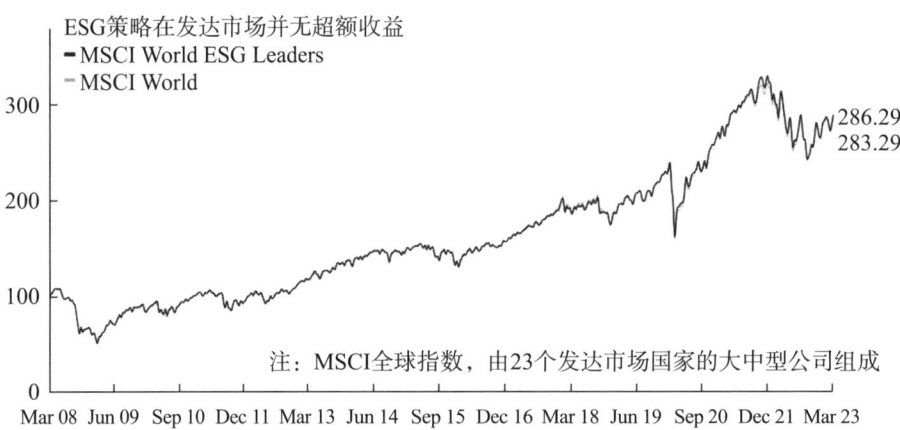

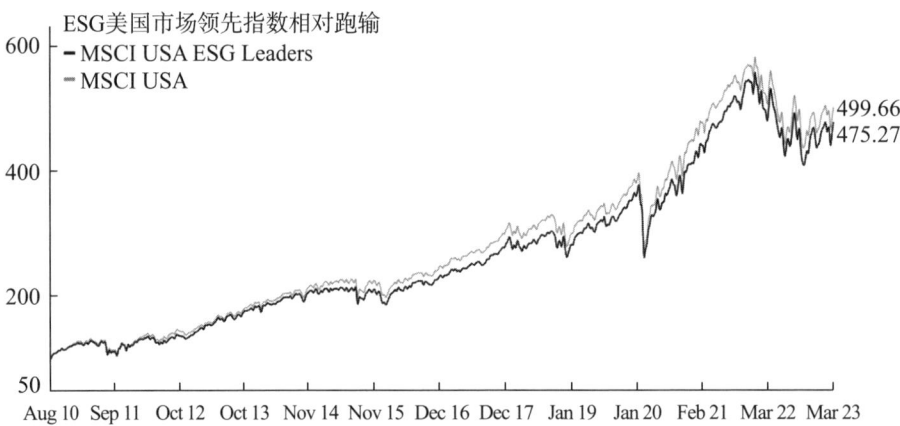

图3-10 ESG策略不同市场投资回报对比

资料来源:MSCI,兴业碳金融研究院整理制图

图3-10 ESG策略不同市场投资回报对比（续）

如前文所述，传统上机构主要基于ESG评级构建筛选策略，MSCI的这一套ESG指数也是基于其ESG评级/评分构建，而非整合策略。所以，我们很难界定，ESG领先指数较好的相对表现是得益于ESG策略的独特Alpha，但MSCI指数不同市场的表现结果至少证明，在新兴市场如中国，是可能挖掘出ESG超额收益因子的。

为评价A股市场的ESG本土筛选策略有效性，我们采用万得全A可持续ESG指数（881101.WI）作为A股ESG策略的参考指标来对比全A表现，分析结果如下图所示。万得全A可持续ESG指数以万得全A指数成分为样本空间，依据嘉实基金ESG评分选取成分股中ESG表现领先的股票作为成分股，以反映ESG风险和机遇管理优秀的相关上市公司的整体股价表现，是目前A股市场较有代表性的ESG指数。具体来看，近年来，A股ESG指数的成分股整体具有较高的估值。样本区间内（2018年3月至今），A股ESG组合平均估值为20倍，而同期全体A股估值为18倍。与此同时，A股ESG组合拥有较强的盈利能力。ESG组合的ROE长期高于全体A股。但令我们意外的是，ESG指数回撤幅度却常年大于全A，和上文MSCI指数中国市场回测结果相似。这一结果和市场很多定性分析文章所称"ESG高评级组合具有较好的抗跌性"的观点相矛盾，所以我们认为，"ESG具备有效的尾部下行风险控制作用"这一观点在中国市场可能有待商榷，需要审慎下定论。

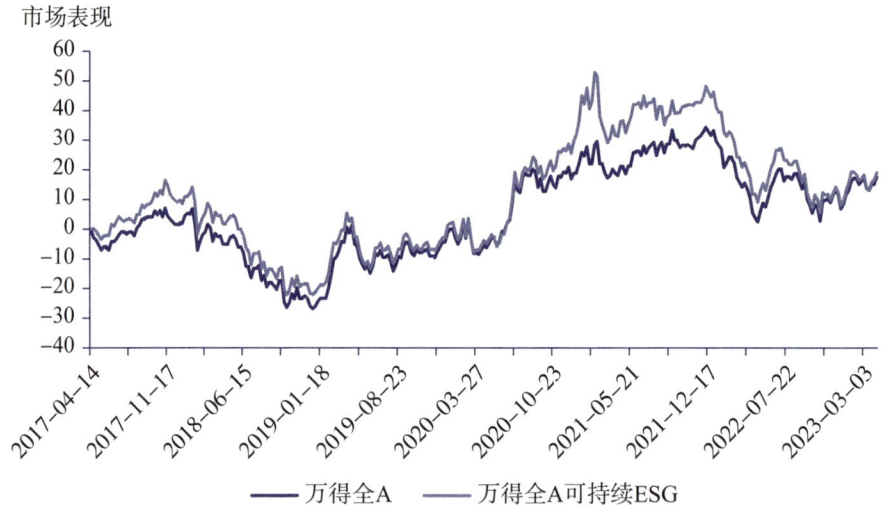

图3-11　ESG指数对比全A表现

资料来源：Wind，兴业碳金融研究院整理制图

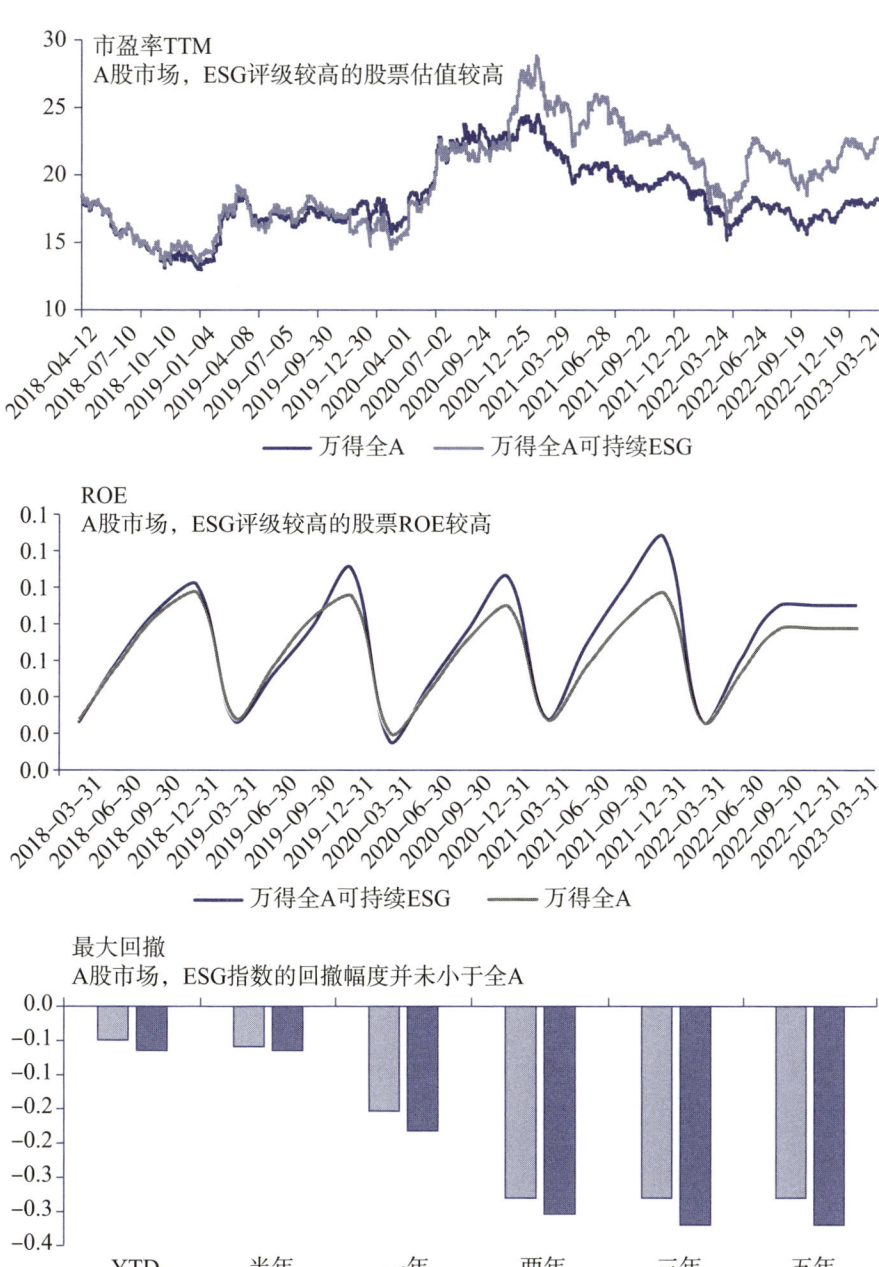

图3-11 ESG指数对比全A表现（续）

事实上，前文2.3节我们介绍ESG评级时，就已经提到目前不同机构的ESG评级结果差异较大。为此，我们针对市场公开的主流ESG评级进行了相关性分析：

表3-8 各机构对A股ESG评级分布差异较大

评级机构	覆盖A股	相关性	Wind	华证	富时罗素	商道融绿	盟浪
Wind	5149	Wind					
华证	5149	华证	0.55				
富时罗素	905	富时罗素	0.47	0.54			
商道融绿	4840	商道融绿	0.61	0.62	0.66		
盟浪	1103	盟浪	0.62	0.60	0.55	0.70	
相关性均值	0.59						

注：评级结果时间截面为2023年4月10日
资料来源：Wind，兴业碳金融研究院整理制图

我们发现：各个本土机构ESG评级的相关性较低，这个情况与不同信用评级机构之间的对于覆盖公司的信用评级一致现象不同。ESG评级结果缺乏一致性，使得单纯基于评级结果构建筛选策略难度很高，相关选股和策略收益的可解释性也很难有逻辑合理性。

2.4 ESG投资策略趋势

伴随着ESG投资应用范围的扩张和投资应用深度的升级，金融机构的ESG投资研究也在进一步深化。国内ESG投资发展起步较晚，框架尚不成熟，也还没有充分展示出业绩优势。从上文我们的分析可以看出，ESG策略仍存在诸多不确定因素。例如，所谓的ESG超额收益是否能被其他因子解释？ESG低评级股票就没有超额收益吗？这些问题还待我们进一步的研究论证。

结合前述分析和市场调研，我们认为未来本土ESG投资策略发展将呈现几个趋势。

第一，ESG投资策略将从负面筛选转向系统性全流程整合策略，特别

是单纯基于ESG评级的筛选策略已基本被主流机构边缘化。基于外部评分结果的单一负面剔除策略并不能较好地挖掘企业在ESG维度的风险和机遇，反而会由于评价体系的误差造成不必要的非合理限制。

第二，ESG投资策略研究重点从通用体系评价，迈入行业因子层面的深度研究。要推动本土ESG投资策略的有效性和落地性，除了老生常谈的顶层设计如绿色"双碳"与公司治理政策推动之外，还应更多聚焦于此前已反复论述的ESG因素"财务重要性"。财务重要性议题的恰当选取是推动ESG策略发展完善的关键。对于不同行业而言，财务重要性议题具有明显的行业差异化特征，因此有必要探讨不同行业需要关注的ESG议题，以更好发挥ESG策略对投资的指导作用。

第三，为契合不同资金方对ESG投资的诉求，金融机构未来还需进一步拓展ESG投资策略范畴。短期来看，有以下两个当前市场的热点方向：一是面向债券市场的ESG策略研究体系，该工作整体与股票市场的评价体系类似，但是需要考虑债券期限、考核目标为发债主体偿债能力等因素带来的差异，且面临更严重的数据缺失问题；二是针对基金产品的ESG投研，不仅可以作为FOF类产品挑选基金的因子之一，也可用于正常产品投后的ESG绩效和风险跟踪。

3. ESG投资产品

考虑到ESG发展阶段和实践差异等因素，中外具体ESG投资产品的定义及框架亦有所不同。中国目前对ESG投资产品的标准并没有清晰界定，产品名称或投资目标中含有ESG、可持续发展、低碳、环保、治理等关键词，或涉及使用环境、社会或公司治理因素筛选成分股的资管产品都可算在内。GSIA则明确定义ESG投资产品为在投资组合选择中考虑ESG因素、并明确指出其所使用的ESG策略的资管产品。

全球多个发达市场的监管机构正持续深入细化ESG资管产品分类体系及披露准则，进一步打击漂绿行为。为保证带有ESG标签的基金产品能匹配投资者的ESG投资目标，同时有效约束ESG基金的投资行为，多个区域的监管机构对基金公司和基金产品提出要求，要求基金公司自主披露其ESG投研体系，并提供材料证明其基金产品是如何应用ESG策略的。在这一趋势下，我们认为内地市场的ESG资管产品规范化有望提速。

对于快速成长的内地ESG投资市场来说，公募基金和银行理财子公司已成为当前内地市场中ESG投资的主要践行者。未来，为适配不同资金方的投资管理要求，一级市场股权投资、固定收益类资产等也将纳入ESG投资范围，投资方式也将更加多样化。为展示中国ESG投资产品的发展现状，我们选取了目前最具代表性的ESG资管产品，分类阐述如下。

3.1 ESG基金

对于ESG产品的定义和界定问题，当前对ESG基金尚未形成统一定义，市场中的多数ESG基金对其主题的体现主要在底层资产的选取和配置上。本报告关注的ESG基金（宽口径，按Wind分类标准）主要包括纯ESG主题基金、ESG策略基金、环境主题基金、社会主题基金、治理主题基金等；其中前2类为狭义的ESG基金，后三类为泛ESG基金。在市场发展早期，ESG基金经常被简单理解为"新能源主题基金""环保主题基金"或"碳中和主题基金"等与环保、绿色、低碳相关的基金。因此，不少ESG基金看上去更像是这些板块的行业基金，行业集中度和个股集中度都较高，这也就导致净值容易出现剧烈波动，走过山车行情的现象，自然也就失去了ESG基金规避风险、追求长期价值的初衷[①]。

截至2023年3月末，宽口径维度统计，国内ESG概念基金发行规模达

---

① 华泰证券，ESG评价体系与ESG Smart Beta

8206.7亿元，已成立的基金数量为733只，存续基金数量已达713只，具体如下图所示：

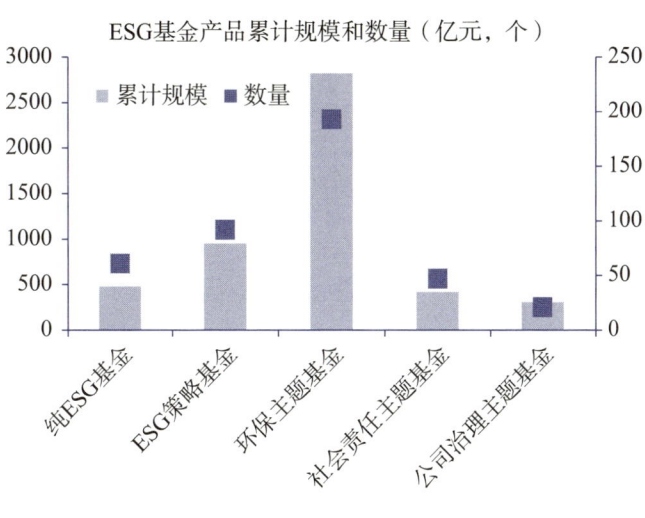

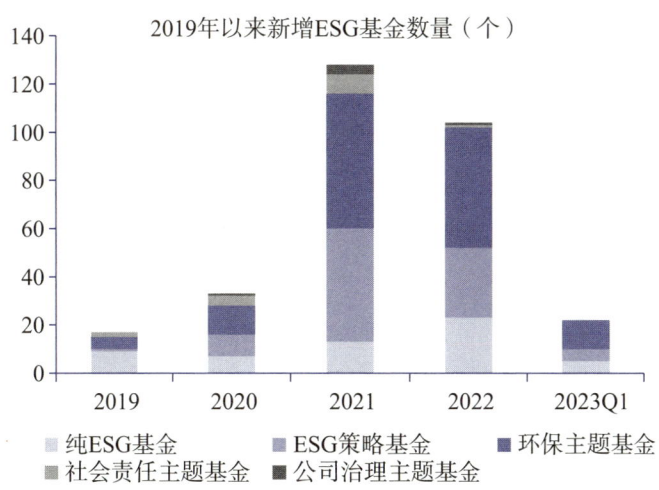

图3-12　ESG基金产品累计规模与类型统计

资料来源：Wind，兴业碳金融研究院

从时间维度上看，近两年ESG概念基金成立数量较多，其中2023Q1新成立的ESG概念基金数量为12只，发行份额为49.34亿份，与2022年同期相比，本年发行产品数量有所下降，但发行份额基本持平。

表3-9 2023Q1新发ESG基金产品与近三年ESG基金发行份额数

ESG基金类别	证券代码	证券简称	类型	发行规模(亿元)	近1月回报	成立以来回报	近1月区间超越基准收益率
纯ESG	017199.OF	广发ESG责任投资A	偏股混合型基金	8.44	-0.99	-2.34	-2.21
纯ESG	017086.OF	嘉实ESG可持续投资A	偏股混合型基金	6.45	0.10	0.1	-0.65
纯ESG	159653.OF	国联安国证ESG300ETF	被动指数型基金	2.33	0.65	0.65	-1.34
ESG策略	017592.OF	汇添富添乐双盈A	混合债券型二级基金	7.36	-0.19	-0.34	-0.50
ESG策略	016834.OF	东方红共赢甄选一年持有A	偏债混合型基金	5.89	0.15	0.15	-0.38
ESG策略	017876.OF	汇添富新能源精选A	偏股混合型基金	3.14	0.31	0.31	-2.12
环保主题	017041.OF	富国碳中和	偏股混合型基金	6.81	-0.15	-0.15	1.20
环保主题	008576.OF	财通碳中和一年持有A	偏股混合型基金	5.37	2.77	2.77	2.15
环保主题	017721.OF	华夏汽车产业A	偏股混合型基金	2.43	-7.00	-8.02	-2.24
环保主题	017165.OF	易米低碳经济A	普通股票型基金	0.90	0.53	0.53	1.95
环保主题	017744.OF	嘉实绿色主题A	普通股票型基金	0.11	2.13	1.97	7.15
环保主题	017907.OF	汇富中证上海环交所碳中和联接A	被动指数型基金	0.10	1.74	1.74	2.43

资料来源：Wind，兴业碳金融研究院

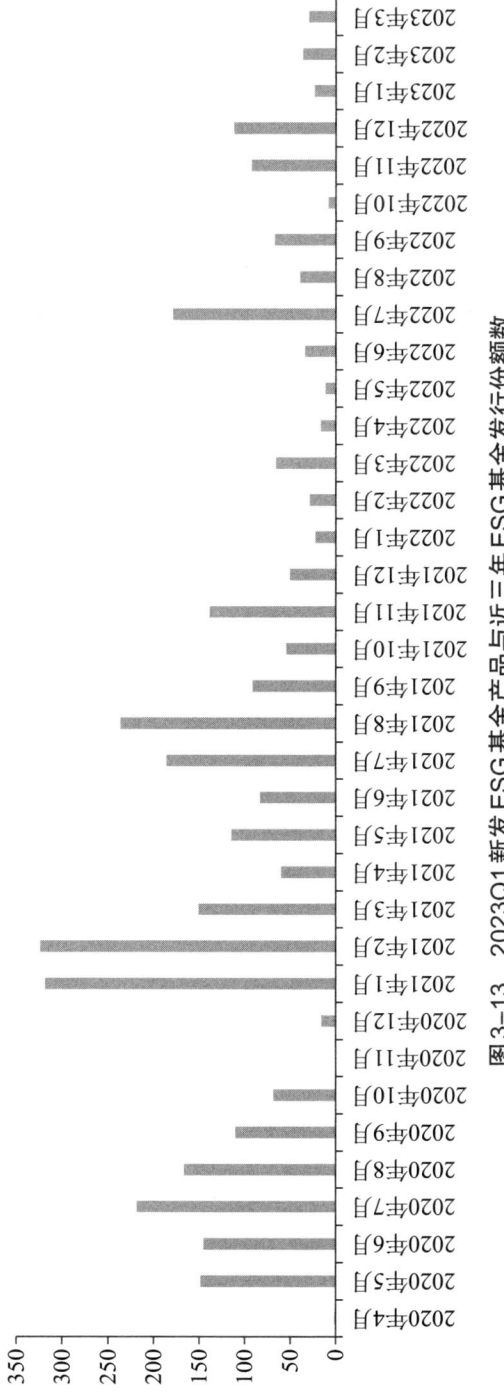

图 3-13 2023Q1 新发 ESG 基金产品与近三年 ESG 基金发行份额数

虽然估算的投资规模会根据相关定义的不同而发生较大变化，总体而言，中国ESG基金整体规模较国外发达市场相比仍然较小，但近年增长迅猛，意味着市场对ESG理念的接纳和认可度有很大提升。从基金份额方面看，在经历2021年的发售高峰期后，中国内地各类ESG主题基金发行份额在2022年略有下降。从基金类型方面看，目前内地ESG主题基金中，被动指数型基金和偏股混合型基金在累计数量上占据主流位置，分别占总数的38.67%和33.70%；在2023Q1新发的ESG主题基金中，偏股混合型基金则占据多数，达到67%。

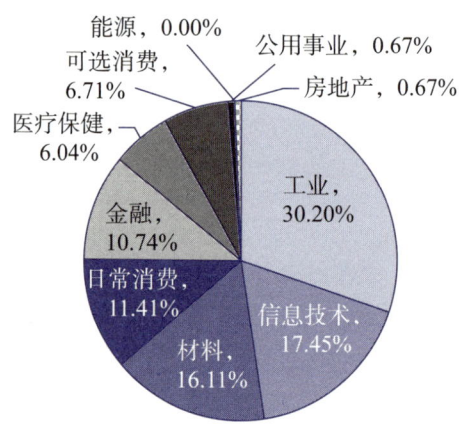

图3-14　2020年成立ESG基金第一大重仓行业统计

注：按Wind行业划分标准

资料来源：Wind，兴业碳金融研究院整理制图

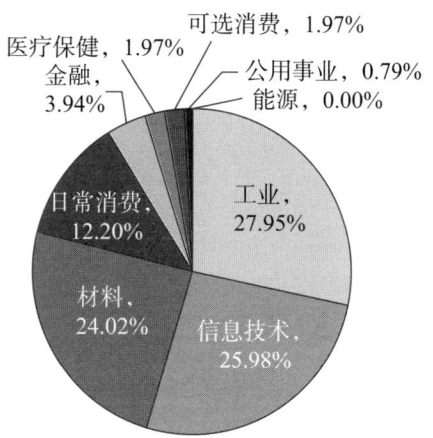

图3-15 2021年成立ESG基金第一大重仓行业统计

注：按Wind行业划分标准
资料来源：Wind，兴业碳金融研究院整理制图

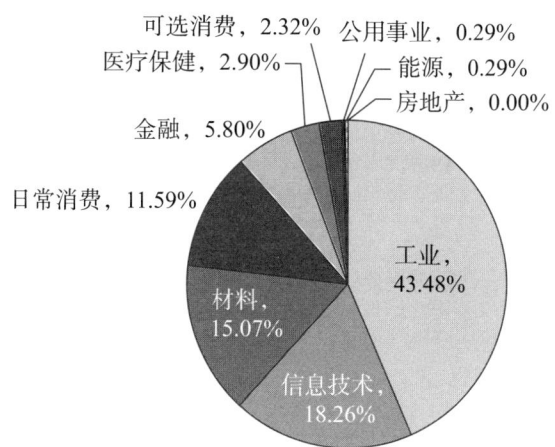

图3-16 2022年成立ESG基金第一大重仓行业统计

注：按Wind行业划分标准
资料来源：Wind，兴业碳金融研究院整理制图

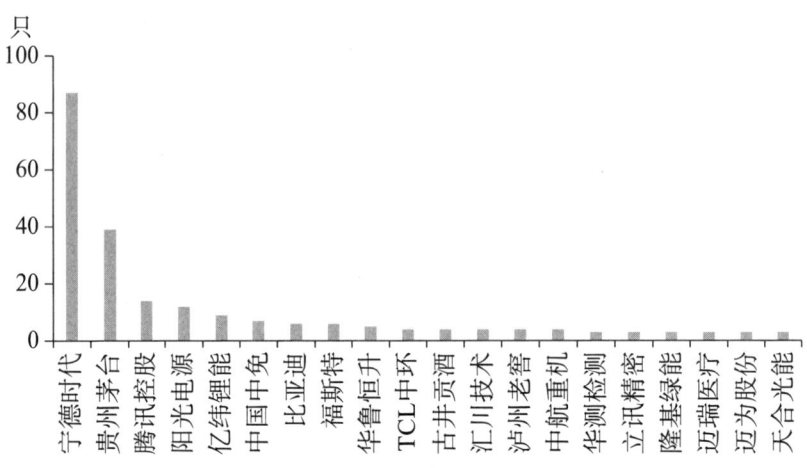

图3-17 存量ESG基金第一大重仓股统计

注：按Wind行业划分标准

资料来源：Wind，兴业碳金融研究院整理制图

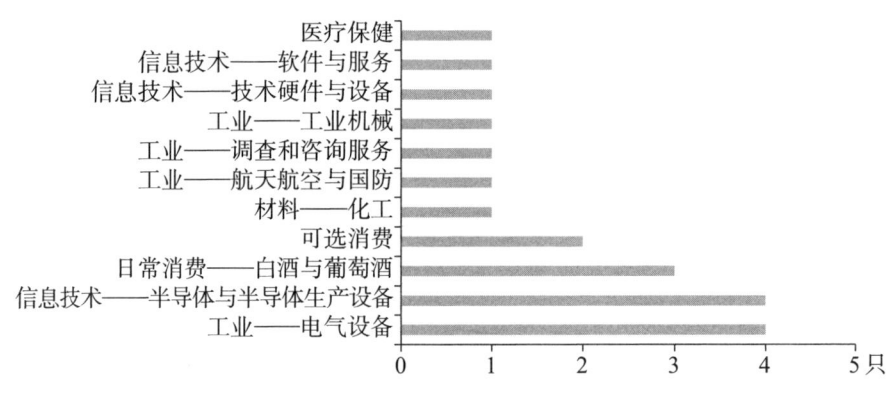

图3-18 前20只重仓股票行业分布

注：按Wind行业划分标准

资料来源：Wind，兴业碳金融研究院整理制图

从基金收益率方面看ESG基金，有如下2种分类标准。

1）以策略类型划分，公司治理主题基金不管是绝对回报还是超额回报都领先于其他策略类型，环保主题基金不管是绝对收益还是超额收益情况在泛ESG主题基金（环保、社会责任、公司治理主题基金）类别中都较低。

传统上,投研机构也更重视公司治理G因子的研究,相关因子有效性和估值传导机制的研究在三类因子(E/S/G)中都是最多的。环保因子因为"双碳"政策和新能源赛道投资热潮的影响,也导致过往三年ESG基金重仓以新能源概念股为主导(另一大重仓赛道为白酒;详见上图第一大重仓股分布);但进入2022年之后,特别是截取近一月和近一年时间跨度,行业轮动的背景下,可以清晰看出环保主题ESG基金在所有基金类别中的收益对比中都表现较差。

2)以资产类型来划分,偏股基金的历史超额收益最高,但最近回撤也最高。债券型基金总体表现非常稳健,无论是历史周期还是近一个月表现。

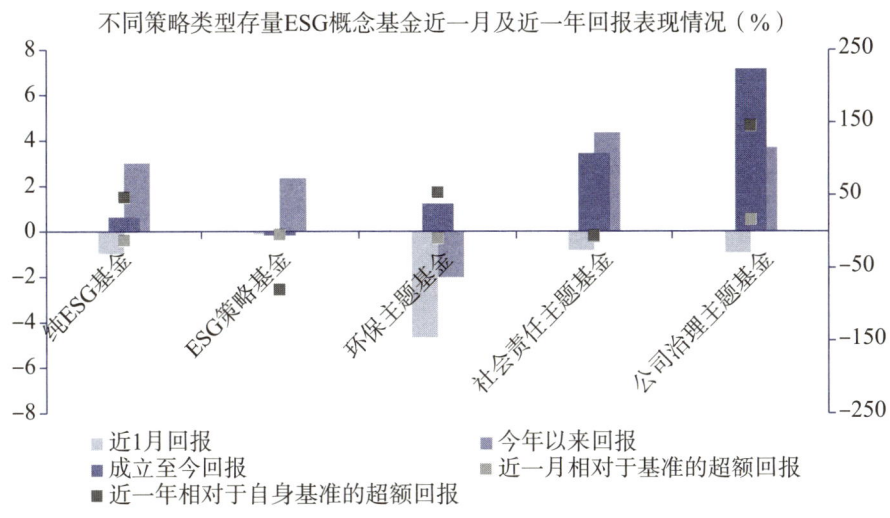

图3-19 不同策略与资产类型ESG基金收益率分布

资料来源:Wind,兴业碳金融研究院整理制图

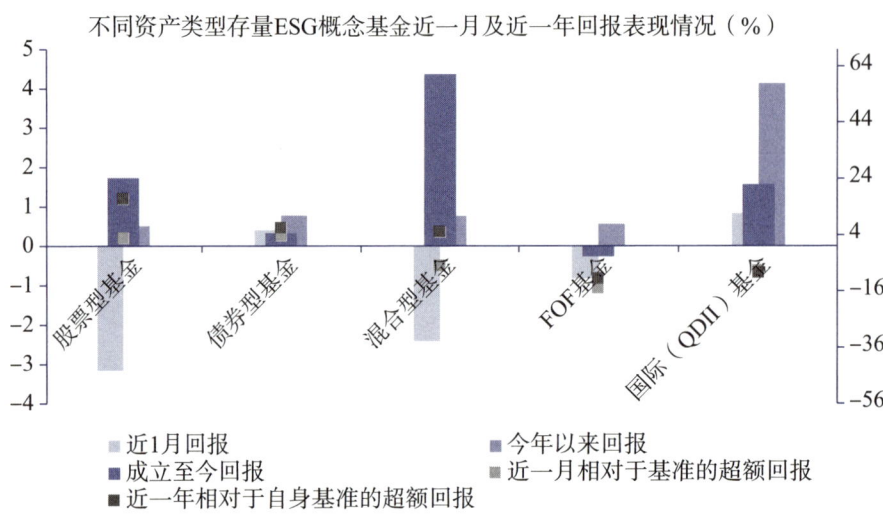

图3-19 不同策略与资产类型ESG基金收益率分布（续）

3.2 ESG理财

自2019年4月华夏银行推出第一只ESG主题理财产品，ESG主题理财产品市场迅速发展。近三年来，国内ESG主题理财产品发行活跃，且在数量呈上升趋势。截止到2023年3月31日，在发售与存续的理财产品中，名称中带有"ESG"的共有184只，其中固定收益类124只，混合类共59只，权益类只有1只，共有26家机构（含外资机构）参与ESG理财产品的发行。最近一年（2022年4月至2023年3月）发行的ESG主题银行理财产品中，ESG主题理财产品以固定收益类为主，发行数量在近三月呈上升趋势。

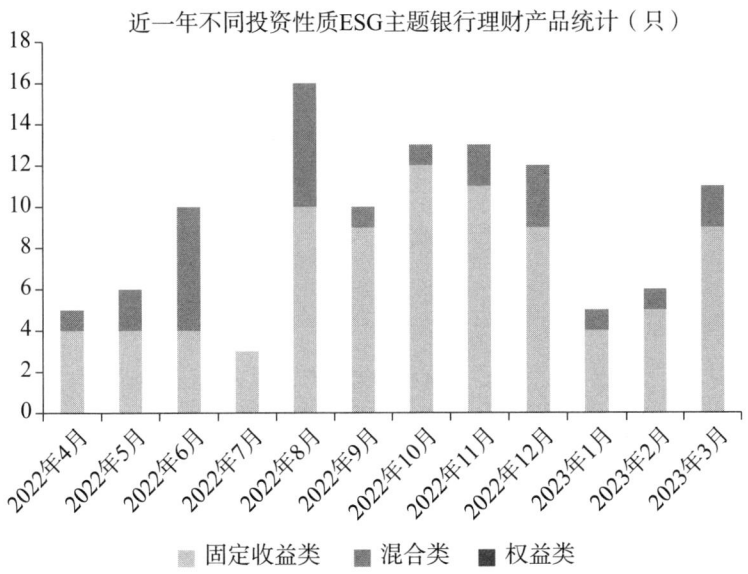

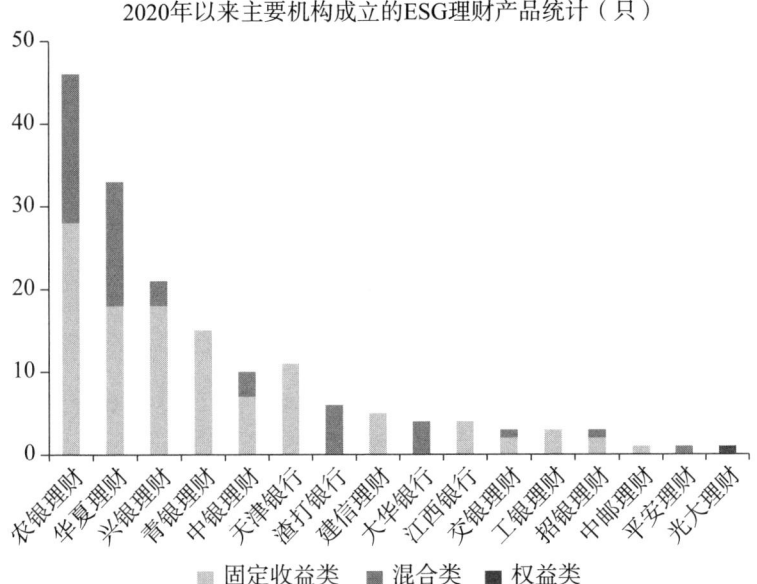

图 3-20　ESG主题银行理财产品汇总分析

资料来源：中国理财网，兴业碳金融研究院整理制图

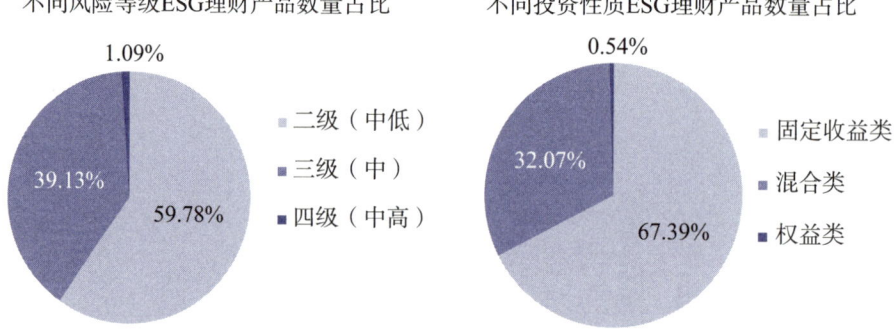

图3-20 ESG主题银行理财产品汇总分析（续）

当前国内存续的ESG主题理财产品也以固定收益类为主，风险等级集中在中低风险，这体现出理财子追求稳健收益的投资理念与ESG固定收益端投资十分契合。目前国内ESG主题理财产品的集中度较高，2020年以来发行ESG主题理财产品数量前三的理财子为：农银理财、华夏理财和兴银理财。三家公司深耕ESG领域多年，已经形成较为丰富的ESG主题理财产品体系，拥有一定先发优势。

从ESG主题理财产品的收益情况来看，以固定收益类、偏债混合类的理财产品取得较好收益率，权益类理财产品受市场环境影响大，目前收益率并不理想。整体来看，ESG主题理财产品以偏向于投资固定收益产品，发行数量在近几年不断上升，但相关产品仍集中在较早布局ESG领域的理财公司，可以预见未来后续公司的跟进将继续推动ESG主题理财产品数量的上升。

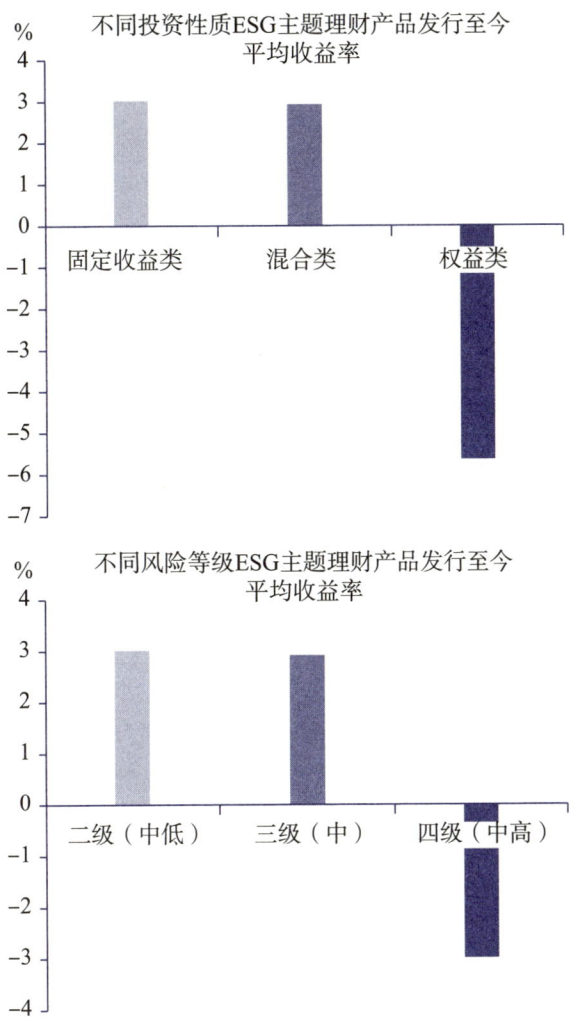

图3-21 ESG主题银行理财产品收益分布

资料来源：中国理财网，兴业碳金融研究院整理制图

总体来看，ESG主题银行理财产品有以下典型特征：

1）投资门槛低：一方面，目前各市场对于ESG理财产品门槛的设置普遍较低，多只产品已实现一元起购买。在国内投资者尚未对ESG投资理念有清晰认知的情况下，低投资门槛有助于吸引更多的投资者购买，进而加深对该类产品的了解。

2）产品种类集中：截至2023年3月底，184支的ESG主题银行理财产品中，固收类产品为主，共计124只，占比约67%；权益类产品仅1只，占比低于1%。虽然相较银行理财市场整体存续规模而言，ESG理财产品的种类已更为多元；但与公募基金相比，产品种类丰富度及分散度仍待提升，尤其权益类产品占比亟待实现突破。

当前中国ESG理财产品市场仍有较大发展空间，根据中国负责任投资论坛统计，目前大部分理财产品说明了其重点投资于绿色项目或乡村振兴、民生三农产业，绿色债券、绿色资产支持证券等带有绿色标签的产品是ESG理财产品投资的主要方向。当前理财产品仍旧有大量ESG因素可以挖掘，后续理财公司需进一步增强自身投研能力，将系统性的ESG方法论应用在理财产品当中，促进ESG理财产品市场向着多元化、高质量方向发展。

四、碳市场与碳金融

1.国际碳市场发展

1.1 国际碳市场运行情况

根据ICAP报告，目前全球在运行的包括地区、国家、省市等不同规模的碳市场交易体系一共有37个[①]。这些正在运行的碳市场所覆盖的司法管辖

---

① 资料来源：Emissions Trading Worldwide: 2023 ICAP Status Report，ICAP［EB/OL］，2023/03/22［2023/03/27］，https://icapcarbonaction.com/en/publications/emissions-trading-worldwide-2023-icap-status-report

区占全球GDP的55%，覆盖了全球17%的碳排放。

表3-10 全球碳市场类型

序号	类别	数量	内容
1	超国家机构	1	欧盟成员国，冰岛、列支敦士登、挪威
2	国家	10	奥地利、中国、德国、哈萨克斯坦、墨西哥、黑山、新西兰、韩国、瑞士、英国
3	省和州	20	加利福尼亚州、新泽西州、康尼狄格州、纽约州、特拉华州、新斯科舍省、缅因州、马里兰州、马萨诸塞州、新罕布什尔州、俄勒冈州、魁北克省、罗得岛州、埼玉县、福蒙特州、弗吉尼亚州、福建省、广东省、湖北省
4	城市	6	北京、重庆、上海、深圳、天津、东京都

资料来源：兴业碳金融研究院

表3-11 全球碳市场排放量覆盖范围

碳市场名称	覆盖范围
欧盟碳市场	38%
瑞士碳市场	12%
哈萨克斯坦	47%
加利福尼亚州总量和交易体系	75%
魁北克总量控制与交易体系	77%
区域温室气体倡议（RGGI）	14%
马萨诸塞州发电排放配额	8%
新斯科舍省总量控制与交易体系	87%
新西兰碳市场	49%
韩国碳市场	74%
东京都总量控制与交易体系	17%
埼玉县碳市场	20%
中国全国碳市场	44%

续表

碳市场名称	覆盖范围
墨西哥碳市场	40%
德国碳市场	38%
英国碳市场	26%
俄勒冈州总量控制与交易体系	45%
华盛顿州总量与投资体系	70%

资料来源：兴业碳金融研究院

2022年，全球碳市场交易规模达8650亿欧元（约合6.3万亿元人民币）。根据路孚特的统计，2022年，全球碳市场共交易125亿吨碳配额[①]。尽管交易量较2021年减少了21%，但由于碳价持续上涨，全球碳市场交易额仍再创历史新高。

纳入路孚特统计的大型碳市场主要包括欧盟、英国、中国、韩国、新西兰，以及美国的两大区域碳市场（加州主导的西部气候倡议和东北部的区域温室气体减排行动）。

欧盟碳市场仍然是全球交易规模最大的碳市场。2022年度，欧盟碳市场交易额达7514.59亿欧元，占全球总量的87%。虽然受俄乌冲突导致的俄罗斯天然气断供，欧洲能源市场陷入混乱等因素影响，包括碳配额在内的能源相关商品交易波动较大。但由于交易价格保持高位运行，因此在交易量下降了24%的情况下，交易额仍然实现了10%的同比增长。根据Wind数据统计，2022年度欧盟碳排放配额期货成交量为74.50亿吨；期货最低结算价为58.08欧元/吨，最高结算价为97.67欧元/吨。

相比之下，北美两大区域碳市场的总成交额达到626.77亿欧元，占全

[①] 资料来源：连续六年增长，全球碳市场总交易额去年超6万亿元，界面新闻［EB/OL］，2023/02/10［2023/03/01］，https://www.jiemian.com/article/8877922.html

球总量的7%。英国碳市场2022年的交易额为466.26亿欧元，占全球总量的5%。

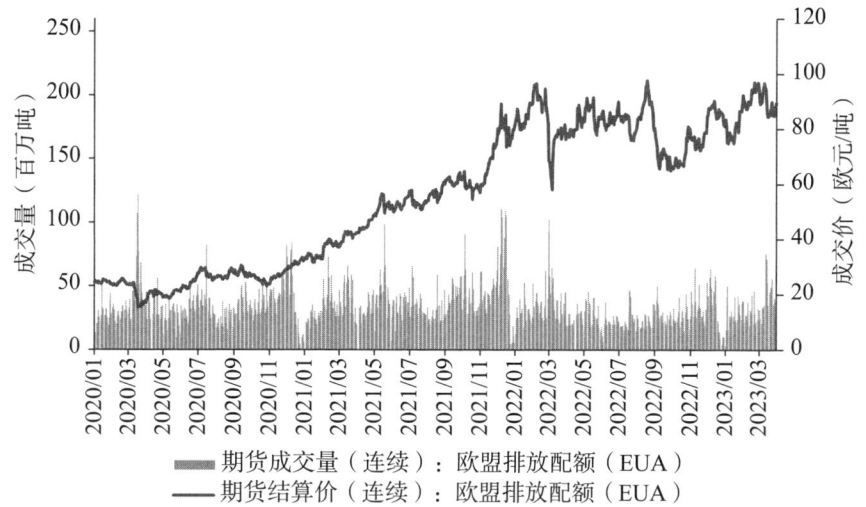

图3-22 欧盟碳配额（EUA）期货成交价与成交量（2020/1/12—2022/12/30）
资料来源：Wind，ICE，兴业碳金融研究院

1.2 国际自愿减排市场

在2021年，受到强劲的自愿减排需求和不断扩大的市场多样性（如新交易参与方、市场利基、交易基础设施以及不同的定价和偏好）等多因素影响，碳信用市场得到了充分的发展。

根据《全球碳价现状和趋势（2022）》（*State and Trends of Carbon Pricing 2022*）[①]，包括国际、地方和独立机制三种自愿减排机制下的碳信用签发量从3.27亿吨增长到4.78亿吨。这也是自2012年以来增幅最大的一年。其中，大部分碳信用来自独立机制下的自愿减排项目。2021年，独立机制下的

---

① 资料来源：State and Trends of Carbon Pricing 2022，worldbank[EB/OL]，2023/02/10[2023/03/01]，https://openknowledge.worldbank.org/entities/publication/a1abead2-de91-5992-bb7a-73d8aaaf767f

碳信用签发量达3.52亿吨，相比2020年上涨了88%，占据碳信用总签发量的74%。相比之下，CDM机制下的减排量签发仅占总签发量的11%，但相比2020年也上涨了25%。受《巴黎协定》条款6.4的影响，CDM未来的发展充满了不确定性，交易可能会逐步萎缩。地方机制下的碳信用签发量占全年总签发量的15%，其中大部分源自美国加州配额抵消计划和澳大利亚减排基金。而在签发的碳信用项目类型中，林地和土地利用项目类型是在过去一年中增长最快的，增幅达159%，签发数量也占据总签发量的三分之一。而这其中，又有70%的签发量来自亚洲，如柬埔寨、印尼和中国。

2021年增加的不只是碳信用的签发量，碳信用的价格也有了一定程度的上涨，全球碳信用平均价格从2020年2.49美元/吨上涨到2021年3.82美元/吨。虽然交易价格不断上涨，但不同来源的碳信用的价格差异也越来越明显。受购买者偏好影响，不同项目类型、项目位置、项目年份等因素，都会导致最终碳信用的购买价格不同。例如，根据S&P Global Platts的调查发现，通过碳移除方法获得的减排量的价格高于可再生能源项目产生的减排量。尽管碳移除项目的减排量交易价格更高，但是在整个碳信用的交易市场中，交易量仍然不大。原因可能有二：（1）项目开发方可能自发自用，因此市场上无相关碳信用供给；（2）由于该项目类型产生碳信用时间较长，所以市场上提供的基于移除的碳信用有限。

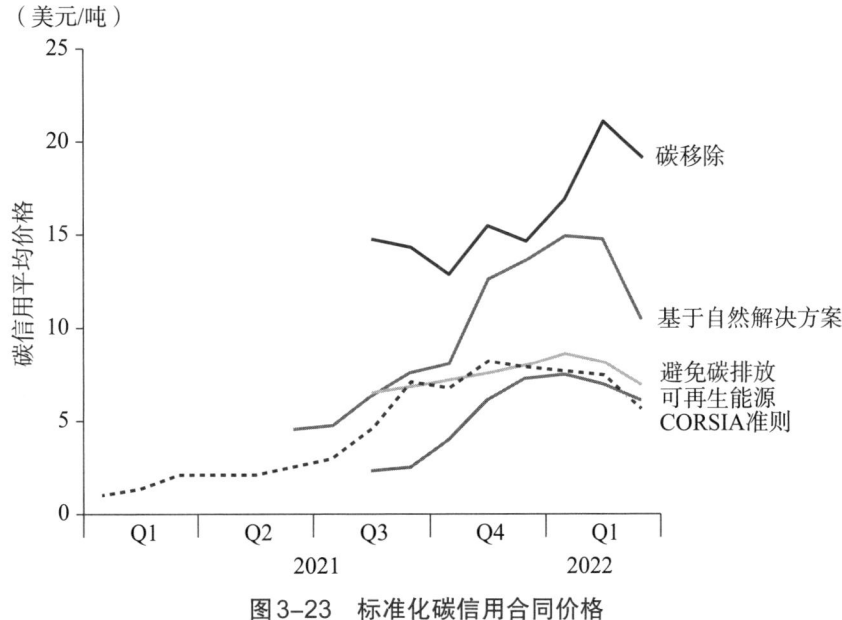

图3-23 标准化碳信用合同价格

资料来源：《全球碳价现状和趋势（2022）》（*State and Trends of Carbon Pricing* 2022）

2021年国际碳信用市场的增长更多的是因为企业以及其供应链在降碳和零碳的目标要求下而实现的。在全球共同降碳目标下，碳信用市场仍然能有着充足的动力发展。同时，随着国际航空碳抵消与减排机制（CORSIA）机制的实施，全球更多的碳市场和碳税机制实施，以及一个潜在的全球范围内的自愿碳市场等影响下，碳信用市场的发展还能获得更多动力。

根据香港金融发展局李律仁介绍，虽然自愿碳市场仍然处于起步阶段，但全球自愿碳市场总值预计到2027年将达171亿美元[1]，2022—2027年间的复合年均增长率将高达42.19%[2]。到2027年全球自愿碳市场的碳信用额交易量有望从2021年的约3亿吨二氧化碳当量增至6.8亿吨二氧化碳当量，

---

[1] 资料来源：金发局：港具建立多元且国际化的自愿碳市场优势，金融界［EB/OL］，2023/02/03［2023/02/06］，http://house.jrj.com.cn/2023/02/03093937315406.shtml

[2] 资料来源：千亿自愿碳市场火爆全球，中国拥有庞大供给，北极星碳管家网［EB/OL］，2023/02/06［2023/02/06］，https://news.bjx.com.cn/html/20230206/1286675.shtml

2022—2027年间的复合年均增长率约为14.69%。

2. 中国碳市场发展

2.1 全国碳市场

根据全国碳市场第一履约期纳入控排企业要求，全国共有2162家发电行业（含其他行业自备电厂）纳入全国碳市场。根据目前全国碳市场进展情况，第二期仍以发电行业为主，纳入标准是2020年和2021年任一年排放达到2.6万吨二氧化碳当量（或综合能源消耗量约1万吨标准煤）及以上的企业或者其他经济组织。因此第二履约期纳入全国碳市场的控排单位数量仍将维持在2000余家。

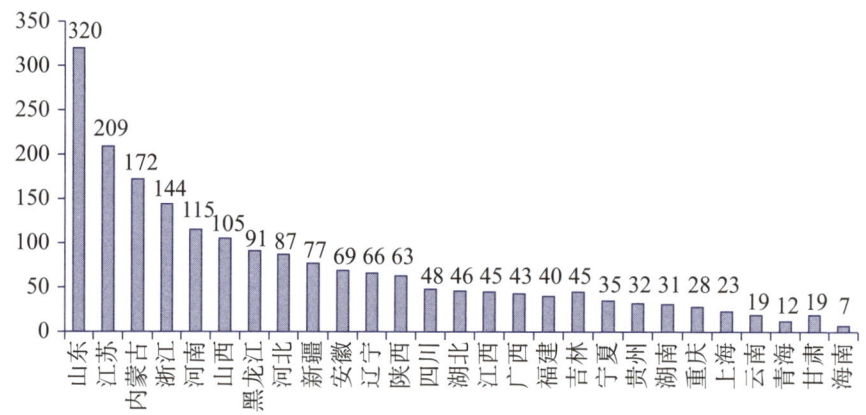

图3-24 全国碳市场第一履约期各省市纳入控排企业数量

资料来源：兴业碳金融研究院

全国碳市场在第一个履约周期（2021年7月16日—12月31日）共运行114个交易日，碳排放配额累计成交量1.79亿吨，累计成交额76.61亿元。自2021年7月16日全国碳市场正式启动到2022年7月16日，全国碳排放权交易市场运行一周年，累计运行242个交易日，碳排放配额总成交量1.94亿吨，总成交额84.92亿元，成交均价43.77元/吨。自2021年7月16日至2022

年12月30日，全国碳市场碳排放配额累计成交量2.30亿吨，累计成交金额104.75亿元。每日收盘价在41～62元/吨之间，所有交易的成交均价为45.61元/吨。

在2022年度，全国碳市场共运行50周、242个交易日。碳排放配额年度成交量5088.95万吨，年度成交额28.14亿元，每日收盘价在41～62元/吨之间，所有交易的成交均价为45.61元/吨。其中，挂牌协议交易年度成交量621.90万吨，年度成交额3.58亿元，单笔成交价在50.54～61.60元/吨，每日收盘价在55.00～61.38元/吨，12月30日收盘价55.00元/吨；大宗协议交易年度成交量4467.05万吨，年度成交额24.56亿元，单日成交均价在42.54～62.54元/吨，2022年度成交均价54.98元/吨。在2022年度中有几个比较重点的交易日：2022年11月24日，全国碳市场在第330个交易日成交量突破2亿吨大关；2022年12月22日，全国碳市场在第350个交易日累计成交额突破100亿元大关。

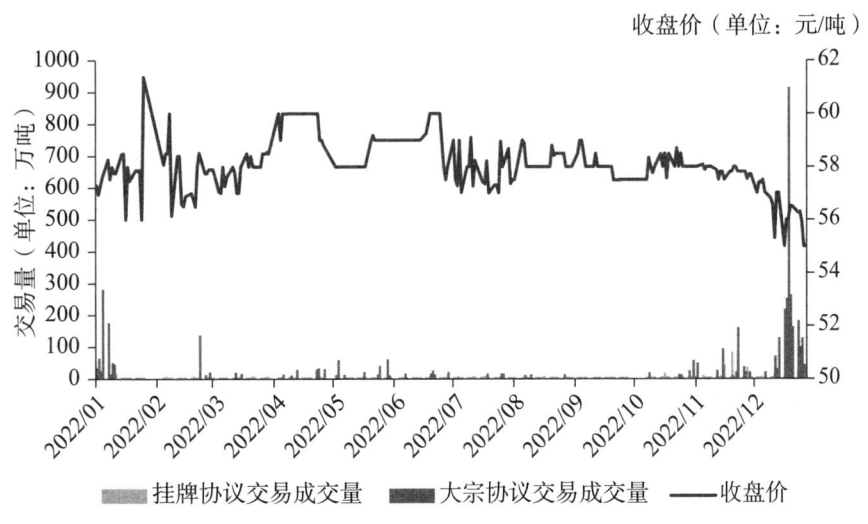

图3-25　2022年度全国碳市场交易信息

资料来源：兴业碳金融研究院

2022年度，全国碳市场稳步运行，每个交易日都有交易，基本建立全国碳市场交易框架，发挥市场机制促进重点排放企业减少碳排放，加快低碳绿色转型工作。但是，全国碳市场在运行满一年后依然存在交易集中的情况。从交易分布情况看，全年超过65%的交易量和交易额都发生在最后2月，交易量和交易额分别为0.3355亿吨和18.6302亿元。另一交易较多的时间段发生在1—2月，该阶段成交量占据全年的19%。而交易量和交易额最少的情况发生在9月。产生这种现象受多方面因素影响，主要可归为三个方面。

第一，目前全国碳市场交易主体较为单一。全国碳市场启动初期仅纳入发电行业，并且只有控排企业可以参与交易，尚未引入机构和个人投资者，因此目前市场交易主体均为具有履约义务的发电企业，履约成了驱动他们进行配额交易的最主要因素，所以会出现履约期交易活跃度远高于非履约期的现象。

第二，市场预期不明确。目前全国碳市场尚未公布未来碳配额总量以及碳排放基准值变化的长期规划，尤其全国第二个履约期的配额分配方案最终版迟迟没有公布，导致控排企业无法根据准确的配额预测结果而提前有针对性地准备后续履约相关工作。发电企业缺乏明确的预期，因此在配额可以结转使用的情况下，当具有履约义务的发电企业有盈余配额时可能倾向于长期持有以应对未来的不确定性，平时交易的意愿并不高。

第三，交易品种单一、风险管理工具缺乏。目前我国全国碳市场主要为碳配额现货交易，交易品种较为单一、风险管理工具缺乏，因此控排企业也缺乏对碳配额资产进行主动管理的动力。

针对以上三个问题，未来应着手扩大碳市场参与主体，尽快制订并发布配额分配长期方案，积极丰富碳市场交易产品。

（1）扩大碳市场参与主体。这包括两个方面，一个是将更多的行业和企业纳入全国碳市场履约的工作中；另一个是让更多控排企业之外的机构和个人投资者加入并参与碳市场。对于前者，尽快纳入更多行业和企业不仅是为了让碳市场的交易主体增多，也是碳市场深化运行的本质要求，是为了覆盖更多的碳排放量并加以有效管控。对于后者，更多的机构或个人投资者参与市场，可以极大地扩充市场参与主体数量，并丰富参与主体的类型，有效助力全国碳市场活跃度的提升。

（2）尽快制订并发布配额分配长期方案。为了帮助控排企业更好地制定配额清缴工作的策略和安排，积极应对碳市场履约工作，建议主管机构尽早开始制订较长期的配额分配方案并及时公布，以解决纳入控排企业面对配额分配方案的预期性、延续性和发布时间等诸多不确定性的潜在风险。

（3）积极丰富碳市场交易产品。为了进一步提升碳市场的活跃度，全国碳市场应积极开发完善相关碳交易产品，从现在的配额和CCER的现货交易逐步拓展到期货、期权、远期等多品种的碳交易衍生品。这样可以有效避免碳交易集中在履约截止期前而其他时间段交易量较少的情况，也可以有效帮助控排企业规避风险或者获得收益。考虑到多种碳交易产品可能对我国碳市场的潜在影响和冲击，保证碳市场的健康稳定运行，因此，一方面要加快健全碳金融法律法规，完善配额分配方式，稳定市场预期；另一方面，要多方协作推动碳金融市场的发展，与金融监管机构等部门进行合作沟通，合力规范碳金融市场。

2.2 地方试点碳市场

2022年度，8个地方碳市场（包括7个地方试点碳市场和福建碳市场）碳配额累计成交量合计4254.95万吨，累计成交额合计22.0655亿元。2022年度，广东和福建碳市场的累计成交量最大，分别为1460.913万吨和766.1429万吨；湖北、天津和深圳碳市场的交易量处于第二梯队，均超过500万吨；全年交易量最少的是重庆碳市场，交易量仅有75.9012万吨。从成交价来看，北京碳市场的成交价相比于其他碳市场一直处于较高水平，尤其是从下半年开始，成交价持续走高，碳价在第四季度均超过100元/吨；月度最低成交均价出现在深圳碳市场，最低为4.44元/吨，但随着深圳碳市场对年度履约清缴的要求，碳价逐渐上涨，最终达到52.18元/吨；另一个成交均价较低的为福建碳市场，价格从年初的18.4元/吨逐步上涨年底到31.57元/吨。其余碳市场成交均价则基本在30～80元/吨之间波动。虽然重庆碳市场在年中实现的了碳价的增长，但是最终年底收盘价低于年初的价格，也是唯一一个。

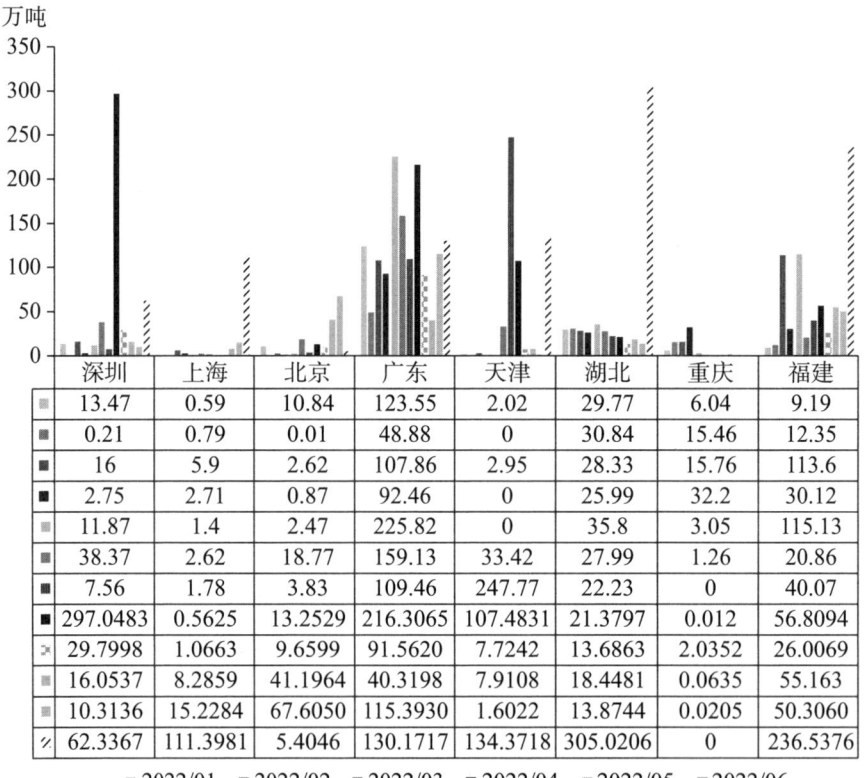

	深圳	上海	北京	广东	天津	湖北	重庆	福建
	13.47	0.59	10.84	123.55	2.02	29.77	6.04	9.19
	0.21	0.79	0.01	48.88	0	30.84	15.46	12.35
	16	5.9	2.62	107.86	2.95	28.33	15.76	113.6
	2.75	2.71	0.87	92.46	0	25.99	32.2	30.12
	11.87	1.4	2.47	225.82	0	35.8	3.05	115.13
	38.37	2.62	18.77	159.13	33.42	27.99	1.26	20.86
	7.56	1.78	3.83	109.46	247.77	22.23	0	40.07
	297.0483	0.5625	13.2529	216.3065	107.4831	21.3797	0.012	56.8094
	29.7998	1.0663	9.6599	91.5620	7.7242	13.6863	2.0352	26.0069
	16.0537	8.2859	41.1964	40.3198	7.9108	18.4481	0.0635	55.163
	10.3136	15.2284	67.6050	115.3930	1.6022	13.8744	0.0205	50.3060
	62.3367	111.3981	5.4046	130.1717	134.3718	305.0206	0	236.5376

■2022/01 ■2022/02 ■2022/03 ■2022/04 ■2022/05 ■2022/06
■2022/07 ■2022/08 ■2022/09 ■2022/10 ■2022/11 ╱2022/12

图3-26 中国各地方碳市场碳配额月度成交量

资料来源：Wind，兴业碳金融研究院

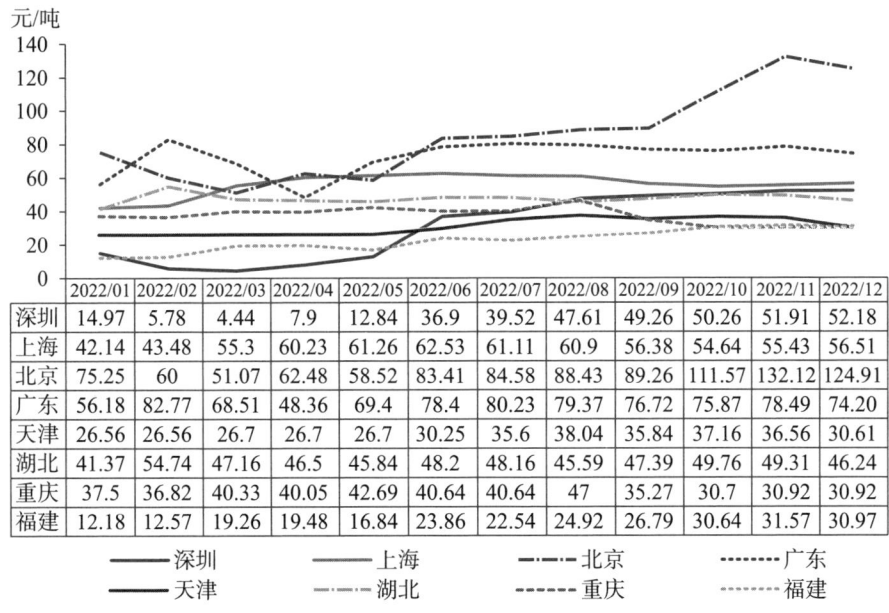

图3-27 中国各地方碳市场碳配额月度成交均价（加权）

注：若当月无成交，则取上月成交均价
资料来源：Wind，兴业碳金融研究院

交易量表现上看，除广东碳市场外，各试点碳市场日交易量呈现较为明显的周期现象，表现为在该试点碳市场履约期附近交易量大幅上升，而在其他时段交易量相对较小，这点与全国碳市场情况类似，更多反映出我国目前碳市场更多的是履约驱动。此外，天津和重庆碳市场还存在部分月份无交易成交的情况。

2.3 CCER市场

2017年3月，随着《国家发展和改革委员会关于暂缓受理温室气体自愿减排交易方法学、项目、减排量审定与核证机构、交易机构备案申请的公告》发布，CCER相关工作全部暂停。目前，国家相关主管部门正在积极筹备CCER重启工作。

暂停前CCER共发布200个方法学，可分为三大类，包括常规项目自愿减排方法学（109个），小规模项目自愿减排方法学（86个），农林项目自愿减排方法学（5个）。这些方法学中有173个是根据CDM方法学转化而来的。此外，广东、北京、四川、贵州、重庆等10个地区根据当地需要，结合自身情况，开发了地方减排方法学。因此，目前国内自愿减排方法学覆盖电力、交通、化工、建筑、碳汇等近40个领域。

截至2020年4月，CCER审定项目累计2856个，备案项目1047个，获得减排量备案项目287个[①]。需要说明的是，减排量备案项目中254个项目挂网公示，有33个项目获得签发批准，但尚未在CCER注册系统完成登记。

从备案类型项目看，CCER开发项目主要类型还是新能源和甲烷回收利用，其中风电、光伏发电和农村户用沼气又是其中最主要的类型，在所有已被备案的项目中占比分别达到39.64%、20.92%和11.56%，三种类型项目个数总占比已达到72.12%。而备案项目的预计减排量最多的项目类型为风电、水电和煤矿瓦斯发电，尤其是水电项目，94个备案项目预计产生的减排量占所有减排项目预计减排量的22.79%。而数量第二多的光伏发电预计产生的减排量仅排在所有预计减排的6.14%。最近备受关注的林业碳汇项目则在CCER暂停前并未有较多项目成功备案。

表3-12 按类型划分的CCER备案项目情况

类　　型	已备案		已备案项目预计减排量	
	数量（个）	比例	数量（万tCO$_2$）	比例
风电	415	39.64%	5291	37.23%
光伏发电	219	20.92%	873	6.14%
农村户用沼气	121	11.56%	570	4.01%
水电	94	8.98%	3238	22.79%
生物质发电	59	5.64%	751	5.28%

---

① EDF，中国温室气体自愿减排交易现状分析报告［EB/OL］，http://www.cet.net.cn/html/zl/bg/2020/0529/418.html，2020-05-29.

续表

类　　型	已备案		已备案项目预计减排量	
	数量（个）	比例	数量（万tCO$_2$）	比例
煤矿瓦斯发电	25	2.39%	1340	9.43%
余热发电	19	1.81%	187	1.32%
土地利用改造和林业碳汇	15	1.43%	254	1.79%
热电联产	8	0.76%	138	0.97%
天然气发电	4	0.38%	358	2.52%
其他	68	6.49%	1211	8.52%
合计	1047	/	14211	/

资料来源：《中国温室气体自愿减排交易现状分析报告》，兴业碳金融研究院

获得减排量最终签发且完成系统注册登记的项目共计254个，可再生能源相关的项目仍然是减排量签发的主要类型，占据了绝大部分。按照签发减排量数量看，水电和风电是CCER签发的主要来源，签发数量接近总的签发量的一半。虽然获得签发的光伏发电的项目数量较多，达到48个，但是光伏发电项目获得签发的减排量则十分有限，在总备案减排量中仅占5.18%。与之相反的是天然气发电和余热发电项目，较少的签发项目数量获得了客观的减排量。其他项目类型如热电联产、林业碳汇等，签发的项目数和减排量数则十分有限。

表3-13　按类型划分的CCER签发项目情况

类型	获得减排量项目		获得备案的减排量	
	数量（个）	比例	数量（万tCO$_2$）	比例
风电	90	35.43%	1246	23.54%
光伏发电	48	18.90%	274	5.18%
农村户用沼气	41	16.14%	629	11.88%
水电	32	12.60%	1342	25.35%
生物质发电	15	5.91%	272	5.14%
煤矿瓦斯发电	5	1.97%	245	4.63%
天然气发电	4	1.57%	568	10.73%

续表

类型	获得减排量项目		获得备案的减排量	
	数量（个）	比例	数量（万tCO$_2$）	比例
余热发电	4	1.57%	446	8.42%
热电联产	1	0.39%	6	0.11%
土地利用改造和林业碳汇	1	0.39%	1	0.02%
其他	13	5.12%	265	5.01%
总计	254	/	5294	/

资料来源：《中国温室气体自愿减排交易现状分析报告》，兴业碳金融研究

截至2022年8月，全国CCER累计交易量超过4.49亿吨，主要交易方式为协议转让和线上交易[①]。9家备案的地方交易机构中交易量较多的为上海、北京、天津和广东，各交易所的交易量见下表。

表3-14 全国各碳市场CCER累计成交量

地区	数量（万吨）	占比
上海	17326.06	38.62%
北京	4781.73	10.66%
天津	6516.22	14.53%
深圳	2783.79	6.21%
广东	7255.99	16.17%
福建	1539.48	3.43%
四川	3566.00	7.95%
重庆	229.27	0.51%
湖北	862.00	1.92%
合计	44860.54	/

资料来源：兴业碳金融研究院根据公开资料整理

---

① 资料来源：全国首份关注CCERs国际化发展（CORSIA市场）的"双语"报告发布！，广州碳排放权交易中心［EB/OL］，2023/02/02［2023/02/27］，https://www.cnemission.com/article/jydt/scyj/202302/20230200002845.shtml

目前，包括全国碳市场和地方碳市场都允许使用一定比例的CCER用于配额抵消履约。根据国家应对气候变化战略研究和国际合作中心数据披露，已有约6000万吨的CCER用于碳市场履约清缴，其中，约3400万吨用于全国碳市场的履约抵消。经过多年的使用，目前市场上留存的CCER数量仅1000余万吨[①]。

表3-15 国内碳市场碳信用抵消机制

市场	信用类型	比例限制	类型限制	地域限制	时效限制
全国	CCER	5%	无	无	2017年3月之前获得的减排量备案
深圳	CCER	10%	（1）可再生能源和新能源项目类型中的风力发电、太阳能发电、垃圾焚烧发电、农村户用沼气和生物质发电项目 （2）清洁交通减排项目 （3）海洋固碳减排项目 （4）林业碳汇项目 （5）农业减排项目	（1）风电、光伏、垃圾焚烧来自广东（部分地区）、新疆、西藏、青海、宁夏、内蒙古、甘肃、陕西、安徽、江西、湖南、四川、贵州、广西、云南、福建、海南等省 （2）全国范围内的林业碳汇、农业减排项目 （3）其余项目类型需要来自深圳市和与深圳市签署碳交易区域战略合作协议的省份地区	暂无

---

① 资料来源：梅德文：中国自愿碳市场已经做好了准备，会大有可为，人大重阳网［EB/OL］，2022/12/16［2023/02/06］，http://rdcy.ruc.edu.cn/zw/jszy/mdw/mdwgrzl/5d2370684fc74098add653440e56e0d5.htm

续表

市场	信用类型	比例限制	类型限制	地域限制	时效限制
上海	CCER	5%	所属自愿减排项目应为非水电类型项目	长三角以外地区产生的CCER抵消比例不超过2%	2013年1月1日后的减排量
北京	CCER、BCER	5%	非水电项目及非HFC、PFC、N_2O、SF_6气体的项目	50%以上来自北京	2013年1月1日后的减排量
广东	CCER、PHCER	10%	（1）CO_2或CH_4气体的减排量占项目减排量50% （2）不能是水电项目、化石能源的发电、供热和余能利用项目	70%以上来自广东	非CDM注册前产生的减排量
天津	CCER	10%	仅来自减排CO_2气体的项目，非水电项目	50%以上来自京津冀地区	2013年1月1日后的减排量
湖北	CCER	10%	农村沼气、林业类项目	来自长江中游城市群和湖北区域的贫困县（包括国定和省定）	2015年1月1日后的减排量
重庆	CCER	8%	（1）节约能源和提高能效 （2）清洁能源和非水可再生能源 （3）林业碳汇 （4）能源活动、工业生产过程、农业、废弃物处理等领域减排 （5）明确排除水电减排项目	全部来自重庆本地	2010年12月31日后的减排量

续表

市场	信用类型	比例限制	类型限制	地域限制	时效限制
福建	CCER、FFCER	10%	（1）非水电项目产生的减排量 （2）仅来自CO_2、CH_4的项目减排量	来自福建省内	2005年2月16日后开工建设

资料来源：广州期货研究中心[①]，兴业碳金融研究院

自2017年3月至今，我国CCER相关工作暂停已有六年时间。CCER作为我国碳排放权交易市场的重要组成部分，在支持我国"双碳"工作的开展中发挥着难以替代的作用。一是CCER作为一种有效的价值实现机制，可以帮助部分降碳增汇的减排项目避免因为收益低而导致的项目搁浅，有利于我国降碳工作的开展；二是随着全国碳市场进入第二个履约期，CCER的重启可以及时补充市场上CCER数量，帮助控排企业降低履约成本；三是CCER作为全国范围内统一的减排量开发机制，其有利于形成全国公平统一的减排标准规范，有利于减排量交易在全国范围内的认可和流通。因此，社会各界对于尽快重启CCER的呼声逐渐强烈。对此，生态环境部多位领导在多个场合已表示CCER会尽快重启。同时，各种迹象也表明CCER有望很快重启。

考虑到CCER还存在如方法学重复严重、减排量核算困难、CCER的管理和规则不甚完善统一、交易信息不透明等问题，未来相关部门应加快相关方法学的开发、整合、更新，构建更加符合市场需求的方法学体系，完善减排量的核算方法和监测方法，完善CCER的交易和应用规范，加强CCER管理，以及加快基础设施和能力建设。

---

① 资料来源：广州期货–专题报告–碳排放权：CCER重启在即，发展回顾与未来展望，原创力文档［EB/OL］，2021/10/29［2023/01/30］，https://max.book118.com/html/2021/1028/5114130213004042.shtm。

2.4 政策文件推进

为了保证全国碳市场的健康有序运行，主管机构积极稳妥推进全国碳市场制度体系、技术规范和能力建设等各项工作，从2020年底发布了一批碳市场相关文件，明确了碳市场的覆盖范围、总量设定、配额分配、交易规则、履约清缴、MRV制度、监管处罚等一系列工作内容和各方权责。

表3-16 全国碳市场重要文件

时间	文件名称	内容要点
2020年12月29日	关于印发《2019—2020年全国碳排放权交易配额总量设定与分配实施方案（发电行业）》《纳入2019—2020年全国碳排放权交易配额管理的重点排放单位名单》并做好发电行业配额预分配工作的通知	明确了纳入配额管理的重点排放单位名单、纳入配额管理的机组类别、配额总量、配额分配方法、配额发放、配额清缴以及特殊情况处理的办法
2020年12月31日	碳排放权交易管理办法（试行）	对温室气体重点排放单位纳入标准、配额分配与登记、排放交易、排放核查与配额清缴、监督管理办法和处罚办法等作出了相关规定和说明
2021年3月20日	关于公开征求《碳排放权交易管理暂行条例（草案修改稿）》意见的通知	是重要的碳市场法律条文，包含了立法目的、基本原则、职责分工、覆盖范围、重点排放单位、配额总量与分配方案、交易产品等一系列碳市场组成元素的说明和规定
2021年3月28日	关于加强企业温室气体排放报告管理相关工作的通知	对纳入控排企业的2020年度温室气体排放报告管理与核查工作作出安排和规定
2021年3月26日	关于印发《企业温室气体排放报告核查指南（试行）》的通知	对温室气体核查工作的范围、原则、程序、要点、复核工作、信息公开等作出明确的说明和要求，规范温室气体核查工作
2021年5月14日	关于发布《碳排放权登记管理规则（试行）》《碳排放权交易管理规则（试行）》和《碳排放权结算管理规则（试行）》的公告	对碳排放权登记、交易和结算工作作出说明

续表

时间	文件名称	内容要点
2021年10月23日	关于做好全国碳排放权交易市场数据质量监督管理相关工作的通知	对加强全国碳市场数据质量监督和管理作出指示和工作安排
2021年10月23日	关于做好全国碳排放权交易市场第一个履约周期碳排放配额清缴工作的通知	对全国碳市场第一个履约周期重点排放单位碳排放配额清缴工作作出指示和工作安排,并说明使用CCER抵消配额清缴的流程
2022年2月15日	关于做好全国碳市场第一个履约周期后续相关工作的通知	对未能按时足额清缴配额的企业进行处理,并组织完成第一个履约周期重点排放单位配额清缴完成和处理信息公开相关工作
2022年3月10日	关于做好2022年企业温室气体排放报告管理相关重点工作的通知	对纳入控排企业的2021年度温室气体排放报告管理与核查工作作出安排和规定
2022年6月7日	关于高效统筹疫情防控和经济社会发展调整2022年企业温室气体排放报告管理相关重点工作任务的通知	针对2022年企业温室气体排放报告管理与核查工作调整情况作出说明和安排
2022年8月19日	《关于加快建立统一规范的碳排放统计核算体系实施方案》	从四方面提出标准建设工作:建立全国及地方碳排放统计核算制度、完善行业企业碳排放核算机制、建立健全重点产品碳排放核算方法和完善国家温室气体清单编制机制
2022年11月03日	关于公开征求《2021、2022年度全国碳排放权交易配额总量设定与分配实施方案(发电行业)》(征求意见稿)意见的函	公布全国碳市场第二履约期配额分配方案,并征询修订意见,以便为后续工作开展奠定基础
2022年12月21日	关于印发《企业温室气体排放核算与报告指南发电设施》《企业温室气体排放核查技术指南发电设施》的通知	修订完善《企业温室气体排放核算与报告指南发电设施》《企业温室气体排放核查技术指南发电设施》,规范碳排放核算与核查工作标准与流程,为后续工作开展奠定技术基础

资料来源:兴业碳金融研究院

随着《企业温室气体排放核算与报告指南发电设施》《企业温室气排

放核查技术指南发电设施》《2021、2022年度全国碳排放权交易配额总量设定与分配实施方案（发电行业）》（征求意见稿）等文件发布，纳入全国碳市场的2000余家发电行业企业即将在2023年度面临第二次配额履约清缴。因此可以预见2023年度的全国碳市场的交易活跃度将会出现较大提升。在经历过第一个履约期后，各企业在履约交易方面获得了一定的经验，推测交易分布过于集中的情况可能有所改观。另外在碳市场制度建设方面，《国务院2022年度立法工作计划的通知》中已明确《碳排放权交易管理暂行条例》的制定工作。《碳排放权交易管理暂行条例》的尽快完成编制并发布，将有效填补我国碳市场目前的法律空白，进一步完善碳市场的制度建设。

此外，随着我国"双碳"工作的开展，节能降碳的理念逐步深入人心，以及欧盟碳关税提出对我国部分出口产品带来的压力，各地都逐步提高了对碳普惠和碳足迹的发展应用，多地出台了相关政策。在碳普惠方面，广东出台《广东省碳普惠交易管理办法》，上海发布《上海市碳普惠体系建设工作方案》，深圳印发《深圳市碳普惠管理办法》等。在碳足迹方面，上海发布了《上海加快打造国际绿色金融枢纽服务碳达峰碳中和目标的实施意见》，天津发布了《关于贯彻落实〈国家标准化发展纲要〉的意见》，广东发布了《广东省发展绿色金融支持碳达峰行动的实施方案》等。可以预见，未来围绕碳普惠和碳足迹的工作开展，将会出台一系列配套文件。

3. 碳金融创新与实践

3.1 碳金融实践情况

2022年4月，证监会发布《碳金融产品》（JR/T 0244—2022），该标准将碳金融产品分为碳市场融资工具、碳市场交易工具（碳金融衍生品）、碳市场支持工具三大类，并在碳金融产品分类的基础上，给出了具体的碳金融产品实施要求，为金融机构开发、实施碳金融产品提供指引。

表3-17 全国碳市场重要文件

分 类	定 义	碳金融产品
碳市场融资工具	以碳资产为标的进行各类资金融通的碳金融产品	主要包括碳债券、碳资产抵质押融资、碳资产回购、碳资产托管等
碳市场交易工具（碳金融衍生品）	在碳排放权交易基础上，以碳配额和碳信用为标的的金融合约	主要包括碳远期、碳期货、碳期权、碳掉期、碳借贷等
碳市场支持工具	为碳资产的开发管理和市场交易等活动提供量化服务、风险管理及产品开发的金融产品	主要包括碳指数、碳保险、碳基金等

资料来源：《碳金融产品》（JR/T 0244—2022），兴业碳金融研究院

但是，考虑到全国碳市场尚处于运营初期，碳市场建设坚持稳中求进的工作总基调，全国碳市场的交易品种、交易方式和交易参与方都十分有限。目前全国碳市场交易以配额现货交易为主，交易主体为纳入全国碳市场的2000余家控排企业。考虑到企业履约成本压力，允许企业使用一定比例的CCER，用于企业配额履约清缴抵消。因此，CCER现货交易也是目前全国碳市场另一个主要交易品种。

相比之下，我国地方试点碳市场在碳交易方面则做出了充分的探索和尝试，各地也根据各自的发展规划和运行特点，创新了碳金融产品应用。例如，上海碳市场推出了碳配额质押、CCER质押、借碳交易、卖出回购等碳金融产品；广东碳市场推出了配额抵押融资、配额回购融资、配额远期交易、CCER远期、配额托管等碳金融产品；深圳碳市场推出了碳债券、碳配额托管、碳基金、碳资产质押融资等碳金融产品；湖北碳市场推出了碳远期、碳基金、碳资产质押、碳债券、碳资产托管、碳排放配额回购融资等碳金融产品等。

除了国内碳市场，随着全球碳市场工作的不断推进，香港交易及结算有限公司（香港交易所）在2022年度推出全新的国际碳市场Core Climate，致力连接资本与香港、中国内地、亚洲以至全球的气候相关产品和机遇。

Core Climate上的碳信用产品来自全球各地经国际认证的碳项目，包括碳避免、减碳及碳消除项目。在推出一个月内，Core Climate已完成约40万吨的中国及全球碳信用产品的交易。同时，Core Climate是目前唯一为国际自愿碳信用产品交易同时提供港元及人民币结算的碳市场。这将有力促进更多国际碳交易的达成，成为中国连接世界碳交易的重要桥梁，并成为可持续金融工作开展的重要枢纽，加快两地甚至更大区域的低碳转型工作。此外，2022年度海南国际碳排放权交易中心也于海南三亚设立。其利用海南的重要战略地位建设国际碳市场的定位，也会在未来在推动我国与国际碳市场的连接的工作中发挥重要作用。

3.2 林业碳汇碳金融产品发展情况

在目前CCER暂未重启的情况下，考虑到森林具有良好的负碳效应，因此，林业碳汇得到了广泛的关注和大力发展。交易所、商业银行、保险公司等多方围绕林业碳汇的业务模式和金融产品做出了许多探索和创新，如林业碳汇远期交易、林业碳汇预期收益权质押贷款、"碳汇预期收益权+产业预期收益权"质押贷款、林业碳汇保险、林业碳汇指数保险、林业碳汇生态补偿机制等，并取得了一定成果。为我国碳金融的发展做出了有益的尝试，推动了碳金融行业的发展。

尤其是在林业碳汇质押贷款方面，多地均做出了许多尝试。目前，林业碳汇质押贷款主要是有5种模式，包括："碳汇量"质押、"碳汇+产业收益（如农业、林业等）"质押、"碳汇预期收益权"质押、"碳汇预期收益权+产业预期收益权"质押和"林业碳票"质押。其中，"碳汇+农业产业收益"质押和"碳汇预期收益权"质押是目前最主要的两种碳汇融资模式，融资规模占比最高。

林业碳汇质押贷款一般涉及三方，即林业碳汇持有者、金融机构和第三方机构。常规流程如下。首先是由林业碳汇持有者（借款人）向能开展此业务的金融机构提出贷款申请，金融机构根据内部相关的贷款制度与借款人进行协商，质物一般为借款人所持有的经核证签发的碳汇量。金融机构初步同意后，委托林业碳汇价值评估机构（第三方机构）对借款人持有的林业碳汇价值进行评估，并根据评估结果，告知借款人可贷款数额。若借款人对此无异议，则可签订合同。金融机构收到碳汇权证后，即可放贷给借款人。

表3-18 林业碳汇质押贷款产品案例说明

贷款产品	说　明
碳汇致富贷	"碳汇致富贷"是农村信用社顺昌联社与顺昌县森林生态银行联合推出的一款专属信贷产品，将脱贫户、脱贫村拥有的碳汇收益权通过"森林生态银行"设定质押向客户发放贷款，着力解决脱贫户、脱贫村等从事生产经营遇到的资金问题
碳林贷	"碳林贷"是中国农业银行十堰分行创新推出的首个与碳汇相关的绿色金融产品，是为从事林木培育、种植或者管理的企业专门设计的创新信贷产品，以植树造林产生的碳汇收入作为还款来源，以预计可实现的森林碳汇收益权作为质押
碳汇贷	"碳汇贷"综合融资模式是海峡股权交易中心和兴业银行共同创新的，以"质押+约定回购"的组合融资模式，对林业碳汇现货采用质押融资贷款，对远期碳汇约定到期回购的林业碳汇组合质押模式，拓宽林场绿色融资渠道，通过碳金融产品创新助力更多生态资源高效转化为生态资产，生态价值转化为经济价值
林业碳汇贷	"林业碳汇贷"是福州市市林业局联合建设银行福州杨桥支行，将营林产生的林业碳汇价值量作为贷款额度的评估依据，为林农量身打造了一款专属的碳汇金融产品，为林业融资开辟了新渠道，让林农、林企通过林业碳汇等非木质产品来获取经济效益，扩大生产发展资金，提高营林主体积极性，为林业产业化经营助力
绿碳贷	"绿碳贷"是泰州农商银行在人民银行泰州市中心支行指导下，以植树造林产生的碳汇收入和经济收入作为主要还款来源的贷款，预计可实现的碳汇收益权能用于贷款质押
林业碳汇贷	"林业碳汇贷"是中国农业银行根据企业碳汇林所蕴含的经济价值，结合权威性的碳汇评估机构评估结果，参照国内碳市场碳汇交易市场价格，以预计可实现的碳汇收益权作为质押的绿色金融创新产品，为生态产品价值实现提供了新路径，为实体企业融资拓宽渠道开辟了一条新路径。该产品在浙江湖州市和湖北黄石市均有相关实践

续表

贷款产品	说　明
零碳相伴	浙江衢州市林业局与县农商行联合出台《开化县"零碳相伴"贷款管理办法（试行）》，推出了"零碳相伴"绿色金融产品。该产品首创"森林碳汇价值质押贷款+林权抵押贷款/公益林收益权质押贷款"多种质押物联体贷款模式，以森林资源资产价值、公益林补偿收益权和森林碳汇价值作为贷款额度的主要参考依据，贷款额度最高可达碳汇评定价值的20倍和所在森林的林权抵押贷款额度或公益林补偿收益权质押贷款额度综合，显著提高贷款额度。同时，创新采用"森林碳汇储量+森林碳汇增量"林业碳汇组合质押模式，提高碳汇质押贷款融资能力，解决国有或国有控股经济组织、村经济合作社等借款人的融资难问题
竹林碳汇贷	依据《竹林经营碳汇项目方法学》等研究成果，安吉农商行从竹林碳汇角度出发，以竹林每年增汇产生的减碳量质押的融资模式，出台了全国竹林碳汇质押贷款业务
森林碳汇贷	锡林浩特农村合作银行创新开发了"森林碳汇贷"贷款产品，该产品以林地预计可实现的碳汇收益权作为质押，参考全国碳排放权交易市场的交易价格，通过人民银行征信中心动产融资统一登记公示系统进行质押登记和公示，丰富地方法人机构绿色信贷产品种类，拓宽绿色信贷抵质押范围
碳汇贷	中国建设银行泾县支行与泾县兆林木材加工厂签约了林业碳汇预期收益权质押贷款的"碳汇贷"业务，此次贷款利率按央行1年期LPR市场报价利率3.85%执行。

资料来源：兴业碳金融研究院根据公开资料整理。

在林业碳汇保险方面，目前也主要有三类业务模式：第一类是以未来碳汇量作为保险标的；第二类是以保障碳汇收入作为保险目标，主要聚焦于林业碳汇价格，确保林业碳汇交易收入；第三类是林业碳汇指数保险，以碳汇损失计量为补偿依据，目的是保障林业所产生的富余价值、生态环保价值、碳汇恢复期间耗损、固碳能力修复成本以及碳排放权交易价值。

林业碳汇在扶贫上也发挥着积极作用，通过有效挖掘当地林业碳汇资源，采用林业碳汇量交易模式，结合互联网平台，把零散的、小额的林业碳汇资源充分加以聚合和售卖，通过自由交易，促进大众对林业碳汇的购买，从而增加农户的收入。贵州省推出的"株碳汇精准扶贫项目"取得了良好的效果，截至2022年8月底，贵州省单株碳汇项目已覆盖全省9个市（州）33个县724个村的11793户，累计开发465万余株，年可售碳汇量4658万千克，购碳资金总额达1318万余元，户均增收1100余元[①]。

另外，林业碳汇在生态补偿方面的应用也探索出新的道路。传统碳汇主要用于碳排放履约或是实现碳中和目标，核心是为了实现降碳目标。部分地区通过"碳汇+生态司法"的应用探索，丰富了碳汇的内涵、价值和法律属性，目前主要用于生态破坏案件中的生态补偿。其实不止林业碳汇，包括海洋碳汇等其他基于自然解决方案的碳汇项目都可以采用该模式，实现生态价值。例如，2022年8月30日，厦门设立全国首个生态司法公益碳账户，同时对因非法采矿行为造成海洋生态资源环境损害而被抓获的被告人实施以购买海洋碳汇的方式对海洋生态资源的破坏进行间接补偿。

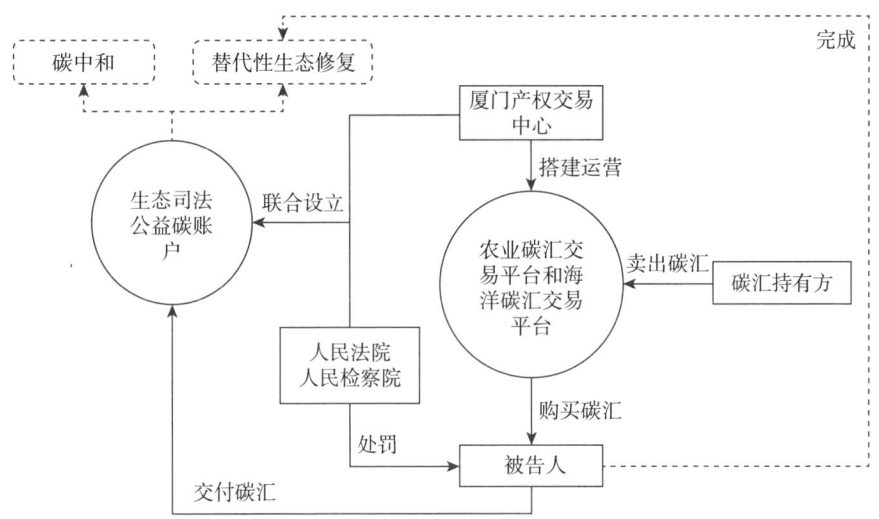

图3-28　厦门"生态司法+碳汇交易"模式示意图

资料来源：兴业碳金融研究院

---

① 贵州省单株碳汇项目购碳资金超1300万元，贵州省人民政府［EB/OL］，2022/09/21
［2022/09/22］，http://www.guizhou.gov.cn/home/gzyw/202209/t20220921_76501600.html

尽管以林业碳汇为基础的碳金融得到了充分的发展，仍面临着一些亟待解决的问题。一是在政策标准方面，我国林业碳汇方法学开发时间久远，数量不足，难以满足快速发展的实际需要，且碎片化问题普遍；二是在碳汇政策与法律规范方面，林业碳汇政策体系不完善，碳汇权属问题突出，绿色金融支持林业碳汇的政策体系亟待完善，林业碳汇金融产品标准有待出台；三是在林业碳汇价值实现方面，林业碳汇价值面临难以实现、难以度量、最终价值实现存在很大不确定性、交易不活跃、各地交易价格差距较大等问题；四是在林业碳汇收益应用上，现行林业碳汇收益分配方式影响林业碳汇项目的进一步发展；五是在管理制度与基础能力方面，尚未建立一套有效的针对林业碳汇项目的管理制度和流程，林业碳汇行业面临人才、基础设施和信息披露机制缺失的问题等。

展望未来，完善林业碳汇政策体系，加快林业碳汇方法学、标准的开发和完善，出台林业碳汇产业化的相关激励政策，推进建立林业碳汇多元化价值核算评估体系，加强林业碳汇产品价值实现的保障机制建设，积极推进CCER重启，完善林业碳汇交易规则，进一步细化与林业碳汇相关的金融产品和工具的制度规范，完善绿色金融支持林业碳汇的产品创新体系，加强基础设施建设与信息披露，加强人才培养等是在未来需要不断推进和加强的工作。

五、金融支持绿色发展趋势展望

1. 趋势一：转型金融与绿色金融成金融支持"双碳"目标的"双支柱"

1.1 政策制度体系：做好绿色金融与转型金融的有效衔接

做好绿色金融与转型金融的有效衔接是未来金融支持绿色低碳转型发

展的政策重点之一。2022年初，人民银行召开2022年研究工作电视会议时指出，要以支持绿色低碳发展为主线，继续深化转型金融研究，实现绿色金融与转型金融的有序有效衔接，形成具有可操作性的政策举措[①]。2022年11月，人民银行副行长宣昌能在第五届虹桥国际经济论坛"推进转型金融促进绿色低碳发展"分论坛上表示："未来，人民银行将进一步做好绿色金融与转型金融的有效衔接，将绿色金融的成功做法和经验推广应用到支持转型经济活动的领域。"[②]

G20发布转型金融框架，为我国转型金融政策体系构建提供指引。2022年11月16日，G20领导人峰会批准并正式发布了G20可持续金融工作组（SFWG）提交的《2022年G20可持续金融报告》，其中包括《G20转型金融框架》，主要围绕五大支柱提出了22条具体原则，是一套关于转型金融的高级别原则，将有助于国际各方构建自身转型金融政策。《G20转型金融框架》由中国人民银行牵头制定，因此预计我国转型金融政策体系将在该框架下制定。

G20转型金融框架五大支柱与中国人民银行确定的绿色金融政策五大支柱具有高度一致性，将有助于将绿色金融政策经验推广至转型金融领域，但在具体原则中也体现了转型金融区别于绿色金融的特点，为绿色金融与转型金融的有序有效衔接提供了指引。

---

① 资料来源：人民银行召开2022年研究工作电视会议，中国人民银行［EB/OL］，2022/04/07［2022/11/24］https://mp.weixin.qq.com/s/I-VKDIwuMzKl2YLScD7waA

② 资料来源：人民银行副行长宣昌能：进一步做好绿色金融与转型金融的有效衔接，金融时报［EB/OL］，2022/11/06［2022/11/24］https://baijiahao.baidu.com/s?id=1748762601451644589&wfr=spider&for=pc

表3-19 转型金融与绿色金融政策框架对比

	G20转型金融框架五大支柱	中国人民银行确立的 绿色金融政策五大支柱
支柱一	对转型活动和转型投资的界定标准	健全绿色金融标准体系
支柱二	对转型活动和转型投资的信息披露	完善金融机构监管和信息披露要求
支柱三	转型金融工具	构建政策激励约束体系
支柱四	支持转型的激励措施	不断完善绿色金融产品和市场体系
支柱五	公正转型	加强绿色金融国际合作

资料来源：兴业碳金融研究院整理

支柱一——界定标准方面，无论是绿色金融还是转型金融的发展，明确标准都是前提和基础。当前，我国已经建立了相对完善的绿色金融标准体系，主要以《绿色产业指导目录》为基础，其中绿色信贷主要按照是否用于绿色用途，绿色债券主要对应绿色项目。转型金融标准与绿色金融标准将有一个明显的不同，即转型活动可以是具体的项目，也可以是更为广泛的企业经济活动、制订了低碳转型计划的实体。因此，转型金融标准主要包括两个层面的内容，一是转型金融的原则界定，二是转型金融的分类目录和技术要求。前者为整个转型金融的实施和转型金融分类目录和技术要求的制定提供指导和依据，后者则用于指导具体的实施。目前全球统一的转型金融标准尚未形成，但G20可持续金融工作组已对转型金融标准有了一些初步性的原则[①]。

支柱二——信息披露方面，绿色金融信息披露制度的完善是防止"洗绿"风险的重要手段，而对于转型金融来说，信息披露要求则更为重要，尤其是当转型金融支持的是更为广泛的企业经济活动时，需要确保企业与

---

① 资料来源：金融机构为何"不敢"为转型活动提供服务？转型金融体系需具备五要素，21世纪经济报道［EB/OL］2022/03/17［2022/05/28］，https://finance.sina.com.cn/money/bank/bank_hydt/2022-03-17/doc-imcwipih9091010.shtml

《巴黎协定》控制温升目标的要求相一致。G20转型金融框架在信息披露方面提出了6条原则：一是披露最新转型计划，包括可信、可比的中、长期目标和实施时间表；二是定期披露进展情况；三是披露气候相关数据，包括范围1和范围2排放数据，以及可能的范围3排放数据；四是披露确保转型计划可以得到实施的公司治理安排；五是披露用于衡量转型进展和成效的方法；六是披露从转型融资工具筹集的资金的使用情况。

支柱三——转型金融工具方面，对应着中国人民银行确立的绿色金融政策五大支柱的支柱四。为了给经济社会的绿色和转型发展提供资金支持，创新开发各类金融工具至关重要。近几年来，我国绿色金融市场，尤其是绿色信贷与绿色债券市场快速发展，已初具规模。由于绿色金融专注于支持纯绿或接近纯绿领域，因此绿色金融工具的一大重点是对募集资金使用领域的监控。而转型金融支持范围更加广泛，侧重低碳转型成效，这给转型金融工具带来了更大的创新空间，如近期出现了一系列与转型目标挂钩的创新转型金融工具。G20转型金融框架也为转型金融工具的开发提出了3条原则性建议：一是融资方应提交一份详细、科学的与《巴黎协定》目标一致的转型计划；二是融资方应遵循前述信息披露相关要求；三是转型金融工具可以纳入激励/惩罚措施，以鼓励减排目标或其他可持续相关绩效目标的实现。

支柱四——支持转型的激励措施方面，对应着中国人民银行确立的绿色金融政策五大支柱的支柱三。在绿色金融发展过程中，我国出台了一系列激励约束政策，以解决其负外部性问题。而在低碳转型发展已成为全球共识的当下，高碳企业被普遍认为具有更高的风险，因此较难获得长期的转型资金支持，也由此需要制定相应的政策措施来激励市场为它们提供转型资金。G20转型金融框架提供了一系列可供参考的激励政策。

表3-20　G20转型金融框架提供的可参考的转型金融激励政策

可参考的转型金融激励政策
• 降低风险的措施，如政府或多边开发银行提供贷款担保
• 向转型公司/项目提供优惠融资，如贴息
• 对转型金融工具第三方核查的补贴
• 中央银行工具
• 碳排放权交易、碳税等碳定价机制
• 政府出资的"转型基金"
• 公共采购
• 对从事转型活动的公司提供税收优惠
• 可以促进转型活动需求或市场份额的部门法规，如为电力、建筑和制造业部门设定最低能源效率标准，或为产品设定环保标签认证
• 引入监管或自愿的最佳实践关键绩效指标（KPI），帮助市场参与者评估金融产品的转型战略，并鼓励使用转型金融工具

资料来源：《2022年G20可持续金融报告》，兴业碳金融研究院

支柱五——公正转型方面，这是区别于人民银行确立的绿色金融政策框架的一个支柱。虽然当前各方已认识到转型的紧迫性，但转型仍需要把握好节奏有序推进，过于激进的转型可能会对不同的家庭、工人、社区、企业、行业、区域等产生较大的负面影响，尤其是在欠发达地区。因此，转型金融政策的制定需要评估和减少对社会和经济带来的负面影响。对此，G20转型金融框架也提出了3个原则性建议：一是鼓励融资人评估和减轻他们的转型计划或其他战略的潜在影响；二是开发公正转型的示范案例；三是加强各利益相关方之间的对话与合作，制定全面的战略来减轻转型对经济和社会带来的负面影响。

1.2　激励政策：支持煤炭清洁高效利用专项再贷款出台

"双碳"工作不可能毕其功于一役，正如习近平总书记在2021年12月的中央经济工作会上提出的，传统能源逐步退出要建立在新能源安全可靠

的替代基础上,要立足以煤为主的基本国情,抓好煤炭清洁高效利用,增加新能源消纳能力,推动煤炭和新能源优化组合。因此,当前煤炭清洁高效利用也是推动"双碳"目标实现的重要方面。

2021年11月召开的国务院常务会议指出,我国能源资源禀赋以煤为主,要从国情实际出发,着力提升煤炭清洁高效利用水平,加快推广成熟技术商业化运用。会议决定,在前期设立碳减排金融支持工具基础上,再设立2000亿元支持煤炭清洁高效利用专项再贷款,形成政策规模,推动绿色低碳发展。根据该会议决定,人民银行联合发改委、能源局创设了支持煤炭清洁高效利用专项再贷款,专项支持煤炭安全高效绿色智能开采、煤炭清洁高效加工、煤电清洁高效利用、工业清洁燃烧和清洁供热、民用清洁采暖、煤炭资源综合利用、煤层气开发利用等领域。对于符合要求的贷款,按贷款本金的100%予以低成本资金支持,利率1.75%,目前实施期为2021年到2022年末,按月操作,属于阶段性工具。发放对象主要为国家开发银行、进出口银行、中国工商银行、中国农业银行、中国银行、中国建设银行、交通银行等7家全国性金融机构。

2022年5月,人民银行新增1000亿元支持煤炭清洁高效利用专项再贷款额度,专门用于支持同煤炭开发使用和增强煤炭储备能力相关的领域。截至2022年末,通过该项工具已累计发放资金811亿元。

1.3 市场发展:转型金融市场创新不断

1.3.1 转型金融信贷工具创新

在转型金融信贷工具中,可持续发展挂钩贷款正快速发展,但还很少有贴标的转型贷款推出。根据Refinitiv的统计[①],2021年全球新增的可持续挂钩贷款规模达到了7170亿美元,相比2020年增加了300%。"双碳"目标下,

---

① 资料来源:Refinitiv. Sustainable finance continues surge in 2021[R].2021年12月.

我国金融机构和贷款人已经开展了多笔可持续挂钩贷款的尝试，通过其灵活的价格机制和透明度管理要求，以有效支持传统的绿色金融标准下"不敢"支持的转型项目和活动，拓宽了企业融资渠道。尤其是与"碳"挂钩的各类创新贷款产品不断涌现，如碳减排挂钩贷款、碳足迹挂钩贷款、碳中和挂钩贷款等。

1.3.2 转型金融债券工具创新

在国际市场，全球可持续发展挂钩债券和转型债券发行规模快速增长。根据气候债券倡议组织发布的数据，截至2022年三季度末，全球可持续发展挂钩债券和转型债券累计发行规模分别达到1929亿美元和127亿美元，分别较上年末增长了49.1%和36.6%。

在国内市场，可持续发展挂钩债券发行规模迅速增长，并且2022年交易所和交易商协会还陆续创新推出了低碳转型债券、低碳转型挂钩债券和转型债券试点，合计累计发行规模已超过1000亿元。截至2022年末，中国境内市场各类贴标转型债券累计发行规模合计1172.2亿元，其中，可持续发展挂钩债券、低碳转型挂钩债券、低碳转型债券和转型债券分别累计发行872亿元、223.9亿元、27亿元和49.3亿元。

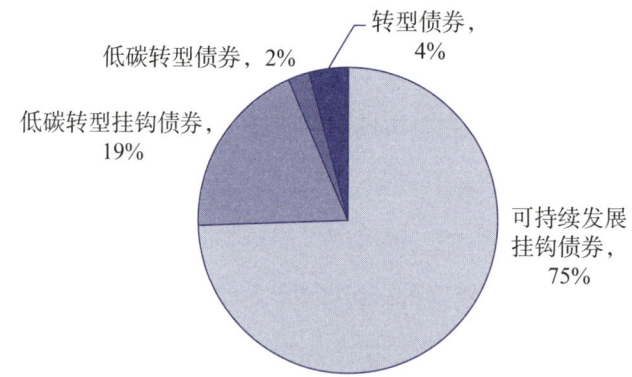

图3-29 截至2022年末我国境内市场各类转型债券累计发行规模占比

资料来源：Wind，兴业碳金融研究院

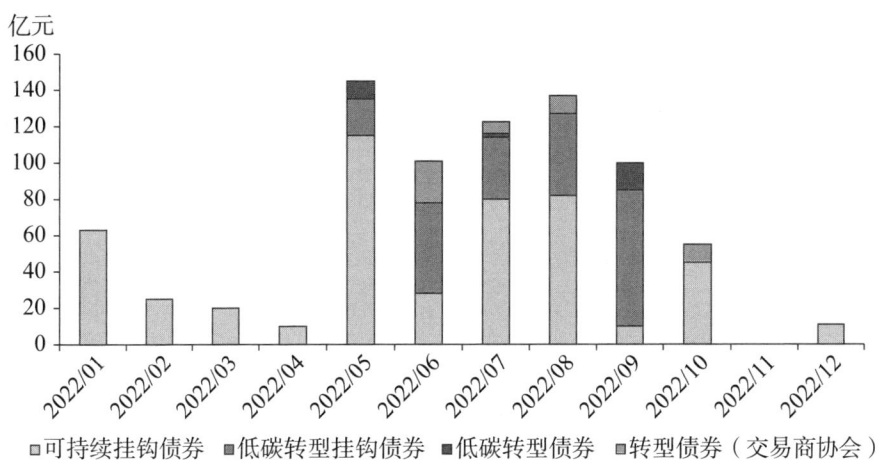

图3-30 2022年以来中国境内市场转型类债券月度发行规模

资料来源：Wind，兴业碳金融研究院

一是可持续发展挂钩债券和低碳转型挂钩债券（SLB）。2021年4月，交易商协会推出可持续发展挂钩债券（SLB），主要是指将债券条款与发行人可持续发展目标相挂钩的债务融资工具，相关要求主要参照国际资本市场协会（ICMA）《可持续发展挂钩债券原则》。2022年6月2日，上交所明确了低碳转型挂钩公司债券相关安排，低碳转型挂钩债券则是将债券条款与发行人低碳转型目标相挂钩的公司债券。可持续发展挂钩债券和低碳转型挂钩债券均是将债券条款与发行人的可持续发展相关目标（SPT）相挂钩，而对募集资金用途无限制，其中低碳转型挂钩债券聚焦于低碳转型相关的目标。在债券结构设计方面，可持续发展挂钩债券和低碳转型挂钩债券均设计为根据挂钩目标的完成情况调整票面利率或提前赎回，其中有近90%的债券设计为根据挂钩目标的完成情况调整票面利率。

在发行情况方面，可持续发展挂钩债券和低碳转型挂钩债券是目前中国转型类债券中的主要品种，合计发行规模占各类转型债券发行总额的93.5%。从年度发行规模来看，2022年，可持续发展挂钩债券发行规模489

亿元，较2021年增长了38.5%，再加上2022年新推出的低碳转型挂钩债券，2022年中国SLB发行规模合计达到712.9亿元，同比增长了102%。

二是转型债券，主要包括交易所推出的低碳转型债券和交易商协会推出的转型债券创新试点。2022年6月，上交所、交易商协会相继明确转型债券相关安排。6月2日，上交所推出低碳转型公司债券，指募集资金用于推动企业绿色低碳转型的公司债券。6月6日，交易商协会发布《关于开展转型债券相关创新试点的通知》，开展转型债券创新试点，明确转型债券是指支持适应环境改善和应对气候变化，募集资金专项用于低碳转型领域的债务融资工具。

在发行情况方面，中国低碳转型债券和转型债券发行数量和规模仍然较小。自推出以来，截至2022年末，低碳转型债券和转型债券共发行了14只，规模合计76.3亿元，其中交易所低碳转型债券共4只，规模合计27亿元，交易商协会转型债券共10只，规模合计49.3亿元。

2.趋势二：推动绿色金融与普惠金融的融合发展

2.1 绿色金融与普惠金融具有内在联系

绿色金融是指为支持环境改善、应对气候变化和资源节约高效利用的经济活动，即对环保、节能、清洁能源、绿色交通、绿色建筑等领域的项目投融资、项目运营、风险管理等所提供的金融服务[①]。

普惠金融是指通过加大政策引导扶持、加强金融体系建设、健全金融基础设施，以可负担的成本为有金融服务需求的社会各阶层和群体提供适当的、有效的金融服务[②]。

[①] 资料来源：《关于构建绿色金融体系的指导意见》，人民银行等七部委，2016年8月。
[②] 资料来源：《推进普惠金融发展规划（2016—2020年）》，国务院，2016年1月。

绿色金融的特征在于专门的服务领域，即侧重于推动节能环保、生态治理和应对气候变化，推动绿色生产和生活；而普惠金融的特征在于专门的服务对象，即侧重于为农民、小微企业、城镇低收入人群和残疾人、老年人等其他特殊群体提供金融服务。从定义上看，绿色金融与普惠金融的侧重点和推进路径有所不同，但是在发展理念与目标、服务内容和模式，以及面临的主要障碍等方面，二者之间存在着密切的关联。

首先，绿色金融与普惠金融的发展理念有着内在的一致性。普惠金融和绿色金融均是金融体系践行可持续发展理念的具体实践，普惠金融的核心发展理念在于实现"人群间的机会公平"，绿色金融的发展理念则是从生态环境、资源利用的角度推动经济和社会的可持续发展，其本质是实现"代际间的公平"。事实上，从联合国可持续发展目标来看，社会公平与发展、环境保护与治理、资源节约与合理利用均是可持续发展的重要内容，因此，绿色金融与普惠金融均是金融支持可持续发展的具体实践。

其次，绿色金融与普惠金融在服务对象上也有着一定的重合性。普惠金融服务对象主要集中在"三农"、小微企业、个人等，而当前我国需要推动生产生活方式的全面绿色转型，因此绿色乡村、绿色农业、小微企业的绿色低碳转型、绿色消费等均是绿色发展的重要内容，也将是绿色金融的支持领域。

最后，绿色金融与普惠金融面临着共同的挑战与障碍。不论是社会公平的提升还是生态环境的改善，都能带来显著的社会效应，因此普惠金融与绿色金融都存在外部性，如果没有政策的有效引导，将会面临供给不足的问题。具体而言，绿色金融与普惠金融所覆盖的范围大量涉及"三农"、小微企业，以及个人等传统金融服务涉足较少，或者较为薄弱的领域。相关主体缺乏可用于担保增信的资产、基础信息薄弱等原因，导致风险识别、管理和控制难度较大。此外,由于所涉项目分散、单个项目规模小,导致业务营销和管理成本较高。这些都是限制绿色金融和普惠金融规模化、持续性发展的重要因素。

2.2 绿色金融需向普惠领域延伸

目前我国的绿色金融不够"普惠"。过去我国绿色金融的发展仍然主要集中于大中型的基础设施类建设,包括绿色建筑、绿色交通、绿色能源等领域,涉及农业及消费领域的较少,同时这些绿色项目的主体一般是大中型企业,小微企业参与有限①。农业方面,根据原银保监会公布的数据,2017年6月末,全国21家主要银行绿色信贷余额8.3万亿元,其中,涉及"三农"领域贷款余额占比仅为2.5%。小微方面,根据人民银行研究局发布的报告②,2020年末我国个人经营性绿色贷款余额占比仅为0.4%;虽然我们没有大型企业和小微企业绿色信贷余额数据,但从贷款银行的角度,中小银行是为小微企业提供融资服务的重要力量,而2020年末小型银行绿色贷款余额占比仅为8.45%。

然而,我国"双碳"目标的实现和绿色发展离不开农业、中小微企业的绿色低碳发展。农业和林业是我国重要的碳汇来源,而小微企业是温室气体排放的重要来源,对实现"双碳"目标至关重要。农业与林业方面,根据联合国环境规划署发布的《2022年排放差距报告》,2020年,二十国集团17个成员国的土地利用、土地利用变化和林业部门活动是净碳汇,包括中国。中小微企业方面,IDE-JETRO联合中科院、挪威国际气候与环

---

① 资料来源:马骏:让绿色金融更普惠让普惠金融更绿色,广州市绿色金融学会[EB/OL],2022/03/29[2022/11/30] https://mp.weixin.qq.com/s/bwgJ5dGeKtVpwgW9VwHtsQ

② 资料来源:央行研究局:我国绿色贷款业务分析,新浪财经[EB/OL],2021/06/28[2022/11/30] https://cj.sina.com.cn/articles/view/5367424460/13fec65cc01900v6k8?display=0&retcode=0

境研究中心、名古屋大学、清华大学等学者于2018年发表的一项研究显示[1]，2010年中国二氧化碳排放总量的53%来自中小微企业。从价值链角度看，对中小微企业产品的最终需求所诱发的排放已高达全国排放总量的65%。

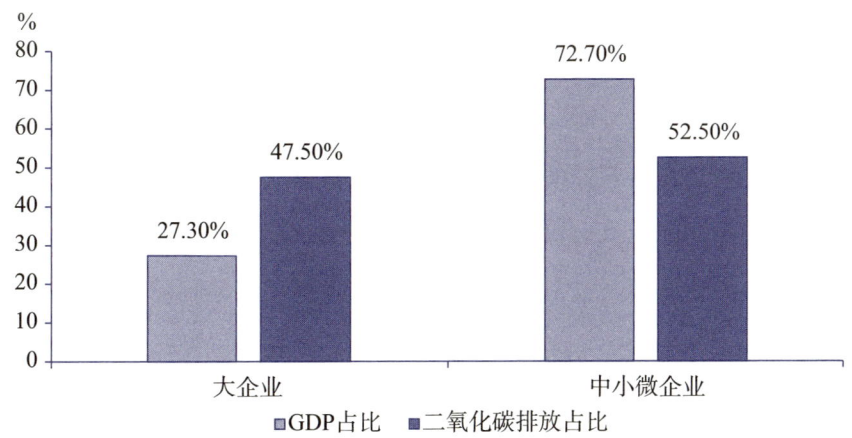

图3-31　2010年中国大企业和中小微企业排放占比

资料来源：Meng, B., et al., 2018，兴业碳金融研究院

另一方面，农业农村污染治理仍然是生态环境保护的突出短板。2021年11月，中共中央、国务院发布《关于深入打好污染防治攻坚战的意见》，要求持续打好农业农村污染治理攻坚战，生态环境部在对该意见进行解读时指出"农业农村污染治理仍然是生态环境保护的突出短板"[2]。2021年12月，生态环境部等七部门联合发布的《"十四五"土壤、地下水和农村生态环境保护规划》指出"农业农村生态环境保护任务艰巨。约三分之二的行

---

[1] 资料来源：Meng B, Liu Y, Andrew R, et al. More than half of China's CO2 emissions are from micro, small and medium-sized enterprises [J]. Applied Energy, 2018, 230:712-725.

[2] 资料来演：系列解读（6）|深入打好农业农村污染治理攻坚战促进乡村生态振兴，生态环境部官网 [EB/OL]，2021/01/15 [2022/01/20] https://www.mee.gov.cn/zcwj/zcjd/202111/t20211115_960409.shtml

政村未达到环境整治要求,已整治地区成效还不稳定"。

此外,在"双碳"目标下,普惠金融服务领域是适应气候变化和实现公正转型需要重点关注的对象。首先,普惠金融所关注的相对弱势的群体往往也是更易受到生态环境污染、气候变化等带来的负面影响的群体。有越来越多的研究显示,低收入地区普遍面临着更大的气候风险,较为贫困地区的气候通常更接近物理阈值区域,它们更依赖户外工作、农业和自然资本,而且应对气候风险和灾害的能力也更差。因此在适应气候变化领域需要更加关注普惠所覆盖的群体。其次,在推进低碳转型的过程中,生产生活方式的全面转变将对普惠群体产生更大的负面影响。转型意味着对旧的生产范式进行全面调整,而过去的高碳行业企业将面临较大的转型压力甚至被淘汰,其中的中小微企业则面临着更大的压力,同时这些高碳行业中也会有大批就业群体面临失业的风险。因此,正如上一节所述,转型金融需要特别关注公正转型的问题,而其中普惠金融所关注的群体也是实现公正转型的重点对象。

2.3 绿色金融与普惠金融的融合发展趋势初显

鉴于绿色金融和普惠金融之间密不可分的联系,推动绿色金融和普惠金融融合发展或能为二者的发展带来新的动力和创新空间。近来,从政策导向到实践探索,我国绿色金融与普惠金融融合发展的趋势已初步显现。

2.3.1 政策引导

政策导向方面,2022年以来,央行多次发声支持推动绿色金融与普惠金融的融合发展。2022年1月,时任人民银行副行长的刘桂平在《中国金融》撰文指出:"绿色金融和普惠金融具有内在联系。小微企业、农户等普惠金融重点群体较多分布在环境脆弱地区,易受气候与环境变化影响,而这些规模庞大的群体也是应对气候与环境变化的重要力量。我们必须在新发展理念引领下,对二者一体谋划、一体推进,达到事半功倍的效果。"2019年

2月，中国人民银行、原银保监会、证监会、财政部、农业农村部五部门联合发布《关于金融服务乡村振兴的指导意见》（银发〔2019〕11号），提出"完善'三农'绿色金融产品和服务体系"，以更好满足乡村振兴多样化融资需求。

2.3.2 实践探索

绿色金融支持小微企业的探索已经起步。

一是中小银行与开发性金融机构合作推进绿色普惠金融。如2022年11月，亚洲开发银行与湖州银行签订了金额最高至5000万美元的贷款协议，通过本项目，亚行支持湖州银行提升中小微企业绿色融资能力。亚行绿色融资的期限较长，将改善中小微企业的融资渠道，且为其业务脱碳助一臂之力，而湖州银行为中小微企业客户提供一系列广泛的绿色金融产品和服务[1]。2022年，国家开发银行向南京银行发放绿色金融转贷款1亿元，完成全国首笔政策性银行绿色金融转贷款业务，该笔转贷款资金将专项用于支持清洁能源、节能环保、绿色交通、清洁生产等诸多绿色环保领域的小微企业发展。

二是探索科技助力绿色普惠。浙江省在探索绿色普惠金融方面，推动数字技术在农业、小微企业等主体的绿色认定方面的运用[2]，如浙江台州搭建"微绿达"一体化普惠绿色金融服务平台，以人工智能方式实现对中小微企业流动贷款的绿色认定模式，形成了一套以流动资金贷款绿色识别，主体绿色评价，信息绿色共享为特色的服务小微企业绿色金融数字化模式。三

---

[1] 资料来源：亚行与湖州银行签订贷款协议，支持对中国中小微企业的绿色融资，亚洲开发银行［EB/OL］，2022/11/04 [2022/11/30]，https://weibo.com/ttarticle/p/show?id=2309404832137995223446

[2] 资料来源：张奎，普惠金融与绿色金融融合发展的浙江实践，《中国金融》2022年第21期，2022/11/11 [2022/11/30] https://mp.weixin.qq.com/s/NEbv3hetevr0OTiNrb4pAg

个月内为台州金融机构认定流动资金贷款1.3万笔,认定流动资金绿色贷款350亿元。

三是出台绿色小微企业的相关标准。在中国金融学会绿色金融专业委员会2022年年会上,浙江省金融学会正式发布了《小微企业绿色评价标准》团体标准,进一步明确了小微企业绿色评价的对象、原则、指标及程序。参加该标准起草的北京国家金融科技认证中心的专家认为:数字技术支持"绿色普惠金融"的潜力巨大,《标准》的发布将有效引导并服务于环境效益数据的采集、溯源、处理和分析,为金融机构在低碳资产识别、转型风险量化、ESG信息披露等方面提供了高效的解决方案。

四是基于碳账户开展碳普惠金融创新。部分地方政府主导创建碳普惠平台,包含低碳出行、节约用水、节约用电、可再生资源分类回收、参加碳普惠举办的低碳活动等场景,平台对用户低碳行为核算后给予碳积分,用户可以使用碳积分兑换相关优惠和服务,如兑换购物卡、乘坐公交、环保商品、景区门票等。如浙江衢州以银行账户系统为依托,创建"银行个人碳账户"系统平台,从绿色支付、绿色生活、绿色消费等维度测算个人绿色行为的碳减排量,形成"碳积分",并将"碳积分"应用于个人信用评级、信用贷款、保险等金融场景,有效激励和引导个人绿色行为。

绿色金融支持乡村振兴成效初显。

一是绿色信贷支持乡村振兴。支持乡村振兴的绿色信贷余额持续增长,根据原中国银监会公布的在其2013年制定的《绿色信贷统计制度》下的绿色信贷统计数据,从2013年6月末到2017年6月末,全国21家主要银行绿色信贷余额从4.85万亿元增长至了8.3万亿元。其中,涉及"三农"领域的主要包括绿色农、林业开发、农村饮水安全工程、小型农田水利设施建设等项目贷款,合计余额从2013年6月末的742.13亿元增长至2017年6月末的2053.83亿元,年复合增长率达到29%,其在绿色信贷余额中的占比也从

1.5%增长至了2.5%。根据原银保监会最新披露的数据,截至2021年末,国内21家主要银行机构绿色信贷余额达15.1万亿元[①],假设涉及"三农"领域的绿色贷款余额占比维持在2.5%,那么截至2021年末,21家主要银行机构"三农"相关绿色贷款余额预计达到3775亿元。

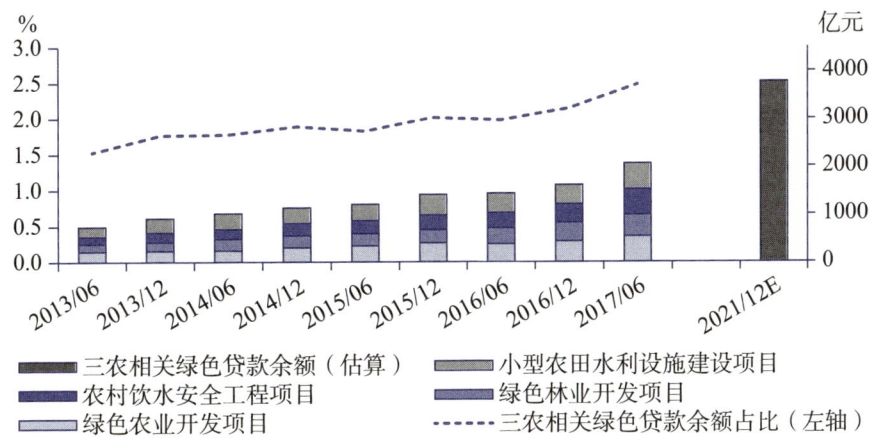

图3-32 21家主要银行涉及"三农"领域的绿色贷款余额及占比

资料来源:原银保监会,兴业碳金融研究院

与此同时,绿色信贷支持乡村振兴的创新产品与模式也不断涌现。在支持乡村清洁能源体系建设方面,多家银行都推出了光伏扶贫贷款、农户"光伏贷"等产品;在支持乡村污染治理方面,如兴业银行先后支持了浙江"五水共治""美丽乡村"项目、武汉"四水共治"项目,以及太湖、巢湖、滇池等众多大型水域治理项目;在支持乡村生态修复方面,如兴业银行杭州分行于2020年成功落地了首单绿色矿山修复项目;在支持农村生态价值实现方面,部分银行推出了林权抵质押贷款、农林业碳汇贷等产品,支持乡村振兴发展。

---

① 资料来源:21家银行绿色信贷余额逾15万亿,中国银行保险报[EB/OL],2022/04/15 [2022/11/30] https://baijiahao.baidu.com/s?id=1730139101450100489&wfr=spider&for=pc

二是绿色债券支持乡村振兴。绿色乡村振兴债券开始兴起，2021年，交易商协会、交易所相继推出乡村振兴债券。2021年3月15日，交易商协会发布工作动态《巩固拓展脱贫攻坚成果乡村振兴票据助力农业农村优先发展》提出"乡村振兴票据可结合债务融资工具各类型产品进行注册发行，充分适应企业多元化、个性化需求。……后续，鼓励市场成员灵活搭配各类债务融资工具产品，如结合绿色债券、碳中和债等创新品种，支持农村生态环境治理保护、绿色现代农业发展项目等"。2021年7月13日，上交所和深交所也相继明确了乡村振兴公司债券的相关要求，乡村振兴公司债券，是指发行人公开或非公开发行的募集资金用于巩固脱贫攻坚成果、推动脱贫地区发展和乡村全面振兴的公司债券。绿色乡村振兴债券需要同时满足绿色债券和乡村振兴债券的相关管理要求。截至2022年末，我国已发行35只贴标绿色乡村振兴债，合计发行规模256.1亿元，其中，12只同时还贴标了碳中和债。

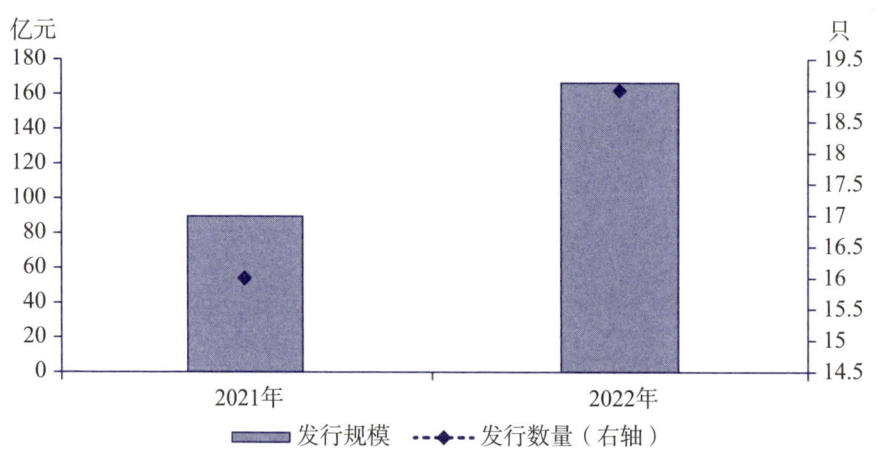

图3-33 绿色乡村振兴债券发行规模与数量

资料来源：Wind，兴业碳金融研究院

三是绿色保险支持乡村振兴。生态农业保险是绿色保险的重要内容。

2022年11月,原中国银保监会发布《关于印发绿色保险业务统计制度的通知》,首次对绿色保险进行定义,并建立《绿色保险业务统计制度》(以下简称《统计制度》),《统计制度》仅统计绿色保险负债端业务,主要包括三个方面的内容:一是为ESG提供保障的保险业务;二是为绿色产业提供保障的保险业务;三是为绿色生活提供保障的保险业务。其中,绿色产业保险业务的第一大类产业即生态环境产业,主要包括生态农业和生态保护和生态修复等。在实践方面,农业巨灾保险成为绿色保险支持乡村振兴最为典型的产品之一,同时还衍生出了农业巨灾指数保险、农业天气指数保险等。林业碳汇保险也开始出现,主要面向种植林木且出让碳排放额度的企业/林农(卖方)提供保障服务。此外针对农产品的价格等市场风险,我国展开了"保险+期货"创新试点工作。

表3-21 《绿色保险统计制度》中生态农业保险相关类别

《绿色保险统计制度》生态农业保险业务	
2.绿色产业保险业务	
2.1 生态环境产业	
2.1.1 生态农业	指以合理利用农业自然资源和保护良好生态环境为前提,能够实现较好经济效益、生态效益和社会效益的现代农业
2.1.1.1 生态种植业	主要包括现代农业种业、绿色有机农业、林下种植、农作物种植保护地和保护区建设运营等产业
2.1.1.2 生态林业	主要包括森林资源培育、碳汇林、植树种草及林木种苗花卉、林业基因资源保护、森林游憩和康养等产业
2.1.1.3 绿色畜牧业	主要包括林下养殖、病死畜禽无害化处理体系、畜禽养殖废弃物贮存处理利用设施建设等
2.1.1.4 绿色渔业	主要包括碳汇渔业及净水渔业、稻渔及盐碱水鱼农综合利用、循环水养殖、深水抗风浪及不投饵网箱养殖等

资料来源:《绿色保险统计制度》,兴业碳金融研究院整理

3. 趋势三：气候与环境信息披露日益强化

3.1 全球一致的可持续与气候信息披露标准呼之欲出

2021年11月，在COP26大会期间，国际财务报告准则基金会（IFRS Foundation）宣布成立国际可持续标准委员会（ISSB），致力于提供一套全面统一的可持续相关信息披露标准的全球基准。2022年3月，ISSB发布了成立以来的首套标准草案《可持续相关财务信息披露一般要求（征求意见稿）》和《气候相关披露（征求意见稿）》，并在全球范围内征求意见，最终版预计将在2023年发布。

ISSB已获多方支持，可持续相关财务信息可能成为财务报告的有机组成部分。ISSB在可持续信息披露标准制定过程中，整合了此前国际上有较大影响力的多家机构（SASB、CDSB、GRI、CDP、IIRC等）提出的可持续相关信息披露框架，最终制定的披露框架与TCFD四大要素保持一致，并且得到了国际证监会组织（IOSCO）的支持。2021年G20可持续金融工作组发布的《G20可持续金融路线图》也明确支持IFRS基金会设立ISSB，在TCFD披露建议的基础上，制定一套国际通用且具有可比性和可靠性的基线标准，指导企业开展可持续相关信息披露。2022年4月，ISSB成立了一个特别工作组，以加强全球基准和世界各国家和地区标准的兼容性，成员包括中国财政部、欧盟、欧洲财务报告顾问小组、日本金融厅、日本可持续标准委员会筹备组、英国金融行为监管局及美国证券交易委员会[①]。ISSB也得到了我国财政部的积极回应，2021年9月，中国财政部明确表示支持IFRS组建ISSB，ISSB准则征求意见稿发布后，中国财政部公布两则准则意

---

① 资料来源：ISSB系列评论：第四张报表应该长什么样？商道纵横咨询［EB/OL］，2022/07/11 ［2022/11/29］https://3g.163.com/dy/article/HC12F1PI0538BPYH.html

见稿的中英文版本，向有关组织与公众广泛征集意见。IFRS作为全球通用财务准则制定者，其制定的可持续和气候信息披露标准如正式发布和被相关经济体所采纳，将意味着可持续和气候信息披露极有可能成为财务报告的有机组成部分，成为投资者评估企业价值的重要信息。

ISSB确认将范围3排放纳入气候披露标准中。2022年10月，ISSB在其月度例行公开会议上，初步决定确认将范围3排放纳入其气候信息披露标准之中，范围3排放主要依据WRI等机构开发的《温室气体核算体系（GHG Protocol）：企业核算与报告标准》中的15类排放，其中第15类即投融资排放。未来，ISSB可持续和气候信息披露标准正式发布后，若得到国际普遍采纳，将对包括金融机构在内的各类企业进行可持续与气候相关信息披露形成一定约束，而其对于碳排放信息披露的相关要求也将成为金融机构开展碳核算的驱动力之一。

3.2 金融机构碳核算与信息披露要求日益强化

在设定金融机构减碳目标与衡量目标进展的过程中，碳核算十分重要。

在国际上，PCAF开发的《金融机构投融资碳排放核算准则》逐渐被采用。碳核算金融联盟（PCAF）最早由14家荷兰金融机构在2015年发起创立，2018年PCAF扩展到北美。截止到2022年10月，全球已有320家金融机构加入了PCAF。PCAF开发的《金融业碳排放核算准则》（以下简称《准则》）目前已成为应用最为广泛的投融资活动碳排放核算标准。PCAF的《准则》制定实际上依据了《温室气体核算体系（GHG Protocol）：企业核算与报告标准》项下的投融资排放标准，目前PCAF《准则》已获得GHG Protocol认证，符合其对金融机构碳核算，特别是范围三第15类核算的要求。此外，PCAF《准则》还获得了TCFD、SBTi等国际组织认可，SBTi建议金融机构采用PCAF制定的金融业全球碳核算标准作为衡量投资组合范围或资产层面融资排放量的方法来促进目标设定。

在我国，监管部门近年来也积极推进金融机构的碳核算。2021年初起，人民银行积极引导金融机构和发债主体开展自身环境信息披露，注重运用金融科技手段开展金融机构和金融业务碳核算工作，有效降低环境信息披露和管理成本。2021年8月，人民银行向绿色金融改革试验区下发《金融机构碳核算技术指南（试行）》，不断推动金融资产的碳核算工作。

表3-22 我国金融资产碳排放核算的相关政策梳理

时间	事件	主要内容
2021年4月	中国人民银行行长易纲在博鳌亚洲论坛"金融支持碳中和圆桌"	人民银行已经指导试点金融机构测算项目的碳排放量，评估项目的气候、环境风险，正在探索建立全国性的碳核算体系
2021年3月	人民银行指定并下发了《推动绿色金融改革创新试验区金融机构环境信息披露工作方案》	明确指出银行业金融机构环境信息披露内容应包括温室气体准则的3个范围，特别是在资产管理部分
2021年8月	《金融机构碳核算技术指南（试行）》	下发给各绿色金融改革试验区，鼓励地方先行先试
2022年9月	人民银行研究局发表题为《完善绿色金融体系助力绿色低碳高质量发展》的文章	明确金融机构和金融业务碳核算标准已获得立项

资料来源：兴业碳金融研究院根据公开资料整理。

3.3 我国碳核算体系建设加速推进

《中共中央国务院关于完整准确全面贯彻新发展理念做好碳达峰碳中和工作的意见》和《2030年前碳达峰行动方案》提出要建立统一规范的碳排放统计核算体系。

2022年8月，国家发改委、国家统计局、生态环境部联合发布了《关于加快建立统一规范的碳排放统计核算体系实施方案》，提出了包括区域、行业、产品、清单在内的碳排放统计核算方法体系，同时还提出了建立国家温室气体排放因子数据库，逐步建立覆盖面广、适用性强、可信度高的排放因子编制和更新体系，为形成体系完备、方法统一、形式规范的碳排放核算体系奠定了良好基础。同时国家发改委也表示，后续将会同有关部门，按照急用先行、先易后难的顺序，出台并实施一系列区域、行业、企业、产品的碳排放统计核算方法与标准，加快建立统一规范的碳排放统计核算体系。随着行业、企业、产品碳核算工作的规范开展，金融机构的碳核算也将具备坚实基础。